东方·剑桥 世界历史文库
Orient & Cambridge World History Library

A Concise History of Switzerland

瑞士史

克莱夫·H.彻奇　伦道夫·C.海德 著　周玮　郑保国 译

图书在版编目(CIP)数据

瑞士史 / 克莱夫·H.彻奇，伦道夫·C. 海德著；周玮，郑保国译. —上海：东方出版中心，2018.1
(东方·剑桥世界历史文库)
ISBN 978-7-5473-1210-0

Ⅰ.①瑞… Ⅱ.①克… ②伦… ③周… ④郑… Ⅲ.①瑞士—历史 Ⅳ.①K522

中国版本图书馆 CIP 数据核字(2017)第 272321 号

上海市版权局著作权合同登记：图字 09-2017-897 号

责　　编：赵　明
责任印制：徐儒静
装帧设计：罗　洪

瑞士史

出版发行：东方出版中心
地　　址：上海市仙霞路 345 号
电　　话：(021)62417400
邮政编码：200336
经　　销：全国新华书店
印　　刷：常熟市新骅印刷有限公司
开　　本：720×1000 毫米　1/16
字　　数：283 千字
印　　张：20.75
版　　次：2018 年 1 月第 1 版第 1 次印刷
ISBN 978-7-5473-1210-0
定　　价：55.00 元

东方出版中心邮购部　电话：(021)52069798

纪念玛格丽特·安·彻奇(Margaret Ann Church),妻子、友人、瑞士研究的推动者

目录 Contents

插图、表格、地图

插图

虽然在某些情形下是不可能追溯到版权所有者的，但是我们尽一切努力确保获准复制本著作中用到的版权材料。若能知会任何遗漏，我们将乐于在重印或任何后续版本的致谢中适当提及。

表格

地图

致　谢

我们要感谢瑞士国家基金。在它的慷慨帮助下,我们有了在瑞士花时间写这本书的机会。海德待在了伯尔尼和苏黎世;彻奇则在弗里堡。同样地,我们得感谢接待我们的相关部门:伯尔尼的瑞士历史协会与安德烈·霍伦施泰因(研究所)、苏黎世的西蒙·托伊舍及其历史论坛,以及位于弗里堡的瑞士当代史研究所。感谢他们为我们提供了如此友好的环境和支持。我们还得到了瑞士的图书馆和研究机构的很大帮助,包括在伯尔尼的国家图书馆、苏黎世的瑞士国家博物馆,以及瑞士历史词典,尤其是吕西安娜·胡博勒和史蒂芬妮·苏摩马特。

在更私人的层面上,我们还对瑞士的同事们满怀感激之情。在本研究的酝酿阶段,托马斯·柯蒂耶和托马斯·梅森的帮助至关重要。他们将研究扶上了正轨。后来乌尔斯·奥尔特马特、凯瑟琳·博斯哈特与路易斯·博斯哈特(夫妻)、保罗·达尔达内利、弗朗索瓦·雅奎尔、大卫·卢根比尔、托马斯·麦茨盖尔、卡洛·穆斯、达米尔·斯肯德洛维奇、齐格弗里德·威尔克莱恩和米歇尔·沃尔特都参与了讨论,提出了建议,特别是为彻奇审读了草稿。彻奇还感激已逝的克里斯托弗·休斯给以的启发以及普罗·赫尔维希亚早期提供的帮助。雷古拉·施密德为海德审读了书稿的两个章节。海德还要感谢托马斯·迈尔、莱纳·胡格纳等历史学家,感激他们的友好帮助。但是,这本书中的任何错误都和他们无关。最后,我们还要感谢不知名的读者;感谢 CUP 的莉兹·弗兰德·史密斯、伊丽莎白·斯派瑟和乔·布雷兹及他们的同事;感谢许多为我们提供图片、地图和图表的瑞士人和机构。

缩　写

AIDS　Acquired immune deficiency syndrom
艾滋病

AHV/AVS　Old Age and Survivor's pension system
养老及幸存者抚恤金制度

ASUAG　General Swiss Watch Industry Company Limited (Allgemeine Schweizer Uhrenindustrie AG)
瑞士钟表工业公司

AUNS/ASIN　Action for an Independent and Neutral Switzerland
(倡导)独立与中立瑞士行动

BGB/PAB　Burghers, Artisans and Peasants Party
农民、手工业者和市民党

COCOM　[US] Coordinating Committee for Multilateral Export Controls
巴黎统筹委员会

COMCO　Swiss Federal Competition Commission
瑞士联邦竞争委员会

EFTA　European Free Trade Association
欧洲自由贸易联盟

EC	European Community, later EU (European Union) 欧洲共同体(欧共体),就是后来的欧盟(欧洲联盟)
ECHR	European Convention (or Court) on Human Rights 欧洲人权公约
EEA	European Economic Area 欧洲经济区
FDP	Free Democratic Party (Radicals) 自由民主党(激进党)
FINMA	Swiss Financial Market Supervisory Authority 瑞士金融市场监管局
GATT	General Agreement on Tariffs and Trade 关税及贸易总协定
GDP	Gross Domestic Product 国内生产总值
HSBC	Hong-Kong and Shanghai Bank Corporation 汇丰银行
MP	Member of Parliament 国会议员
NA	Nationale Aktion gegen die Überfremdung von Volk und Heimat 反对人民和家园过度外国化全国行动党
NATO	North Atlantic Treaty Organization 北大西洋公约组织(北约)
NSDAP	German National Socialist Workers party (Nazi Party) 德国国家社会主义工人党(纳粹党)
OECD	Organization for Economic Cooperation and Development 经济合作与发展组织(经合组织)
PBD	Conservation Democratic Party 保守民主党

SMH	Swiss Corporation for Microelectronics and Watch-making Industries Ltd (Société de Microélectronique et d'Horlogerie) 瑞士微电子与钟表工业有限公司
SPS	Swiss Social Democratic Party 瑞士社会民主党
SVP/UDC	Swiss People's Party 瑞士人民党
UBS	formerly Union Bank of Switzerland; known simply as UBS after its 1998 merger with Schweizerische Bankgesellschaft 1998 年,巴塞尔的瑞士银行公司与联合银行合并,成立了新的瑞士银行集团(UBS)
UN	United Nations 联合国
UNESCO	United Nations' Education, Social and Cultural Organization 联合国教科文组织
UNICE F	United Nations' International Children's Emergency Fund 联合国儿童基金会
UNRRA	United Nations' Rufegee Relief Agency 联合国善后救济总署
USSR	Union of Soviet Socialist Republics 苏维埃社会主义共和国联盟(苏联)
VAT	Value Added Tax 增值税

绪论　构建瑞士：时间、虚构和历史

现代国家是具有多重层次的实体，包括了地理范围、特殊的政体、 1
当地居民与文化，还有国家内部和外部的各种团体。我们所要讨论的这个国家，即现代瑞士，其根源可清楚地追溯至五百年前，甚至更久；其层次便也更加复杂，它们织就的历史结构大大影响了本国人和外国人对它的看法。这样一种历史结构正是瑞士历史的决定性特点。我们可以自信地说，称自己为“瑞士人”的这个民族自 15 世纪后期以来居住在中阿尔卑斯山脉以北，从某种程度上讲，甚至南面也有。他们的名字来自施维茨(Schwyz)——正是组成“高地德语城市和区域大联盟”[①]的地区之一，这个政治联盟形成并最终演变为现代瑞士的核心。

本书追溯的路径始于阿尔卑斯山脉以北这个相对自治的松散的网络，其中施维茨在大约 1300 年加入联盟。到 15 世纪中叶，这些群体发展成为旧瑞士邦联，它摇摇欲坠却又惊人的持久，幸免于欧洲的种种动乱，成为当今这个多语种和多宗教的联邦共和国。在深受政治危机困扰的整个欧洲，瑞士自 1848 年奠定宪政基础以来保持着相对的政治稳

① 原文为 Grosser Oberdeutscher Bund Stetten und Lender／Great Upper German League of Cities and Territories。——译者注

定，导致很多观察者过于强调从早期联盟到现在的连贯性，却部分忽视了使瑞士人产生分歧的激烈冲突，还有瑞士与其他不再属于瑞士的地区之间的纽带。现代历史学家还原了这个区域的冲突，它和连贯性同
2 样重要——尤其是1444年到1715年之间四次重大的内部战争——它们造就了一幅细节更加微妙的画卷。

尽管瑞士的政治体制历时弥久，但它在演变的过程中一直都是一个异类。在1300年，即便是在当地，也没有人能预料到，在普通城镇和人口稀少的山谷形成的不同联盟，竟能取代贵族和神圣罗马皇帝的天赋秩序。在1600年，一个凭誓约维系的包括天主教徒和新教徒的旧瑞士邦联，与统治其正统子民的神授君王相比，几乎是格格不入的。1800年之后，多语言的旧瑞士邦联凌乱四散在阿尔卑斯山的另一边，令欧洲新兴的单一民族国家(由想象中的自然边界和理想化的民族统一造就的)侧目而视，但有时也对其虎视眈眈。关于瑞士，没有哪件事是特别自然的。统一瑞士居民的从来不是王朝，也不是宗教或语言。唯有历史——这个人类接受共同的故事和对共同体想象的能力——随着现代瑞士身份的呈现和壮大，成为它的主要基础。确实，在当代人看来，在公元1500年间显露出的瑞士的身份的呈现就是建立在地区历史之上的(但根据现代历史研究的发现，也包含大量虚构)。这个身份一旦建立，即对后来的发展产生重大的影响，因为在动荡的19世纪，特别是20世纪，政治和经济的维系与成功都基于对此身份的接受和复兴。尽管瑞士在拿破仑战争中被征服并重组，在1914年到1945年间两次被包围和孤立，但它的历史(作为一套共享的故事体系和悠久合法的政治往事)保证了一个清晰可辨的瑞士能从每一次欧洲灾难中重新崛起。虽有改变，却不会瓦解。

因此，理解现代民族国家的瑞士需要考虑两点：关于事件和制度的实证历史，以及瑞士人自己接受的深入其文化的故事和神话。后者
3 塑造了他们多少世纪以来的观点和选择。正如后面的篇章所示，威廉·退尔(William Tell)从未存在过，然而他的举动一再影响着瑞士政治的走向。书中各章既叙述形成瑞士的地区在每一时期推动性的事

件，也研究政治人物理解政治世界的不同方式。那个世界从14世纪到21世纪以来经历了巨大的变化。毫无疑问，瑞士人民对于自身的政治，以及是什么(如果存在的话)将他们统一的理解也在改变。虚构为瑞士人塑造了历史，正如历史(重新)书写了他们的虚构。

在阐述贯穿瑞士复杂历史的九章内容之前，乔纳森·斯坦贝格(Jonathan Steinberg)提出的双刃剑问题值得我们注意："为什么是瑞士?"首先我们可以问，一个单独的现代民族国家——它的特色在于对直接民主决策的持久忠诚，而对仿效邻国的政治范式保持疑虑——为什么并且怎样在这个地区出现？它同南边的意大利城邦，西边的法国君主政体，北边和东边成为德国和奥地利的贵族帝国都不同。王朝、语言或是宗教，都不能形成一个能够支撑瑞士政治民族的瑞士民族身份。相当重要的一点是，现代瑞士似乎是其居民自身的决定——一个"意志国家"[①]，一个倚赖其居民自身意志的国家；也倚赖它和邻国愿意接受它作为单一而连续的政治单元，在数世纪以来呈现的各种形式。换句话说，尽管人们今天常常忽略这一点，但瑞士过去是——现在也是——一个具有真正政治的国家，并非一个处于高山壮丽风景之中的平静孤岛。

其次，我们可以问问现代读者为何会对瑞士过去的复杂细节感兴趣。原因之一在于，从18世纪的让-雅克·卢梭到20世纪的各种政治理论家，瑞士为一个暴力频仍的欧洲提供了一种有用的范式——虽然在加利福尼亚和南斯拉夫等地采用的瑞士模式没有完全成功。我们可以更谦虚地说，瑞士的历史不仅能吸引有兴趣通过其过往(这是经常被忽视和曲解的过往)增进对其了解的读者，还有助于我们全面了解欧洲人在数世纪以来所有的政治可能性。 4

本书提供的瑞士历史是将其作为一个政治实体，而不仅仅是一个地区的历史。鉴于14世纪之前还没有发现这种实体的存在，因此第一章只是简单提及中阿尔卑斯山脉及周边在史前、罗马时期和中世纪早

① 见词汇表的名词解释。——译者注

期的事件，以及现代瑞士地理的速写。第一章的大部分篇幅集中在从大约 1200 年到 14 世纪晚期，整个西欧共同经历了一系列发展，从而开创了新的政治可能性。然而，由于瑞士位于王朝、语言和文化边界上，这些发展在这里产生了曲折的变化。几个主要的贵族世家的衰落，其中最重要的是霍亨施陶芬(Hohenstaufen)王朝，使阿尔卑斯山以北的次要政治势力开始壮大，包括哈布斯堡这样的当地家族(它后来的功业构成了欧洲历史的关键部分)和各种城市和乡村的共同联合体。所有这些势力和其他政治角色，活跃在一片令人迷惑的世仇、联盟和决裂交织的复杂图景中，渐渐合并成一种新的结构。虽然旧瑞士邦联中所有成形于 14 世纪的共同体都是德语社群，但其中很多都与说意大利语、法语和罗曼什语的邻居维持着相似的联系，有些邻居后来成了瑞士人。不同类型的社群和公共联合体，包括伯尔尼(Berne)、卢塞恩(Lucerne)和苏黎世(Zurich)这样的城市，格拉鲁斯(Glarus)、乌里(Uri)和哈斯立托(Haslital)这样的山村，渐渐相互联手，以牵制贵族暴力并保障和平。1348 年，导致人口和经济大危机的黑死病来袭，此地的贵族遭受了更多损失，使得共同体联盟在决定性的半个世纪中成为最主要的政治势力。他们日渐强大，并制定了第一批习惯法。

在第二章，我们回溯了一系列内部和外部斗争，在这些斗争中，14 世纪晚期松散的联盟体系转变为结构更紧密、军事实力更强大的政治角色——日后统治瑞士地区的旧瑞士邦联([the Swiss Confederacy]德语中称为 Alte Eidgenossenschaft)。1386 年，旧瑞士邦联打败哈布斯堡军队后，首次被称为“瑞士人”。其成员通过购买土地或夺取当地贵族的领土来扩张领地和政治势力范围，但也面临着激烈的内部分裂。这种分裂在 1436 年到 1450 年间的“老苏黎世战争”(Old Zurich War)中达到顶峰。战争的一方是苏黎世及其哈布斯堡支持者，另一方是由施维茨领导的其他邦联成员。苏黎世的失败表明旧瑞士邦联的个体成员不再是完全自由的政治角色。在 15 世纪下半叶，瑞士步兵短暂地支配了欧洲军事舞台，在 1470 年代打败和摧毁了勃艮第公爵，在 1490 年代击退了哈布斯堡和南德贵族势力，在 1510 年代成为北意大利的仲裁者。军事胜利使邦联继续壮大,既通过吸纳新成员的方式,包括双语地区的弗里堡(Fribourg),也通过购买或夺取邻近地区的控制权的方式,那些地区很多是法语或意大利语区。旧邦联的成功也催生了一套关于他们是什么身份,为何联盟能蒙受上帝福佑的共同故事。这些故事的中心是威廉·退尔这一戏剧性的人物,还有据说是在 1300 年间动荡时期宣布第一个邦联誓言的“老三州”[①]。

1515 年马里尼亚诺(Marignano)战役和 1522 年比可卡(Bicocca)的战败标志着瑞士军事优势的陡然终结。与此同时,欧洲的教会分裂引发的新一轮内部分裂,为第三章的事件搭建了舞台。由威丁堡(Wittenberg)的马丁·路德开启的宗教改革运动摈弃了罗马教会及其神学。运动在瑞士找到了一系列重要的支持者。起初是茨温利·慈运理(Ulrich Zwingli),后来是法国移民约翰·加尔文。他们为创立第二个反对罗马教会的权威教会,即归正宗或加尔文教派,作出了贡献。慈运理的一些早期追随者也参与了我们今天所称的再洗礼派和门诺派的建立。1536 年,虽然旧邦联在伯尔尼夺取沃(Vaud)后将领土延伸到了它现代的边界,但内部也开始产生宗教分裂,因为 13 个成员中只有少数接受来自苏黎世和日内瓦的教义。1531 年,瑞士爆发了第一场宗教名义的内战。尽管慈运理在其中一场战斗中牺牲,结果却是不同教派之间别扭的僵局。由于这些派别常常分歧严重,且与外部的宗派同盟挂钩,瑞士在这一时期的幸存更多归因于邻国相应的弱小,而非其
他。这一宗教现状进一步受到了两次内战的考验,1715 年在偏向新教 6
徒的利益的情况下得到适度调整,但它对于旧邦联的共有体制而言始终是障碍。愈发狭隘的寡头政治垄断了在州中的控制和公共收入,虽然瑞士能够在三十年战争和后来欧洲的战火中置身事外,经济因此加速增长,乡村面貌得以慢慢改变。

1648 年瑞士的政治自治获得正式的承认后,整个国家保持着一种紧张的平衡。这种状态持续到了 18 世纪。第四章叙述了这些内容。

① 老三州即乌里、施维茨和下瓦尔登三个州。——译者注

一方面，瑞士旧制度的政治僵化仍在延续：各州的寡头政治益发垄断，同时又更容易陷入对权力、优先权和利益的致命斗争。即便如此，专制主义或君主统治也从未出现。对寡头政治定期而普遍的挑战一定程度上是由虚构的解放史激发的。这些挑战代表着一种约束条件：附属于伯尔尼的沃的法语居民发现威廉·退尔的故事和德语区瑞士的反抗寡头统治一样鼓舞人心。同样，贵族阶级偶尔愿意撇开存在已久的传统，为了保住他们的地位而屈从于反叛者的一些要求，日内瓦的情况就是如此。这是另一种约束。另一方面，虽然表面停滞，但在思想、爱国主义和经济领域仍持续发生着变化，如本土的纺织品生产促进了经济发展。这尤其表现在启蒙主义思想的发展，不仅本地贵族，流亡和移居海外的瑞士人也对此作出了贡献。在这个世纪末，法国大革命的蔓延加剧了变化。最终，旧制度因保守主义的滋长无法应对这些挑战，面对法国武装和当地要求政治改革的煽动，只得退位。

第五章以法国1798年的侵略开篇。它直接引发了一场革命，由法国提议并掌控的海尔维第(Helvetic)共和国取代了旧瑞士邦联。共和国因无法赢得大众支持，导致后半个世纪流动不定，接连的宪政试验，任何一个新秩序的有效性都受到质疑。海尔维第共和国缺乏内部的合法性，又不能满足法国的要求，于1803年被拿破仑的调停政权取代。这给苦难中的国家带来了稳定和经济增长。拿破仑的军事衰落令旧制
7 度的支持者为权力投下新标，但是得胜的同盟阻碍了旧制度的全面复辟，国家陷入一种不稳定的妥协局面。各个派别都企图将他们的提议合法化，有时候通过诉诸威廉·退尔的传统和具有传统道德的旧邦联——它们或被视为复辟的庇护者，或是要求更多民主的先驱。1829年至1831年，深化自由主义、改革新闻界和公共机构的要求导致了州中一系列准革命性的动荡，彻底终结了旧制度复辟的希望。这种重建并未结束冲突，因为一方面，国家层面的改革压力在持续；另一方面，对激进的社会和政治变化的要求引发了与天主教保守主义之间时而暴力的冲突。最终，矛盾激化为1847年到1848年的内战，起因既有宗教和经济冲突，也有政治争议。激进的自由主义派得胜，他们起草了第一部

瑞士国家宪法，从很多准主权州中首次创建了一个单一主权的联邦共和国。

第六章记述了新秩序的施行和正常运作的新国家的诞生。令人惊奇的是，无论是失败的保守派还是欧陆的强权都没有抵抗。这样的成功来自新政府的节制，也和失败方想让新制度为己所用有关。瑞士的新秩序获得了国际认可，基于铁路和工厂制造的尖端工业经济也在本土发展起来。1860 年代，各州的新民主运动给新的联邦政治带来重大的挑战，并最终催生了 1874 年的新联邦宪法，这使瑞士成为一个更加紧密的联邦，也使得它与天主教会产生了新的摩擦。在一个民族主义不断壮大的欧洲，瑞士不确定的地位也激发了人民对瑞士历史的新兴趣。1291 年乌里、施维茨和下瓦尔登（Unter Walden）签署的协定（直到 18 世纪才重新找到，于 1830 年代出版）成为民族自豪感的新基石，并促成了 8 月 1 日国庆节的确立。这是瑞士身份的体制建设的一部
分，让瑞士人的民族意识更加强烈。1870 年代，经济萧条引发了一场 8
社会主义运动，使得整个政治光谱的党派结构更加明确。在世纪之交，天主教保守分子首次进入政治程序，接着进入政府。这要归因于 1891 年直接民主的扩大，允许公民发起动议对宪法进行部分修正。直接民主制度范围的扩大有助于整体民族身份的发展，并促生了新的资产阶级同盟，他们把矛头对准社会主义者和外国人。

第七章涵盖了 1914 年到 1945 年及以后瑞士在欧洲危机中的角色。自信而民主的新瑞士在第一次世界大战中遭受了前所未有的三重压力：中立、语言统一和社会和谐。对 1914 年战争动员的错误处理及其经济后果导致了 1918 年以大罢工为形式的社会情绪爆发，进而实行了国家选举的比例代表制。新的选举制度引发了国内政治制度在 1920 年代的实质性革命，正如加入国际联盟彻底改变了这个国家的外交形势。在两次世界大战之间，1929 年后的经济滑坡和欧洲意识形态矛盾的外流都影响到瑞士，新的压力因此产生。步入 1930 年代，亲纳粹分子、自由主义者和社会主义-共产主义者的团体仍旧活跃，尽管各派势力都不得不用自己的计划来适应瑞士体制独特的历史背景和深植

的民主政治文化。

1930年代后期,鉴于欧洲的危险形势,政府也开始未雨绸缪。但是战争来临时,这个国家还是发现自己依然身受重围。对德国入侵的真实恐惧引发了一种激进的新防御战略,战略的基础是以阿尔卑斯山为要塞,还有一种名为"精神国家防御"的对瑞士传统的新自觉。尽管如此,政府还是与轴心国建立了一种让很多人视为暧昧可疑的关系。结果是,瑞士在战争期间和战后都与同盟国存在分歧,导致它在联系日益紧密的国际形势下恢复了单独中立的地位。加之瑞士得以幸免于第
9 二次世界大战的战火,这更提升了它的信心,增强了它的自信——相信瑞士在分裂的世界中是一个代表稳定与民主的"特例"。

这一"特例"的路线贯穿了第八章。对瑞士"特例"的信念随着战后的国家繁荣而扩大,政治和社会和谐、借助冷战而扮演的成功的国际新角色,进一步支撑了这种信念。只是在1960年代——其他西方国家也是如此——瑞士战后的满足(和自得)受到了持不同政见的知识分子、1968年运动、女权运动和(右翼的)移民及经济世界主义的反对者的挑战。瑞士的共识政治克服了所有这些挑战,还有1970年代的两次经济萧条。1980年代,政治和文化的两极分化加深,尽管政治中心多少有些右倾,"特例"模式却出现了更多裂痕。国家一方面被反移民和反对进入联合国的新运动所裹胁,另一方面则是环保主义者和反军队的联合团体。政府自身却在所有阵线失去了公信力,原因在于备受瞩目的腐败案和内幕交易,以及对很多公民的暗中监视被曝光。

最后,第九章追溯了从1990年代至今,这些裂痕是怎样扩大成为裂缝的。冷战的结束和全球化的加速迫使瑞士反思它的中立地位,还要应对不断增多的第三世界的难民。瑞士选民拒绝加入欧洲经济共同体后,政府还要制定新的政策来修补与欧盟的关系。1990年代和21世纪的第一个十年,瑞士在战后经历了首次经济下降,谋求新的对策也带来了国内压力。对瑞士的世界地位的担忧更助长了新的民粹主义运动。瑞士人民党的成立和欧洲其他地方的情况相似,但具有更大的能量。2003年后的一段时间,支持瑞士"特例"的民粹主义者似乎占了上

风。但是,从2007年开始,共识和实用主义的势力又重整旗鼓。即使
如此,国家仍被内向型和外向型的群体所分裂,因此政治益发两极分
化,正如欧洲其他地方。事实上,在过去20年左右,这个国家变得更像 10
一个标准的欧洲国家。

的确,瑞士的独特性与它和欧洲邻国深厚而持久的联系,这两者之间的张力代表了瑞士历史一以贯之的鲜明特色。“瑞士特色”的拥护者总是能指出它的独特之处：从联邦组织和中世纪晚期公社制度的优势——他们用威廉·退尔传说中的英勇和成立第一个瑞士同盟的领袖们理想化的慎重和虔诚为其辩护,到当今民粹主义的领导人,他们继续将13世纪和14世纪的事件作为瑞士独特性的基础。因此,宣称独特性和宣称连续性都成为一种保守的约束,数世纪以来深刻影响到历史学家对瑞士的描述。然而,从1440年代老苏黎世战争的严重分裂,到宗教改革和大革命时期,再到1847年到1848年的内部斗争,这些历史事件表明,瑞士从未被隔绝在欧洲的事件之外,冲突常常打破保守派强调的礼让和稳定。从保守派偶像到革命的煽动者,以威廉·退尔作为动员人民的多种方式表明,单单只是冲突或连续性都不能主宰瑞士的轨道。正是它们在历史和虚构、在体制和文化中的相互交织,使现代瑞士既具有独特性,又具有深层的欧洲性的建构,值得人们去了解更多。

第一章　瑞士之前：贵族、共同体和危机(1000—1386)

11 现代历史学家一致认为，“瑞士人”和“瑞士”这两个概念是15世纪才出现的。瑞士作为一个现代国家是19世纪早期才出现，并于1848年最终定型的。但是，公元1000年以后，中阿尔卑斯山脉及其以北地区的地理和历史状况，确实为一个瑞士民族和一个瑞士政治体制的出现提供了条件，并在某些重要的方面影响了这一民族及其政治体制。这一章所描述的自然和人文地理的关键特点就是复杂性和多元化。在公元1000年左右，无论是景观、社会还是体制，这个地区都不能给它的居民提供任何统一的可能。更确切地说，瑞士的民族身份只是通过历史的演变才出现的。直到今天，它仍然保持着语言、宗教和文化的内部多元性，使其区别于其他大多数欧洲民族国家。可追溯至中世纪中期的历史趋势，使得地方贵族统治到1250年以前，能够实现体系内部的政治革新和灵活性。这种灵活性为各种因素提供了机会，因而在1250年到1386年间产生了城市、市镇和山谷之间松散然而稳固的联盟体系——即早期的瑞士邦联。1386年左右出现的松散邦联是1386年到1513年间形成的“旧瑞士邦联”的前身。此后直到1798年，“旧瑞士邦联”大体保持稳定。

1250 年前一个碎片化地区的地理和结构 12

现代瑞士面积为 41 285 平方公里，属于欧洲的小国。超过一半的领土为阿尔卑斯山脉和它的北缘，即前阿尔卑斯山脉，另有 1 740 平方公里是水体，包括位于现在国境线上的两个大湖——日内瓦湖和康斯坦茨湖。瑞士的阿尔卑斯山脉包括大部分欧洲的高山，尽管最高峰勃朗峰位于法国境内，临近瑞士的国境线。阿尔卑斯山很早以前就有人定居。始建于罗马时代的高山关隘将意大利半岛与法国和德国连通。幽深的山谷延伸在前阿尔卑斯山脉之间，从南面和北面远远地伸入阿尔卑斯山脉，提供了可开垦的土地和进入关隘的通道。农业定居点也依山势向上蔓延——在中世纪盛期(约 1000 年至 1300 年)定居的高度达 2 000 米。前阿尔卑斯山脉的山嘴从由陡峭的山地和更低的山峰组成的主要山脉向北延伸，而汝拉(Jura)山脉沿瑞士的东北国境呈弧形伸展。在阿尔卑斯山脉和汝拉山脉之间是瑞士的中部地区，地势相对平坦，但根本不是平原。它在过去的一千年中形成了农业和人口的中心。瑞士所有的大城市，从日内瓦到圣加仑(St Gallen)，都坐落在中部地区，也有一些安稳地栖息在前阿尔卑斯山脉之间，最重要的如卢塞恩(Lucerne)。现代瑞士止于阿尔卑斯山的南缘，其山脉骤降，与北意大利平原相接。前现代的邦联势力达到顶峰时，曾企图将阿尔卑斯山脉的南坡，甚至北意大利的米兰城都纳入瑞士，但瑞士人最终还是被挡在切入高山的深谷谷口。

欧洲的两条大河，罗纳河和莱茵河，源头都在现代瑞士，还有多瑙河的支流因河(the Inn)和波河(the Po)的几条北方支流。高处的河谷提供了通向一系列山口的通道，对山口的控制一向意味着经济和政治的回报。阿尔卑斯最低处的布伦纳山口(the Brenner，1 370 米)坐落在现代奥地利，距离西边的意大利和北部大陆都过于遥远。而瑞士的
山口能够提供更短的旅程，虽然其海拔超过 2 000 米。跨越瑞士的高 13
山路线主要有三类。西边，由上罗纳河到大圣伯纳德(the Great St Bernard)和辛普朗(Simplon)山口，往南到都灵和米兰。东边，不同的

路线——尤利尔(Julier)、赛普蒂默(Septimer)、施普吕根(Spliigen)、圣贝纳迪诺(San Bernardino)——将上莱茵和科默(Como)、米兰连通。第三条是贯穿中部瑞士的路线通向圣哥达(St Gotthard)山口,在1200年左右才对跨国贸易开放。它通过在瑞士汇入莱茵河的主要支流将巴塞尔(Basle)和米兰连通。圣哥达通道为湖上交通提供了便利。它从卢塞恩深入阿尔卑斯山,到乌里(Uri)的弗吕埃伦(Fluelen),再从马加迪诺(Maggadino)平原一直向南到米兰。圣哥达的开放刺激了经济增长,为先前闭锁的山谷带来了宽广的视野,13 世纪早早出现了由当地贵族宗族领导的特权共同体就是明证。在每一条高山路线,当地团体维修路段,提供役畜和冬天的雪橇,向经过的商旅收费,也使用这些通道联络他们的紧邻。从汉尼拔时期开始,军队就已跨越了阿尔卑斯山。在中世纪,主要是德国皇帝带军南下,穿越高山,到罗马去参加加冕礼,或者是作为古罗马皇帝的继任者在意大利宣称皇权。

瑞士壮观的地理景象塑造了这一环境中的定居模式和经济开发模式。中部地区一直是人口和农业的核心地带,提供所有前现代经济必需的主粮。丘陵地带雨水丰足,总体而言排水良好,因此土地肥沃,只是不适合欧洲平原上耕作强度高的农业。自给型农业扩展得很远,一直到高地山丘,但中世纪盛期的商业增长鼓励了越来越多的高山定居者将畜牧业作为主要谋生手段。随着对道路和灌溉沟渠的投资,高山草甸夏季的繁荣促进了肉类、脂肪和奶酪的生产,这些高价值的出口产品能够换来进口的粮食。断裂式的地景保证了中部地区和前阿尔卑斯
15 山脉都有适量人口定居,在瑞士的湖泊和河流沿岸涌现的城市和市镇较欧洲其余地方更小,但数量很多。几个最古老也最重要的城市坐落于当地最重要的湖泊和河流的要塞,如巴塞尔、库尔、日内瓦、卢塞恩和苏黎世。

在中世纪,贸易是继农业之后这个地区居民的第二大产业。当地贸易随着人口增长和经济扩张而扩大。不仅如此,几条主要的跨欧路线的汇合也保证了长途贸易的稳定流动。除了穿过阿尔卑斯山到意大利的重要的南北路线,东西之间的贸易轴线远至东北的纽伦堡(Nuremberg)

莱茵河
巴塞尔
康斯坦茨
苏黎世
汝拉
中部地区
前阿尔卑斯
伯尔尼
前阿尔卑斯
前阿尔卑斯
莱茵河
阿尔卑斯
阿尔卑斯
罗纳河
日内瓦
0 25 50 75 100 km
0 10 20 30 40 50 60 miles

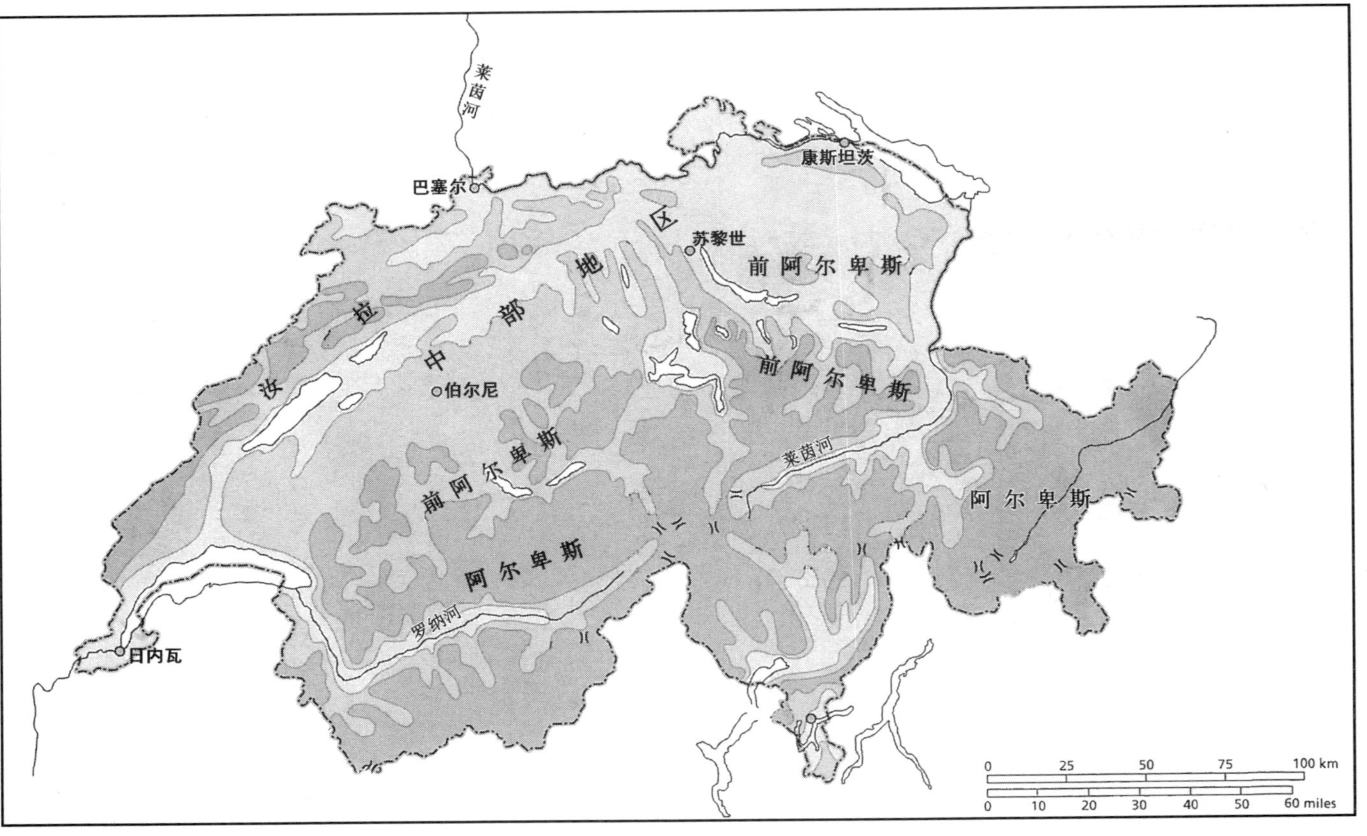

地图 1.1　瑞士：地形图

和波兰,西南的热那亚(Genoa)和巴塞罗那(Barcelona),穿越阿尔卑斯高地山丘以北的瑞士中部地区。丝、毛和亚麻织物的生产者成为这条路线的贡献者和受惠者。中世纪时,这条路线集中于日内瓦的转运口岸,后来是莱昂斯(Lyons);再后来,这些路线也将瑞士侨民中的手工艺者带到更远的中部和北部欧洲。弗里堡(Fribourg)、伯尔尼(Berne)和圣加仑等城市在不同时期因贸易而繁荣。与之相反,矿业从未兴旺,因为中阿尔卑斯山脉重要的矿产资源稀缺。

在前现代时期,人力和畜力负担几乎所有劳作,依靠水力转动磨坊,将鱼群驱向鱼梁围堰。在工业革命初期,水力给瑞士的工厂带来了令人艳羡的优势,到今天水力发电仍然重要。木材,另一种前现代欧洲的通用能源,在瑞士大部分地区都很丰富。它被用来加热锻炉,给房屋和浴室取暖。即使是在前现代时期,砍伐森林已经成为山区的主要问题,因为河流使通往斯瓦比亚(Swabia)和奥地利的木材筏运相对容易。

中世纪盛期,整个欧洲都欣欣向荣,瑞士地区的人口和土地也在稳定增长。到了 13 世纪末,人口可能已经达到 80 万(不过记录过于稀少,没有准确的计量)。这个时期的一个显著特征是现有城市的扩大和
16 更多城市的建立。在中世纪社会,城市享有一种特殊的法律地位,这包括区别于农奴的市民,他们享有人身自由,举办市集的特权,还能以优惠的条件从事生意。更古老的瑞士城市有主教(巴塞尔、库尔、日内瓦、洛桑、西昂)或修道院(卢塞恩、日内瓦)作为名义上的领主,而多数新兴的城市(如:伯尔尼、弗里堡、沙夫豪森[Schaffhausen])来自一类贵族家族,他们的目的是彰显名望、维护道路、鼓励贸易和保持人口增长。在政治分裂的时期,就连小贵族也兴建城市,通常是微型城市,这就是城市格外稠密的原因,因此到 1200 年人口的城市化比例高得惊人。

瑞士中部地区的迷人环境自史前以来就吸引了各种人来此定居,包括凯尔特人、罗马人,还有诸如法兰克人、勃艮第人(Burgundians)和阿勒曼尼人(Alemanni)的日耳曼移民。在中世纪中期,日耳曼语甚至随哥特人和伦巴第人扩散到阿尔卑斯山以南,但是到了 1000 年,德语及三种后罗马语言(法语、意大利语和雷托-罗曼什语[Rhato-

Romance])在这个地区的粗略分布已经建立。在前现代时期，政治范围从未遵循语言的划分，但是不同语言之间的界线一直在波动，直到15世纪。阿尔卑斯山脉大体分隔了意大利语和法语，雷托-罗曼什语渐渐局限于阿尔卑斯山东部更高的谷地。在不同的日耳曼入侵者中，阿勒曼尼人对于在现代瑞士使用的德语影响最大，这种德语和德国西南部使用的德语有很多共同点。1300年后的瑞士邦联历史中，尽管邦联得到了讲罗曼语的同盟和国民，德语仍是最主要的语言。只有在弗里堡，法语和德语自14世纪以降在政治和行政领域并存。

基督教在罗马时期传入瑞士地区。有证据显示到5世纪中期从日内瓦到库尔(Chur)等中心城市都有主教府。5世纪和6世纪到来的日耳曼入侵者起初是异教徒，但到公元700年之前，地区的基督教化已大部分完成。多民族社群和政治分散化也保证了一个复杂的宗教领域的存在。整个地区有七个分散的拥有权力的主教府(巴塞尔、库尔、科莫、康斯坦茨、日内瓦、洛桑和西昂[Sion])，多数占有后来的瑞士以外的广大领土。这些依次又属于不少于五个大主教府(贝桑松[Besancon]、美 17
因茨[Mainz]、米兰、塔朗泰斯[Tarentaise]和阿奎莱亚[Aquileia])。大多数德语地区在公元600年后依附于新建的康斯坦茨主教府。这个庞大教区的建立是为了向阿勒曼尼人传道，并且向北方远远延伸。这使得瑞士人在和它们的斯瓦比亚邻居分离初期产生了日益加大的分裂。这些都没有阻止活跃的精神生活和对当地教会的明显支持，但是它确实引起了针对教会纷争的各种反应，如主教委任之争，14世纪的教会分裂和宗教改革等。

在政治上，现代瑞士一度完全隶属于罗马帝国，往北和往东更远的地区则不是这样。它的领土被划分到罗马帝国的几个省份，却只留下很少的痕迹。罗马帝国覆灭后，这个地区由不同的日耳曼王国割据，各自范围时常变动，政权同样都是昙花一现。公元800年左右，法兰克人短暂地统一西欧，瑞士的所有地区又重新由单一的统治者控制。但是公元843年签订凡尔登条约以后，继任的王国又占据了中阿尔卑斯山脉和中部地区的不同部分。到1030年代为止，两大地方势力——西部的勃艮第王国和北部的斯瓦比亚王国，同属于德意志帝国——都开始分裂，致使地方贵族成为主要的政治势力。在南部，德国人对伦巴第的占有渐渐失去意义，由于第一批封建王朝，继而是意大利城市，尤其是米兰，都获得了自治权。

随着王国、公国及地方贵族世家的衰落，中世纪盛期的政治舞台上出现了新的角色，包括城市共同体、神职机构，还有后来的乡村共同体。作为合法政治主体的政治团体的出现，是促成这些发展的最关键的司法和文化变革因素。从修道院和教堂圣职团开始，成员团体拥有财产和特权，并实行领主统治。这样的发展允许各种共同实体在中世纪欧洲基于领主的政治文化中运作。起初，很多城镇和城市享有领主(封建
18 的或神职的)的支持和扩大的特权，因为一个繁荣的城镇能够增加领主的资源和声望。但是公元 1100 年以后，城市与其领主的利益分歧越来越大。城市精英重视的是和平的贸易活动和制造业，可是政治权力在欧洲的分散局面却导致了贵族阶层日渐增多的封建暴力。此外，在城市市民的特权和个人自由所提供的条件下，反抗领主权威的有组织的行为不仅可能，而且经常成功。尤其在从意大利中部到荷兰的地区，包括未来的瑞士地区和德国的西部，城市成功地转变为自治的政治主体，很多时候是从被包围的统治者手中，通过政治支持获取或现金购买皇家或帝国特权。相似的权利也能从主教、修道院和其他领主手中获得。

在帝国内部，“帝国直辖权”[①]这一地位代表着至高无上的自治：帝国的自由城市(以及其他有帝国特权的实体，包括修道院和乡村公社)“只隶属于帝国”，常拥有委任自己的帝国地方长官的帝国特权，运作没有上诉权的法庭。在帝国城市内部，政治权力落在有限几位纯粹的市民手中，通常是当地的骑士和商人，他们组成了体现城市特权的团体。随着内部自治的扩大，其他社会团体也开始谋求在政治上活跃的市民地位。最重要的是由手工艺人组织的行会，规范和限制具体商品的生产及贸易。行会通常寻求慈善和政治目标，也调整他们的工艺，并领导

① 见词汇表的名词解释。——译者注

其他社会团体，谋求成立更大的政治委员会，以代表自身的利益，或成立完全的行会政权，仅供行会成员发挥作用。到 14 世纪时，加入瑞士旧邦联的这些城市都有大范围的内部组合。尽管这些绝对不是现代标准的民主，但是它们给更多的居民提供了在贵族统治下参政的机会，并且鼓励了一种摈弃贵族价值，弘扬“普通人”(还不包括“普通女人”)的文化。

19

图 1.1 城市行会。在来自巴塞尔的这幅 16 世纪的画作中，一个行会的领导层正在享用盛宴，并展示他们的(明显是平民的)盾徽和配套的服装，以示炫耀。中世纪盛期的行会领导了反对城镇商人寡头的斗争，但是和其他瑞士的机构一样，1500 年左右以后也成为家族特权和巩固的堡垒。

城市自治在中世纪的欧洲都很普遍，很多乡村群体在中世纪盛期也采用共同体的组织形式，但是拥有帝国直辖权的乡村群体只在少数几个地方出现,尤其是中阿尔卑斯山脉。从瓦莱(Valais)到格劳宾登(Grisons),山区的谷地群体以政治共同体的形式组织起来,盖章执法,行使公义。一旦他们赢得了足够的司法权力和自治,就以平等成员的身份加入整个具有区域特色的联盟。成就这种发展的几个因素有:对意大
20 利的帝国政策至关重要的关隘位置,主要封建王朝的相对软弱,以及阿尔卑斯山中畜牧生活所要求的高度合作。这种合作促成了强大的集体机制。生活在一个有贵族、城镇和城市的多元场景还为组织共同体提供了模式,间或动力。历史学家将包括城市和乡村共同体的联盟的出现视作一个鲜明的特点。这个特点使得瑞士联盟兴旺发展,并且在 1500 年以后依然存在,尽管它主要是城市联盟,在别处的组织已经失败。

帝国特权的重要性表明:以一个"罗马"帝国为形式的普遍的基督教王权理想在中世纪的欧洲依然强大。到公元 1000 年时,尽管罗马帝国或是其后的神圣罗马帝国的名称依然保留,这个帝国已经大体被纳入日耳曼体系,包括所有现代瑞士的地区,以及被意大利占领的一些区域。在瑞士旧邦联逐步成形的阶段,它从未挑战过隶属帝国权威的原则。瑞士在 1806 年帝国瓦解以前一直都正式属于帝国,虽然它的司法自治已被 1499 年的《巴塞尔条约》所承认。1648 年的《威斯特伐利亚和约》令它完全豁免于帝国权力。确实,从 13 世纪到 16 世纪,旧邦联的成员迫切地谋求并骄傲地宣布他们自己的帝国自由和忠诚,因为帝国权威支持他们在反抗当地贵族中艰苦赢得的政治自治。然而,1273 年以后,哈布斯堡这个强大的地方家族加入了挑战帝国权威的少数小王朝,令这些地区的形势变得更加复杂。哈布斯堡皇帝们以帝国权威统一了包括瑞士在内的当地势力,巩固了对家族领地的控制。但是与此同时,帝国政治和哈布斯堡在东部奥地利的新王国一直让他们持续分心,无暇兼顾其西南部的德国家乡,使包括早期瑞士邦联在内的政治对手们势力壮大起来。关键的是,哈布斯堡在 1308 年到 1438 年间从未赢得不受争议的帝国权威。等到 1438 年哈布斯堡皇帝们不受挑战地坐上王位之后,瑞士旧邦联不仅得到了巩固,还取得了在莱茵河以南的大部分地区哈布斯堡的领主地位。

21

图 1.2　哈布斯堡城堡。瑞士的土地上点缀着中世纪的城堡，比如哈布斯堡。它是哈布斯堡伯爵的早期府邸。哈布斯堡的名字来源于“鹰之堡”，它坐落于瑞士中部阿勒河边战略位置。1300 年后，地方贵族势力衰落，很多城堡都废弃了，或是在地方的政治冲突中被公社民兵武装摧毁。这幅 17 世纪早期的哈布斯堡绘画显示，城堡避免了这种命运，并且成为哈布斯堡家仆的府邸，接着在 1415 年后作了伯尔尼执政长官的官邸。

在 1250 年间中世纪鼎盛时期，多种社会形式和政治组织在中阿尔卑斯山脉以北兴盛起来。这个地区和整个西欧的趋势有相似之处，包
括人口和经济的增长，商业化规模的扩大，自治和共同体组织团体的兴 22
起，以及单一教会组织下基督教宗教生活的繁荣多样。尽管教会活动仍以拉丁语进行，这个地区居民所说的语言有伦巴第意大利语、法兰克-普罗旺斯语或是阿勒曼尼德语。到 1050 年代中期，该地区已被并

入德意志帝国，虽然帝国作为一个政治统治系统已开始分崩离析。结果是，没有一个王朝能够取得压倒性胜利。经济、文化和政治上虽然分裂，但是这个将要成为瑞士旧邦联的地区有着相对开放的政治体制和社会，并且允许对地平线上浮现的危机产生多重不同的反应。这些危机包括人口过剩、耕地退化、黑死病、整个中欧持续的公共秩序的分裂等。该地区主要行动者的对策有助于解释 16 世纪初出现的这一政治体制的基础——八个主权州的前现代邦联，以及它不同的国民、依附者和同盟。

维持和平的体系和政治联盟：旧邦联的前身

1200 年左右，阿尔卑斯山脉以北地区几个主要地方王朝的灭亡为后面的发展创造了条件。勃艮第的国王们在 1032 年消失，斯瓦比亚公国(Duchy of Swabia)南部在 1098 年落入扎林根(Zähringen)公爵手中。扎林根家族也在 1218 年衰亡，而霍亨施陶芬(Hohenstaufen)王朝的皇帝们和斯瓦比亚大公们的统治，在 1250 年随着弗利德里克二世(Frederick Ⅱ)的去世也有效地终结了。主要王朝的覆灭为较小的家族创造了机会——在这个地区，萨伏伊(Savoy)家族和哈布斯堡伯爵作为新的王朝最终出现了——但也削弱了公共秩序，导致本地的暴力争斗增多。1250 年到 1273 年的王朝空位期激化了这些问题。由罗马教宗资助的反帝势力挑战霍亨施陶芬皇帝的权威，直到 1257 年，一场有争议的涉及两位在德国土地上缺乏大量追随者的候选人的选举，加速了帝国权威的衰落。现存权威无法维持秩序，中世纪欧洲在政治动乱时期出现的解决方案就是：地区和平联盟。

23 当皇帝和贵族们不能维持和平并保护公路的时候，其他政治主体——城市、修道院，甚至乡村社团——出于重要的自身利益，填补了这个缺口。这些联盟与早期在法国出现的“上帝的和平”运动类似：成员集体发誓遵守法规，反抗暴力，将争端诉诸仲裁而非武器，因为暴力是封建贵族倾向使用的。有些这样的联盟包含了当地的贵族——尤其是为更强大的对手所威胁的弱势家族或分支——而其他联盟则把矛头指向这些贵族。和平联盟反映的是地方精英的利益，无论是小贵族、城市派系头领还是强大的乡村团体家族领袖，他们都随着地方的政治星图变化而交替。以伯尔尼市为例，它在1240年代开始寻求同盟，结盟对象有如弗里堡(1243年)和索洛图恩(Solothurn，1295年)的城市，也有贵族(萨伏伊，1256年)，教会(西昂主教，1252年)和乡村公社(“瓦莱的土地”连同主教，1250年)。每个联盟的条款反映了结盟各方的情况，也常会划定一块固定的领地，联盟各方同意捍卫彼此在其中的权利，抗击所有侵略者，此外还有关于和平仲裁纷争的条款。13世纪中期，中央政权持续衰落，互相交叉的和平联盟(要么有固定的年限，要么不设期限)成为德国大部分地区政治和司法生活的常见特征。就在阿尔卑斯山脉以北，往西是一个以伯尔尼为中心的联盟体系，而更东边的慕尼黑和其他城镇加入了面向上莱茵河和格劳宾登通道的千变万化的团体，常常包含远及现代德国的城市。

乡村山谷中的乌里、施维茨和下瓦尔登组成的一个和平联盟渐渐
成为旧瑞士邦联建立的象征。公文据称是1291年8月初起草和盖章
的，而实际的文本具有很多独特之处，很可能是1309年甚至更晚撰写
的。但是它突出了中阿尔卑斯山脉和平联盟的一些不寻常的特点。这
份文件中有关于支持和裁决的典型承诺，各方发誓不接受此地区以外
的裁决。这个联盟的独特之处在于相关各方，即乌里、施维茨和下瓦尔
登各自的“人、地区或共同体”。三个乡村山谷的政治联合体指出，这是 24
他们对一个早期联盟的延续。其中每一个实体到1291年为止都是作
为合法的共同体而存在的，文件所附的每一个印章和各方拥有帝国直
辖权表明了这一点。跨越圣哥达通道的乌里在1231年获得了帝国直
辖权的正式特许，不过另外两方的权力不够稳固。地方贵族是山谷地
区的领导者，也可能是联盟的组织者，然而他们选择以山谷共同体而不 25
是个人来行动，表明阿尔卑斯山间的乡村群体在1300年前的和平联盟
运动中扮演了重要的角色。

有几个原因可以解释1291年后在这个地区建立的很多新联盟。首先，1273年当地贵族哈布斯堡的鲁道夫(Rudolf)坐上帝国王位时，王朝空位期结束了。地方群体基本倾向于帝国的法制，而不是地方贵

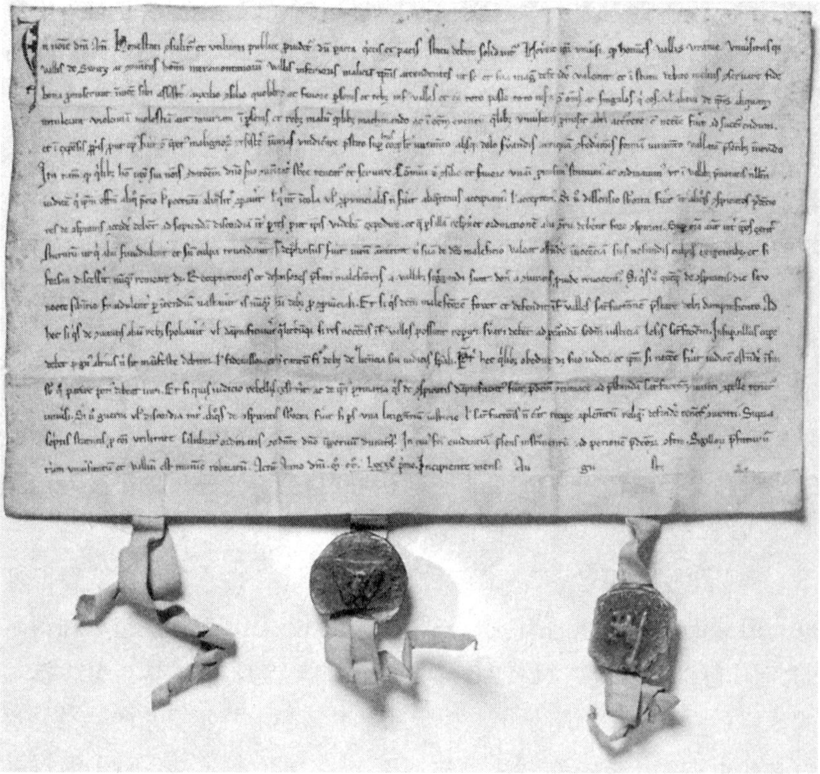

图 1.3 乌里、施维茨和下瓦尔登三方的同盟宪章。这份宪章在 18 世纪才被重新发现，签署日期是 1291 年 8 月初，但更有可能是 1300 年代初起草的。它记录了乌里、施维茨和下瓦尔登三个共同体为了维护和平，不让“外国执行官”参与司法，通过仲裁解决冲突而缔结的联盟。和很多当代的联盟内容相似，这份特定文件的特别之处在于只将乡村社群作为成员。在 19 世纪，它成为 1291 年老三州建立旧邦联的标志。

族的掠夺，所以整体上欢迎这种发展。鲁道夫着力于恢复在整个德国的帝国统治，并于 1278 年大败波希米亚国王普热米斯尔·奥托卡(OttokarⅡ Premysl)二世，为他的家族夺回了大量奥地利的领地。这使哈布斯堡成为欧洲历史上最强大的(也是为期最长的)王朝之一。在阿尔卑斯山脉以北和阿尔萨斯的这一家族的古老领地上，鲁道夫支持地方和平联盟，借以平定新帝国。但是 1291 年鲁道夫去世后，与之敌对的王族，拿苏(Nassau)的阿道夫(Adolf)被选为皇帝，再次引发了内战的恐惧和混乱。因此，1291 年是恢复或扩大地方和平联盟的有利时期。除了与下瓦尔登缔结盟约，乌里和施维茨在这一年晚些时候也跟苏黎世签订了一个三年的和平同盟。1298 年阿道夫去世时，鲁道夫的儿子阿尔布莱希特（Albrecht）被选为皇帝。阿尔布莱希特统治期间力图重建帝国秩序，导致四处叛乱频发。1308 年，他最终被自己的外甥谋杀。

阿尔布莱希特被谋杀之后，政局不稳，使活跃的地方政治势力更加突出。一边是由城市、乡村社群、神职人员和小贵族组成的和平同盟体系。这些体系经常变动，或者昙花一现，但总有新的体系形成。这种动态的结构创造了一整套所有参与者都接受的关于维持公共和平（如有需要可使用武器）的设想。另一边是一个同样复杂的大小贵族结成的体系，他们由婚姻凝聚，因继承争端而分裂。两方的成员彼此频繁谈判，以求联合，并处理危机。在这种环境下，尽管常有积怨争端，大的战争却很罕见。比如在意大利，王朝君主去世（引发继承权的争夺），或强 27
势城市内部的派系斗争（愤怒的流亡者力图推翻新政权）时常会引起争端。在这种形势下，频繁谈判也会产生更多能够抓住机会或抵抗外部控制的、敏锐的共同体领袖。这使得一个基于联盟而非领主的区域政治体系成为可能。

阿尔布莱希特之死消除了瑞士地区最强大的统一势力，而之后对他的贵族谋杀者及其亲族的肃清搅乱了当地的势力体系。对于哈布斯堡在此地的对手来说，后来当选的非哈布斯堡家族的皇帝也成为他们强大的外部同盟。他们提供帝国特权以削弱哈布斯堡的势力。围绕资源和权威的现有冲突因此而加剧，从而为扩大现存和平同盟体系带来了更大的动力。在这种背景下，施维茨山谷和艾因西登（Einsiedeln）修道院之间关于草场放牧权的长期冲突引发了传统上被视为瑞士历史上的第一次大战役，即 1315 年 11 月 15 日的莫加顿（Morgarten）之战。当地的领导阶层为了庆祝胜利，将乌里、施维茨和下瓦尔登三州联合，缔结成一个更有野心的新和平同盟。巴伐利亚的路易皇帝则确认了这三个山谷的皇家自由权，以此回应哈布斯堡这个对手的失败。

图 1.4 哈布斯堡鲁道夫一世：墓葬雕像。经过 1251—1273 年暴力的王朝空位期，阿尔卑斯山麓丘陵的很多地区都欢迎的鲁道夫——野心勃勃的地方王朝哈布斯堡的领袖，被选为皇帝。鲁道夫将奥地利归入他的家族，这将哈布斯堡的伯爵提升到欧洲高度的王朝角色，但结果是扰乱了家族在西南德国的根系。鲁道夫于 1291 年去世，对争斗的惧怕引发了一批新的当地和地区和平联盟，可能也包括插图 1.3 所绘的对象。绘画的创作时间就是 1291 年。

地区分裂与皇室政治纠缠，这一模式持续催生着遍及南德的相互交织的和平联盟。凡是领主势弱的地方，和平联盟都增加了成员，规模也扩大了。另外，这一时期的经济危机和黑死病极大地削弱了贵族势力。苏黎世、伯尔尼、卢塞恩、瑞士核心联盟的三个山谷地区，以及其他各种政治实体都建立了相互交叉的多重联盟。其中有些是永久性的联盟，而非只持续一段固定的时期。对自治有模糊要求的公社实体尤其迫切地想通过联盟巩固它们的地位。卢塞恩在法律上服从于哈布斯堡 28
的统治，在寻求建立城市和乡村联盟时态度最为激进。1332 年，卢塞恩同三个山谷州缔结了正式的联盟，这三个州不仅成为它的本土贸易伙伴，也与其共享倚赖于圣哥达通道的贸易利润。和大多数和平联盟一样，1332 年和约也包含了名义上尊重哈布斯堡权力的条款。但是，卢塞恩市民中的精英成立了城市谋反集团，在 1328 年和 1332 年对哈布斯堡地方长官宣誓统一，明显表现出它与乌里、施维茨和下瓦尔登的联盟企图削弱哈布斯堡的地位。

市镇的政治动荡也塑造了当地联盟的体系。最著名的就是 1336 年苏黎世的一场城市革命，它造就了一个行会政权，从而驱动了持续到 1350 年代的一系列事件。斯瓦比亚公国解体后，苏黎世名义上为圣母修道院所控制，并获得了帝国直辖权。一个起初由五位小贵族组成，后扩大到一些商人家族的委员会拥有对城市的控制权。手工匠人和穷人不算“市民”，也没有什么影响力。而城市贵族家庭也被排除在外。随着苏黎世的手工业日益繁荣，工匠行会势力愈发强大，它们与政治的隔绝开始激发其他的矛盾。冲突在 1336 年达到顶点，城市手工匠人在一个落魄贵族鲁道夫・布伦(Rudolf Brun)的领导下，发动了起义，建立了一个新的行会政权，并流放了布伦的主要对手。这个时期，很多德国城市也爆发了类似的革命。事实上，苏黎世的新体制也紧随 1334 年斯特拉斯堡(Strasbourg)政权的建立而诞生。

在新的体制下，鲁道夫・布伦成为终身市长，由一个行会会员和城市贵族组成的委员会支撑。在其后的几十年中，他一直谋求外界对这个政权的承认，以及他在其中的地位。他的商人对手大体上支持本地的哈布斯堡统治,所以布伦主要依靠反对哈布斯堡的各方,包括康斯坦茨、沙夫豪森和巴塞尔,并从维特尔斯巴赫(Wittelsbach)皇帝路易四世及后来的卢森堡皇帝查理四世那里获得帝王的支持。流放者们在附近的拉珀斯维尔(Rapperswil)定居下来,后在1350年发动政变,并最
29 终引发了危机。在与当地哈布斯堡代理人的调解努力失败后,阿尔布莱希特大公率领军队逼近城市,布伦同卢塞恩、乌里和施维茨于1351年建立了永久同盟。这个和约遂成为日后的瑞士内部联盟的范本,虽然和约各方依然保留缔结未来和约的权力。这是当时典型的做法。苏黎世的情势看似严峻,但奥地利的事务又一次干扰了大公,使苏黎世及其同盟夺取了格拉鲁斯和楚格(Zug),并以类似的联盟条约限制它们。1353年,伯尔尼——更西边的联盟体系的一方——将势力扩及苏黎世、卢塞恩和三个山谷州建立的东部体系。这个同盟伙伴的体系愈发紧密,尽管它还不够稳固。

到了1350年代,欧洲各地出现了两种地区政治生活的组织形式,这两种形式在瑞士针锋相对:一边是领主采取新的官僚手段执政,建立有效的维持和平、司法和税收制度;一边是由规范地区政治的联盟所联结的半自治的共同体体系,但每个联盟成员各自处理其内部事务。这两种体制的根源都可以追溯至1350年代以远,然而,经济和人口危机在1320年代后更加严重,并且于1347年后的黑死病盛行时达到顶峰,即使是在法国和英国这样政情良好的王国,领主统治的势力也被削弱了,表现为1350年后两国领主统治的分崩离析。中欧王朝统治不够有效,如哈布斯堡,情况则更加糟糕。特别是在从意大利到荷兰这一带——跟东部相比,共同体组织更强大;和西部相比,贵族执政更弱势——于是出现了共同体统治的第二种制度。

两种制度的一个关键特征是:由包括所有居民的地区组织而成的政府,替代了基于领主和特权的、地理分散的个人威权。贵族领主和共同体执政官都要用统一的区域法律及法庭来约束辖区的每一个人。无论其封建地位如何,都要对地区的单一权威纳税,并为此地区的统治者
30 服兵役。哈布斯堡通过购买或抵押贷款来获取主权、修道院和帝国领

土，大力巩固在这里的一处封闭领地，并于 1307 年建立了哈布斯堡都邑，将其作为一个登记财产和权利的系统。这项战略的花费消耗了几乎所有王朝的财政资源，甚至超支。

瑞士联盟的成员们追求着相似的目标，尤其是在 1350 年代以后。富有的市民和城市政府开始购买空缺或负债的领主身份，并通过赋予个人和整个社区市民身份将司法权延伸到城墙以外。伯尔尼在施行这些手段时最为野心勃勃，也最为成功。城市的领土扩张使它最终成为阿尔卑斯山以北最大的城邦。乡村州也企图将统治范围扩至新的地区：乌里通过联盟、军事战役和领土购买，将势力延伸至圣哥达以外，进入提契诺(Ticino)的上游河谷。施维茨则坐拥北向的苏黎世湖及更远的土地。

公社像贵族领主一样，决意对所获之物和新的附属百姓进行统治，不过它们独特的政治文化允许地方精英对政治事务发表更多意见并参与其中。城市对领主主权的购买，尤其是赋予城墙以外的贵族和共同体以市民身份的惯常做法，与哈布斯堡和其他地区王朝建立封闭领地的行为产生直接的矛盾。无论来自领主，还是共同体一方，强化统治不可避免地导致 1352 年至 1386 年间的冲突升级。主权争斗、司法争议、贿赂、施压和直接的暴力，成为双方在争夺领土控制权时使用的典型手段。虽然法律和政治框架依然由领主身份和特权决定，公社和贵族都能行使这种特权，但越来越多的参与者认识到，两种竞争体制具有不相容的政治秩序，相互冲突。因此，在各个领域发生的地方权力之争多了一重意识形态的敌对。

从 1360 年代到 1370 年代，紧张的局势不断升级。1365 年，哈布斯堡的虚弱给施维茨可乘之机，它夺取楚格一地，并强迫当地毫无勉强之意的人民与旧邦联结盟。哈布斯堡在此期间专注于对战略城市巴塞尔的控制，并在 1370 年代晚期获得相当的成功。1380 年早期，伯尔尼利用分裂的基堡(kyburg)贵族世家的矛盾，将战略市镇伯格多夫 31
(Burgdorf)和图恩(Thun)据为已有。1378 年后的教皇分裂引起进一步的破裂和压力，因为亲亚维农教廷的哈布斯堡面对的是大多数南德和瑞士亲罗马教廷的反对方。法国和英国之间的战争也拖延不决，意大利城邦的内乱在这个时期一直延续（最著名的是佛罗伦萨1378年的梳毛工人起义）。

具有重大意义的是，1370年，旧邦联的六个市镇和共同体通过了第一个普通法规，即《教士宪章》（*Pfaffenbrief*）。这个协议新加了两项关键的条款（是和平联盟中不存在的），显示了瑞士共同体统治对其领土的进一步控制：条款之一规定共同体领地的所有居民（包括贵族）需对领地政府发誓效忠；条款之二禁止教士向教会权威上诉，除非是内部和宗教事务。在协议中，六个签名方（苏黎世、卢塞恩、楚格、乌里、施维茨和下瓦尔登）第一次将它们描述为“誓约盟邦”，并制定了一个基本法。这就使得起初的和平联盟转变为新兴的地方权力。

1386年，对未来的瑞士来说，最致命的危机来临了。在哈布斯堡一方，1379年王朝遗产分割后，大公利奥波德（Leopold）三世成为家族西部疆域的唯一领主，瑞士也在他的统治范围。这一分割削弱了双方的势力。利奥波德与瓦茨拉夫（Wenceslas）皇帝的矛盾，加上财政压力，激化了他的问题。在瑞士一方，苏黎世唯恐它的宿敌、哈布斯堡的要塞拉珀斯维尔复兴。卢塞恩则怨恨哈布斯堡地方长官对城市管理的干预。这几个州认清了哈布斯堡的虚弱本质，在1385年到1386年的冬天发动进攻。苏黎世夺取了拉珀斯维尔，卢塞恩的军队袭击了哈布斯堡的领土，将城市市民身份授予周边几个领地的居民（颠覆了他们作为哈布斯堡附属百姓的地位）。谈判失败后，利奥波德组织并率领军队，于1386年7月逼近卢塞恩。7月9日在森帕赫（Sempach），来自卢塞恩、乌里、施维茨和下瓦尔登的小股武装重创利奥波德的军队，葬送了他的性命——如后来哈布斯堡所宣传的：“被自己的附属百姓所杀
32 害，在他自己的领地上，为了他自己的权威。”两年后，德国城市联盟在多芬根（Döffingen）以相似的战役对抗它们的领主，但彻底失败了，瑞士却取得了决定性的胜利。

森帕赫战役既有直接的后果，也有长期的。短期来看，利奥波德及很多随战的地方贵族被杀，为城市和山谷提供了领土扩张的有利条件。

图 1.5　森帕赫战役。森帕赫战役巩固了瑞士的早期联盟，最终成为邦联身份形成中的一个重要节点。1470 年代，在森帕赫战役过去一个世纪后，修建了一个小礼拜堂来纪念这场奠定邦联的战役。这里展示的壁画绘制于 16 世纪，并于 17 世纪重绘。画面突出了阿诺德·温克里德(Arnold Winkelried)的“英勇行为”，英雄抓住敌人的长矛，以打破他们的防御。1470 年代初次记载了这一事迹。

此外，在本地哈布斯堡权力的深重危机下，旧瑞士邦联的成员身份也更有吸引力。巴塞尔的委员会得以阻挡哈布斯堡的影响，重获行动自由；格拉鲁斯山谷在 1388 年的奈弗尔斯(Näfels)战役之后也成为联盟的一员。1393 年，当苏黎世市长鲁道夫·斯格诺(Rudolf Schöno)企图将 33
城市重归哈布斯堡阵营时，来自联盟的压力加上内部异见迫使他离职，并解除苏黎世与联盟的关系。相反，九个未来的州签订了一个条约，即《森帕赫条约》(*Sempacherbrief*)，规定了联合战争的行为。同时，时下已经是地区主要对手的瑞士人和哈布斯堡家族两方并未实现持久和平，而是签订了一系列休战协定，一直持续到 1415 年。

同时代的人们充分认识到这场战役的重要性：一个合法的领主率领由贵族组成的军队，严惩夺取其附属百姓和土地的平民武装——结果被打败了。这一时期最活跃的两种政治体制——王朝统治和城市联盟开始对抗，而联盟取得了胜利。欧洲各地的编年史家都对这不寻常的事件给予关注。瑞士“粗野农民”的背信弃义也成为哈布斯堡家族史上长久的主题。对“誓约盟邦”而言，这场战役成为一个纪念性的时刻。为了祈祷上帝保佑联盟免于暴政，一个小礼拜堂在 1387 年落成，以庆祝战役的胜利。此后一年一度的纪念仪式都在这里举行。直到 15 世纪末，战役中发生的一个故事才开始流传：士兵阿诺德·温克里德以血肉之躯投向贵族军队的长矛铁墙，为战友们突破敌人的防御。温克里德的事迹很快成为瑞士人的一个重要传说。它象征着英勇的自我牺牲，也证明了自治的正当性。

有了战事胜利，有了《教士宪章》和《森帕赫条约》来制约领土司法和军事，眼下的联盟体系已经超越了它作为维持和平机制的起源。对于外部权力，最重要的当数哈布斯堡王朝和它在此地的诸多特权。瑞士人通过战事和谈判与哈布斯堡僵持不下。对于本地贵族，瑞士人利用他们的软弱夺取了很多区域。对于乡村、教会和其他本地机构，瑞士人证明了自己能够将它们纳入凝聚力日益增强的领地，无论是变成市民还是其附属。这些州在联盟的支持下，更加大胆地向外扩张，加速了当地残留贵族世家的衰落。瑞士人和他们的同代人都意识到，一个新的政治力量，“誓约盟邦”，即旧瑞士邦联，已然存在。

34 尽管如此，1390 年代的旧邦联从任何意义上来讲都不是一个国家，离民族则差得更远。重要的一点是，没有哪个文件将后来所有的州团结起来(通常视为八个州，尽管索洛图恩也签署了《森帕赫条约》)。所有的州依然作为帝国的一部分保留，并继续接受帝国曾实施的关于领主和权利的法律框架。每一个成员都保留签订其他联盟和追求自身利益的权力，只要新的和约与已有的不直接冲突。瑞士体系至上的政治压力确实限制了每一个州能走多远，但是苏黎世和伯尔尼格外抗拒对于它们外交自由的限制。虽然原先的所有八个州都使用德语，并对罗曼斯语，特别是意大利语文化的习俗和态度抱有共同的轻蔑，但单一的德语本身并未增强凝聚力，也不限制它们与邻近的讲罗曼斯语的群体或领主结盟。和周围的多语言帝国一样，在 17 世纪前，语言在瑞士的民族形成中只起到微小的作用。

1393 年，旧瑞士邦联的成员拥有迥异的政治利益、社会结构和观点。伯尔尼的政治主要掌握在一小股家族的手中。它们在城外有贵族地产，扩张的野心大多朝向南边和西边，与萨伏伊和勃艮第家族玩着联盟和敌对的复杂游戏。苏黎世依然是一个制造业和贸易的城市，它对外扩张的目标向西南可达东部瑞士关隘，向东北可达圣加仑、康斯坦茨、沙夫豪森和乌尔姆(Ulm)的纺织和贸易城市。那些地方当时尚未成为邦联的一员。瑞士核心联盟(卢塞恩、乌里、施维茨和下瓦尔登)的扩张野心则是企图越过圣哥达关口，向南进入意大利。对领土的谋求使一些州彼此对抗起来：西面有上瓦尔登、卢塞恩和伯尔尼为了西面的领土而竞争；施维茨和苏黎世则是为了东面而对抗。最后，旧邦联中的城市州与乡村山谷州有不同的视野和内部结构。在组成联盟的八个州中，苏黎世、伯尔尼和卢塞恩三方与乌里形成鲜明的对比；施维茨、下瓦尔登则和格拉鲁斯形成对照(在结构和社会方面，楚格居于中间)。
乡村州的市民和贵族治下的乡村共同体心有灵犀，而城市州却为它们 35
在南德和莱茵河下游的同辈所吸引。

1386 年后，这种相对开放而多样化的政治社会星图依然存在。它最早催生了和平同盟，即后来旧瑞士邦联形成过程中的政治联盟。有所改变的，是旧瑞士邦联作为一个拥有共同利益的群体，心安理得地利用着这种自由。1386 年后的事态发展属于瑞士国家历史的下一个部分。在这一部分，我们的结论落脚在社会和文化发展的一些重点。它们促成的事件会持续到 1400 年代。

瑞士土地上的欧洲文化和社会

中世纪盛期，瑞士社会和文化的最重要的特点，就是它一直参与了改变整个西欧的主要潮流。公元 1000 年前，瑞士和它的邻居一样，经历了马札尔人(Magyars)和穆斯林劫掠者的破坏，此后社会、经济和政治开始复苏；1050 年后，城市兴起；12 世纪和 13 世纪中，和别处一样，多明我会和方济会修士遍及瑞士各地。基督教完全渗透到深山之中，这可以从格劳宾登阿尔卑斯山中的齐利斯(zillis)教堂天庭的彩绘看出。这幅壁画年代在1109年到1114年间。在153平方米的壁画上，圣经的主题和圣马丁的一生向教众生动地展现出来。地方领主和更多地方共同体发现，它们被迫在中世纪重大的欧洲教会政治斗争中站队，从叙任权争夺到东西教会大分裂。尤其重要的是，如同任何一个农业社会，所有这些瑞士事件的背后是人口和乡村生产的平稳脉动。

1386年以前，对瑞士产生最大影响的是开始于1300年的人口过剩危机。这一危机后来被1347年到1349年的黑死病逆转。这和旧邦
36 联出现的时期高度一致。一些证据显示，尽管1200年代瓦尔泽(Walser)移民迁入阿尔卑斯山脉的最高山谷，开拓新土的压力似乎很大，但是1300年的瑞士地区人口过剩并没有欧洲其他部分严重。黑死病终结了这种压力。瑞士中部地区受到了黑死病的严重影响，而山区的遭遇似乎少一些。最准确的估计显示，由于瘟疫反复发作，组成现代瑞士领地的居民从1300年后的80万人左右减少到1400年的不足60
37 万人。但是，我们难以将1347年前的人口过剩或之后的人口迅速下降同具体的政治事件挂钩。1336年苏黎世的行会革命也许反映了粮食高价带来的经济压力，但是我们缺乏证据。相似的，1350年爆发了一场政治大危机，但是没有资料显示它是由黑死病直接引起的。总而言之，我们可以说，1300年代晚期，特别是小型贵族统治面临着经济和人口逆境，反而使得共同体政治的发展和巩固更为容易，就如同在英国、法国、意大利以及德国境内所见的一样。也有一种可能，山谷地区在旧邦联中之所以扮演着不寻常的重要角色，是因为它们比起中部城市在瘟疫中受到的打击更小。不过1350年代晚期，乌里曾爆发剧烈的社会冲突(但是鲜有记载)。

19世纪和20世纪的瑞士历史学家经常强调这个时期高山谷地的“农民和牧人”群体，认为正是稳固的本地团结和原始野性的勇气使山地战士成为瑞士自治的脊梁。瑞士历史上几次早期战役参与者主要来自山地，因为他们的骁勇善战。到1400年，瑞士内陆的雇佣军在意大利及其外的地方大受欢迎。贫穷、难以进入的地形、农牧经济，凭借关

图 1.6　天使向牧羊人报喜，公元 1110 年，齐利斯。齐利斯的圣马丁教堂天庭的精致镶嵌彩绘，无与伦比地表现了 1100 年左右地区盛行的宗教文化。齐利斯位于穿过格劳宾登的一条主要关隘通道。因为那时的地区人口主要倚赖牧羊业，天使向牧羊人报喜是画作的一个常见主题。

隘通道和地区合作组织之力与外界联系，如此种种因素使这些地区与世隔绝。在 19 世纪作家浪漫化的作品中，民主的瑞士核心联盟为了自由而奋勇抗击暴政贵族，这缘于高山草甸天然的自由感和牧人生活所必需的强壮体魄。现代研究则表明，尽管比起欧洲大部分地方，这些山谷群体的社会阶层分化并不严重，地方精英更多倚赖百姓的支持，政治参与也更为广泛，但是那个时期民主的存在还是那么微弱。阿尔卑斯山谷群体因此在旧邦联的崛起中起到了一定作用，但是现在大多数历史学家都认同这不是最主要的解释。

中部的城市与欧洲的发展及封建欧洲的复杂社会阶层更加紧密相连。很多史学家提出,瑞士的城市结合了意大利城邦和德国皇城的特点:它们像意大利的城市那样地域广大,但又和德国一样由共同体来
38 组织。所有的瑞士城市都规模适度,文化上的贡献也相应地中规中矩。这个时期的马内赛古抄本(the Codex Manesse)就是一例。这份手抄本收集了最多的现存宫廷抒情诗,以及诉诸精神和教诲的文字。它并非出自贵族之手,而是1300年后由苏黎世的一个城市家族马内赛撰写。他们怀有成为贵族的雄心。抄本附有137张骑士冒险主题的微型画,并以每首诗歌假定的作者的贵族地位来细致排序。这反映了贵族
39 价值观在城市社群中的盛行。这一时期很多的艺术品、建筑和器物都反映出贵族和基督教的观念。

最近在翻修苏黎世一栋老宅的时候,发现了中世纪城市里犹太人口的痕迹。关于1347年以前在瑞士居住的少量犹太人,证据极少;不过我们知道,他们遭遇了各种迫害,从1294年伯尔尼关于祭祀谋杀的控告,到黑死病时的直接屠杀。这和欧洲其余各地的情况一样。在苏黎世,1349年前,一个富有的犹太家庭委托在庄严的市政厅墙面绘制生动的壁画;1300年代末,第二个犹太社区发展起来,在弗洛斯高格斯(Froschaugasse)留下了也许是一所小学和一座犹太小会堂的痕迹。那时,城中大概有20户犹太人家,他们从事借贷和城市贸易。此后,15世纪的反犹主义抬头,1436年犹太人又一次被驱逐。在这个问题上,瑞士的情况发展从时间到结果也对应了欧洲的大趋势。

在中世纪盛期,这个产生了后来的中世纪瑞士邦联和最终的现代民族国家瑞士的地区,也积极地融入了作为一个整体的中世纪西方文化。地区居民利用其封建社会和政治的开放性塑造了他们自己的政治体制,同时他们也继续共享着更广泛的欧洲文化和社会发展。森帕赫战役中,欧洲最主要的贵族王朝之一败给了无名之辈的平民,欧洲人从此意识到这一地区及其出现的权力体系有着与众不同的特

图 1.7　城镇中的宫廷文化。马内赛古抄本出自苏黎世的一个成功的市民家族，完成于 1300 年后不久。书中有各种贵族与淑女的古怪形象，还包括了一个以自己命名的人物：哈德劳伯。这本书收录了欧洲贵族文化中的歌曲和诗篇，它们为日益富有的城市精英群体奠定了文化基调。

点。到了 15 世纪，欧洲各地的民族国家开始巩固，此刻问题的关键在于：松散的 1400 年的“誓约盟邦”是否会被周边出现的王朝统治的国家重新吸纳，还是扩大了的这种体系依旧足够开放，以迎接一个另类的国家。

第二章　创立瑞士邦联 (1386—1520)

40 1400 年左右，组织松散的“誓约盟邦”，也可称为乡村和城市共同体组成的邦联，在危机时刻相互支持，它们依靠几个司法和军事的协定，成为从日内瓦湖到康斯坦茨湖一带最重要的政治角色。一个世纪后，1500 年，广受认可的瑞士邦联与哈布斯堡皇帝、法国皇帝和其他欧洲主要权力谈判，签订了关于军事合作和统治意大利北部的条约。连年战争，以及欧洲政治环境和瑞士人自身关系的深刻变化，使得这种出乎意料的转变成为可能。

在欧洲各地，这些以控制中世纪盛期的暴力为目的而开始的联盟表现出它们的能量——尤其是在意大利、德国西部疆域和荷兰——它们演化成为具有进攻和防御职能的稳定的政治同盟。14 世纪兴起的意大利城邦证明了公社实体能够成为主宰政治的力量。它们在 15 世纪也证明自己也可以造就新的贵族，并回归贵族政府。瑞士的“誓约盟邦”走上了一条不同的路径。小型实体参与了进来。与佛罗伦萨和米兰相比，苏黎世和伯尔尼显得很小。而乡村和城市公社的组合使得瑞士邦联别具特色。此外，1400 年后，贵族王朝在北部依然地位重要，其中包括哈布斯堡和萨伏伊，还有地区家族如图根堡(Toggenburg)和符
42 腾堡(Württemberg)。这意味着邦联成员只能通过合作和相互支持来

41

图 2.1　对联盟宣誓。在 14 世纪晚期和 15 世纪早期，共同体成员彼此的誓约是有别于领主统治的一种有力约束。这幅图上，卢塞恩市民宣誓支持 1351 年的邦联同盟，并被记录在右上角人物所持的宪章中。16 世纪早期在卢塞恩发现的一部插图编年史体现了瑞士人的认知——关于同盟和宣誓怎样保护了人民，构建了他们的邦联。

生存。到了 1500 年，尽管内部成员仍有不同利益，但邦联作为一个整体已经成为欧洲范围内的重要力量，而不是单个的伯尔尼、苏黎世或施维茨。

崛起的邦联与地区王朝的分化日益严重——哈布斯堡家族毕竟在 1438 年重获永久的帝国王位——这给政治星图增加了意识形态的维度。大多数同代人把邦联对哈布斯堡和其他贵族领地的篡夺和所有欧洲贵族畏惧的农民造反相提并论；从瑞士人自己的角度来看，贵族压制公社权利的行为足以表明地区王朝已经变成了暴君，理应由虔诚的平民革除他们的王位。1386 年到 1499 年间，瑞士军事和政治的一系列几乎不间断的成功，加剧了这种冲突，激发了邦联的维护者们创作歌曲、虚构故事和历史，将成形中的新政治实体赋予合法地位。这些材料大多产生于 1450 年后，反映了 15 世纪的情境，尽管它们记录的大部分事件，包括威廉·退尔的标志性故事，其实是 1300 年左右发生的。

这些文学和历史材料——瑞士人称之为“解放传奇”——对理解瑞士历史和现代瑞士的政治文化都很重要，因为它是此后五个世纪瑞士人讨论政治的共同基础。16 世纪的城市贵族，1653 年奋起反抗的乡村公社，18 世纪早期的启蒙主义知识分子，以及法国大革命时期的政治活动家们，都会引用威廉·退尔打击哈布斯堡暴政的典故。但现代历史研究认定，“解放传奇”包括的很多事件或者从未发生，比如威廉·退尔的反抗，或者与记录的年代不符。尽管如此，这些传奇也必须载入漫长的 15 世纪的转型。这一转型造就了统一的邦联。

43 欧洲背景

15 世纪，造就了持久的瑞士旧邦联的这些事件，只能在更大的欧洲背景下来理解。公元 1400 年间，由于普遍的政治分裂，地方不受法律制约，欧洲各地的各种中央政权都面临着巨大的挑战。大规模战争影响了多数欧洲国家，而反复的平民叛乱也让封建贵族感到焦头烂额。黑死病导致的人口和经济问题，如人口减少和劳动力短缺，一直延续到 15 世纪，使得社会矛盾更加尖锐。但是，大约在 1470 年以后，整个欧洲的天平又一次倾斜。在法国、英国和西班牙,强大的“新君主制”的巩固就是最为生动的体现。新君主政体的特点是官僚管理、常备军队和有效的代议制机构。这为近代和现代欧洲国家奠定了基础。在意大利,大多数城邦变成了世袭制的公国——威尼斯是一大例外;罗马帝国的地方公国在政治和社会中扮演了日渐重要的角色,而帝国本身的机构在 1495 年的帝国改革中继续扩张。政治稳固伴随着日益僵化的社会阶层结构,还有新一轮对基督教理念的异见者的镇压。与此同时,从意大利开始的思想创新改变了教育、宗教,最终是整个精英文化,文艺复兴的理念在欧洲传播开来。

瑞士的发展紧随欧洲趋势,但是它的位置邻近欧洲的几个战争热点,包括初期的勃艮第王国和意大利北部。这给邦联成员增加了特殊的压力,也赋予了整个邦联在欧洲事务中更加重要的地位。1386 年到 1500 年的六次主要冲突改变了瑞士邦联,也印证了它的发展。前两次继续着 14 世纪晚期的趋势,对应了传统权利衰弱和新型政治力量激进的欧洲模式。1403 年到 1409 年的阿彭策尔(Appenzell)战争属于一个反抗时期最重要且成功的农民起义;而 1415 年到 1419 年,瑞士从哈布斯堡手中夺取阿尔高(Aargau),显示了“誓约盟邦”同盟体系的力量; 44
第三次冲突是 1436 年到 1450 年的老苏黎世战争。这场复杂的战事牵涉了王朝政治、瑞士-哈布斯堡关系以及邦联自身内部的对手。这三次争斗也深刻地影响了 1450 年左右出现的关于瑞士解放的叙事。

后三次战争——1474 年到 1477 年的勃艮第战争,1499 年的斯瓦比亚战争,最后是 1494 年后瑞士参与的意大利战争——显示了瑞士邦联已经成为欧洲政治中的重要角色(确实,比在以后的时期都更加重要)。但是,在每一次的冲突中,邦联的内在矛盾也变得更加明显。共有的机制和共同的协议有助于应付这些情势,也呈现出邦联的发展转变。具体表现为:1420 年后瑞士邦联议会的出现,1450 年代初期终止老苏黎世战争的条约,1481 年的《施坦斯和约》,以及弗里堡和索洛图恩被接纳为邦联成员,这些记录了瑞士政体在 16 世纪初到 1798 年间的发展轮廓。

巩固与革命,1386—1415

1386年时松散的瑞士旧邦联之所以能够发展壮大,是因为地方和更高级别的贵族势力软弱。利用这种弱势,城市州能够通过购买、抵押和其他手段来扩大领地,将越来越多的百姓置于它们的统治之下,伯尔尼尤其如此。乡村州也在寻求扩张:乌里和圣哥达山口以南的拉文蒂纳(Leventina)山谷签订了保护协议,并与其他瑞士核心联盟成员联合,将势力向南延伸,开启了持续整个世纪的占领提契诺山谷的进程。

在阿彭策尔山地,激进的农民运动的兴起,生动地证明了1400年左右的贵族势力十分有限。和其他乡村地区一样,阿彭策尔的居民也在14世纪建立了全体组织的经济和法律公社。1377年,这些公社成为斯瓦比亚城市联盟的成员。圣加仑城也在其中,分享此地繁荣的亚
45 麻制造业,并服从圣加仑修道院统治。1379年后,修道院新院长库诺·冯·斯多费(Kuno Von Stoffel)企图恢复修道院对附属百姓及其收入的控制,阿彭策尔的农民认定修道院院长违反了"老传统"。鉴于此,他们系统地扣除了遗产税,与外地人通婚,并在其他方面藐视院长的命令。阿彭策尔和圣加仑的对抗致使库诺将修道院置于哈布斯堡的保护之下。阿彭策尔的百姓作出回应,他们毁坏地方长官的城堡,并与施维茨结盟,令其掌管军事。1403年和1405年,农民武装分别在沃格林赛格(Voglinsegg)和施托斯(Stoss)击败修道院和哈布斯堡军队,令其蒙羞。这一系列胜利在康斯坦茨湖一带哈布斯堡统治区的农民中激起了热烈的反应。正如当时的报告所言:"所有农民都乐得做阿彭策尔人。"关于封建捐税和施政的斗争引发了一场社会革命。

从1404年到1408年,以阿彭策尔及其同盟施维茨为中心的"湖上联盟"(a Bund ob dem See)摧毁了当地的城堡,驱逐了贵族行政官。新的联盟效法当时波希米亚的胡斯(Hussite)运动,计划创建一个相当规模的农民邦联。尽管阿彭策尔人无视主教和教皇的谴责,他们的行动却缺少一种宗教力量,这种力量曾将波希米亚反抗整合成一场持久的运动。在纸张上,阿彭策尔恢复了对修道院的服从,但在现实中,公

社依然保持自治。瑞士邦联的成员在这些事件中的作用有限。施维茨的领土利益有赖于阿彭策尔在关键时刻为其提供支持和军事指挥;苏黎世负责劝和、调停,企图稳定其后院,以防运动进一步扩散。

在这个时期,阿彭策尔不是唯一一个山地群体驱逐地方领主的地区。在上罗纳河谷地,七个山谷共同体联合抵制萨伏伊的影响,驱逐了拉龙(Raron)的领主,取得对西昂主教的控制。在格劳宾登,如普兰特 46
(Planta)这样的牧师贵族家族和平民精英在 1367 年到 1446 年之间建立了一个公共联盟体系。“上帝之家联盟”(the League of the Ten Jurisdictions)遏制了库尔主教,而“灰色联盟”(the Grey League)成立了共同法庭并举行定期集会,将一个地区和平同盟延伸至莱茵河源头。1436 年后,随着“十区联盟”(the League of the Ten Jurisdictions)的加入,这些联盟在格劳宾登组成了一个不同的邦联,并成为瑞士持久的同盟伙伴。

每一个乡村运动都仰仗于精英的领导。他们并不贫穷,也非不谙世故。他们通常与现存的贵族体制及邻近的城市公社有联系。早期瑞士历史学家经常将这些运动归为合法的民主实践,将其视为整体出现的邦联。但是证据往往不能支持这一点。只有有限的少数市民在瑞士政治当局中拥有政治权力,甚至在多数持有武器的男性可以参加集会的地方,通常也有少数几个集团垄断执政,掌控了多数决议。不过,公社领导——即使是那些有贵族头衔的——也是从他们的公社中获得合法地位,而不是从贵族身份。共同体对于领袖的支持(乡村州尤甚),及对贵族特权的真正排斥(引发了很多这样的运动),都使得贵族和平民之间的意识形态分裂愈发明显。贵族将平民贬低为“粗野的农民”,不管他们地位和权威如何。这种分裂促成了邦联发生的大事及其历史虚构。

帝国政治,阿尔高和邦联议会,1415—1436

1415 年夺取的阿尔高使得瑞士掌控了一块关键的战略性领土,同时也促使邦联成立了第一个正式机构。阿尔高位于瑞士中部的最中心，阿勒(Aar)河、利马特(Limmat)河与罗伊斯(Reuss)河汇聚之地。三条河流分别从伯尔尼、卢塞恩和苏黎世流出。那里坐落着鹰之堡[1]，哈布斯堡家族的名字就来自这座城堡。哈布斯堡在1173年后拥有伯爵权。到了1415年，阿尔高大部分地区都由巴登(Baden)镇的一个哈布斯堡地方长官直接管辖。

47 1415年，西吉斯蒙德(Sigismund)皇帝命令康斯坦茨的一个教会执事会结束教宗分裂。三个对立的教皇都声称自己是罗马教会的唯一首脑。这场分裂从1370年代开始使西方基督教产生分歧，因为每一个人都面临着支持何方教皇的选择。执事会召集了三位要求者，打算将他们都废黜。当哈布斯堡的弗利德里克四世公爵帮助其中一位逃跑的时候，西吉斯蒙德抓住这个大好机会来削弱他的哈布斯堡对手。他实行了皇家禁令，并引诱弗利德里克的敌人们夺取他的领地。伯尔尼的领导人早已从城际盯上阿勒河上这块战略性的富庶之地，并且迅速攻占了西阿尔高。其他邦联成员犹豫不决，但当西吉斯蒙德向其许诺更多的权利时，它们占领了阿尔高东部和南部。仅仅遇到了很温和的反抗，邦联成员就快速地(有些许暧昧地)当上了阿尔高的领主。邦联所得头衔的有效性受制于与哈布斯堡帝国变化无常的关系，但是它们付给西吉斯蒙德1万盾，抵押到几个主要的领主身份，从而为阿尔高成为瑞士的一部分奠定了足够合法的基础。

占领这个战略地区的意义重大。阿尔高是隶属于邦联的，并非其成员。管辖此地的挑战也产生了同样重大而持久的后果。伯尔尼人很快吸收了其夺取的地区，但这些地区采取了共同统治的方式。经过一些鲜有记载的试验，七个参与的州开始为它们共有的领土任命一位主要的地方行政官，任命的权力每两年轮换一次。这个地方行政官征收赋税，行使最高司法制裁，并以七州的名义征召当地民兵。尽管邦联确认了阿尔高居民的自由和权利，对其统治依然是完全建立在领主的基础之上。

---

① 鹰之堡的德语是 Habichtsburg。——译者注

值得注意的是,在征服者中,几个州决定以多数票决议为它们的新国民制定政策。虽然阿尔高贡献的税收有限,但是必须对地方执政官的账目进行审查,以及新执政官必须宣誓就职,这些都意味着州代表们需要定期会面,起点就在巴登镇。邦联议会的形成就是由此开始的。 48
与同时期出现的其他议会相比,邦联议会不是由神职人员、贵族和平民三方组成,而是由依靠成员国指派服从国内指令的代表构成的。会议提供了讨论其他共同关注问题的场合,但是与共同统治无关的决议需要得到全体同意。定期举行的议会确保了州政治领袖们增进对彼此的了解,熟悉同盟成员的情势,为调停冲突和这个世纪晚期的军事计划,提供了宝贵的论坛。

因此,获得阿尔高的领主权对 14 世纪组织松散的邦联而言是一个决定性的环节。它填补了伯尔尼和东部邦联间一个战略性的领土缺口,使伯尔尼及其联盟体系同邦联其他成员的关系更紧密——特别是因为伯尔尼现在占有很大一块哈布斯堡领地,它的政治利益也和反对哈布斯堡的中部和东部州更加一致。但是,更具凝聚力的邦联同时也产生了一些矛盾。各个州在共同遵守的和约之外依然保持完全自治,它们之间开始出现领土利益的争端,不仅是与邻近的政权,也与其他的邦联成员。1420 年代瓦莱和楚格的大冲突威胁着邦联的命运,其他的因素则将成员们约束在敌对的立场上。更大范围的领土完整也对邦联提出了这样的问题:作为整体它如何约束个体成员的行动。凝聚联盟成员的条约可以追溯到 14 世纪,但也只是模糊地应对了这样的问题。临时的特别手段解决了一些潜在的内部矛盾,但是这些问题在 1436 年到 1450 年代的战争中几乎摧毁了邦联。这就是老苏黎世战争。

质疑邦联的本质,1436—1460

1420 年代到 1450 年代,欧洲大部分地区都不稳定。德国西南部尤甚。这里政权严重分裂,公共秩序脆弱,武装争斗无处不在。同德国 49
相比,瑞士邦联的和平联盟成功地压制了公开暴乱,但不能幸免于 1430 年代和 1440 年代严重的经济衰退。对于小型政治实体而言,这

图 2.2 图根堡的弗利德里克七世。虽然 1400 年后哈布斯堡失去了邦联的根基,弗利德里克这样的大王朝依然控制着瑞士的广大领土。1436 年弗利德里克去世,没有遗嘱和直接继承人。他那自相矛盾的许诺和同盟,以及在瑞士东部的战略布置,引发了 1436 年到 1450 年的老苏黎世战争,结果几乎摧毁了瑞士邦联。

是一个危险的时期,但也提供了新机会。确实,这一时期苏黎世和伯尔
尼就动用它们的财政资源来扩大对领地的占有,以牺牲残存的小贵族
50 为代价。施维茨也将势力延伸到苏黎世湖的南端,它通过格劳宾登谋
求对关隘贸易的控制,也点燃了与苏黎世持续几个世纪的战火。苏黎
世和施维茨都想获得瑞士东部最后一个大封建王朝——图根堡伯爵的
支持。直到 15 世纪初,伯爵们都在搜罗具有战略重要性的继承者,但
是到了 1420 年代,最后一位伯爵显然不会再有直接继承人。各方竞相

谋取弗利德里克七世的青睐,因为那就意味着拥有他的土地。这种竞争日益恶化,直到1436年伯爵去世,引发了邦联内部和外部的公开战争。

对图根堡遗产的争夺十分激烈,但是第二桩王朝事件给邦联制造了致命的威胁:1438年,哈布斯堡的阿尔布莱希特二世,西吉斯蒙德的女婿,成为皇帝,开始了三百年的哈布斯堡统治。自1308年以来,瑞士人就再也没有面对过一个将帝国权力和对此地的家族控制集于一身的哈布斯堡皇帝。邦联和哈布斯堡1386年后的停战协定于事无补,哈布斯堡也从来不能接受其1415年在阿尔高的失败。虽然阿尔布莱希特很快去世了,但他的表亲弗利德里克三世继位,并一心想要收回家族的领地,因此拒绝给予瑞士人帝国权利。弗利德里克意欲夺回阿尔高和其他失地,遂将一场地方斗争扩大为最终涉及法国、南部德国君主和瑞士人的战争。

这场战争以突袭、小规模战斗和攻击农民为主,分为两个阶段。1436年到1442年,苏黎世欲从图根堡遗产中获得大量领土的热切希望破灭了,皆因施维茨长期的主要行政官伊塔尔·睿丁(Ital Reding)大胆行动,趁机夺取了几块重要的领土。睿丁对苏黎世的敌对在一系列邦联的仲裁决议中获得了伯尔尼的支持:伯尔尼的领袖分明觉得苏黎世比起乡村的施维茨是更大的对手,便将天平向后者倾斜。同时,哈布斯堡执政当局行动激进,企图重建对上莱茵河谷地重要地区的控制,它们在图根堡灭亡后就声称拥有那里的领主身份。苏黎世的军队在几次小规模战斗中被击败,抵消了它在1436年有限的收获。这座城市遭受了愈发严重的惩处。

苏黎世乘虚而入,转向新皇帝弗利德里克三世。他大胆地提出了 51
一个重大交易:苏黎世在帝国的帮助下,将获得图根堡遗产的大片土地;作为交换,苏黎世将最近从基堡伯爵那里获得的领地割让给哈布斯堡,并且支持哈布斯堡对阿尔高的全面收复。一个包括苏黎世、圣加仑、阿彭策尔和哈布斯堡的新东部邦联将会执行这个交易,它还将缓和瑞士的危险局势,将这一地区重归哈布斯堡的势力范围。苏黎世一方

图 2.3 锡尔河上的圣雅各布战役。1443 年 7 月，虽然由施维茨领导、由伯尔尼支持的联盟在圣雅各布小礼拜堂打败了苏黎世和哈布斯堡驻扎城外的军队，但是它们无法攻下苏黎世。随后是血腥的胶着状态，对农民的突袭和大量残暴的行为不断发生。这场横扫瑞士东部的惨烈战争，延迟了邦联的最终和平和重新统一，直到 1450 年才结束。

52 的谈判者受到其联盟成员与“世袭敌人”结盟的挑战，指出城市根据邦联的旧盟约保留外交自由，并坚持它同奥地利的和约体现了它作为一个自由的帝国城市的权力。

哈布斯堡可能重获在西南地区的领主霸权，这引起了整个欧洲的担忧。帝国的选帝侯们(the electoral princes)支持邦联，意在限制哈布斯堡的势力。弗利德里克则同法国国王建立了同盟。法王正急于将百年战争后留下的雇佣兵部队分散到法国以外的地区。1443 年 7 月，苏黎世在锡尔(Sihl)河上的圣雅各布(St Jakob)遭到了重大的挫败。一支邦联军队迅速击溃了由城市民兵、斯瓦比亚贵族和哈布斯堡骑兵组成的武装，市长斯杜思(Stüssi)被杀,接下去是长时间的围攻。1444 年夏,一支雇佣军挺进阿尔萨斯和瑞士,意图攻克巴塞尔以支持苏黎世。在巴塞尔城外,雇佣军和从伯尔尼及索洛图恩仓促召集的一支约 1 500 人队伍相遇:几乎所有的瑞士士兵都被杀害,法国却撤回军队,不再参与这场战争。遍地的冲突和破坏在持续。在几个小战役中,邦联武装打败了哈布斯堡和地方队伍的各种组合,但是无法夺取很多城镇或设防之地。

伴随战争而来的是各方的意识形态宣传。对邦联来说,苏黎世谋划的哈布斯堡霸权下的新的反邦联构成了背叛。弗利德里克请求法国援助时,采取了唤起"奴仆反抗他们的主人,农民反抗贵族的危险做法"。而苏黎世教士菲力克斯 · 赫默里(Felix Hemmerli)以极端的措辞将瑞士反抗者描述成:"粗俗、饕餮、满面皱纹、野蛮、体形怪异。"这些将"瑞士人"——他们被视作农民,无论是好是坏——和贵族两极分化的明显倾向在 1470 年代首次书写的瑞士解放叙事中也有所体现。那是经历了老苏黎世战争的人们写下的。

1446 年后,虽然战斗渐渐平息,但是各派之间产生的强烈仇恨致使最后解决方案延迟了数年才达成。最终,经过一系列复杂的调停,和平终于实现了,伯尔尼在其中起到了决定性的作用。苏黎世收回了它几乎所有的失地,但图根堡遗产划给了提出要求的其他方,包括格拉鲁斯和 53
施维茨。最重要的条款规定苏黎世(及所有邦联成员)必须诉诸仲裁,如果它们的行动侵犯了联盟共享的利益。如此一来,"誓约盟邦"缔结联盟的权力优先于各个州。和平伊始,几个 14 世纪始原有的联盟成员约定被重新发布,但省略了保护哈布斯堡权威的重要条款。原件被摧毁了。一个松散的联盟体系变成了一个由合伙人组成的具有约束力的邦联。

老苏黎世战争是瑞士地区命运的一个关键的转折。如果不是苏黎世同哈布斯堡结盟,成立自己的对抗性的邦联,很难想象瑞士体系能够幸免于此后数世纪的动荡。瑞士形势的其他三个重要特点也在这场战争中显露出来。一是在 15 世纪的战乱中,没有哪个贵族或城市军事力量能够击败瑞士人。此后半世纪的事件将继续验证这个事实,直到火炮和现代防御工事的出现才会改变。二是邦联已经成为中阿尔卑斯山脉以北地区的重要地方势力,正如更北部和更南部的公国成为重要的地方势力一样。邦联将应付维斯康蒂(Visconti)和斯福尔扎米兰(Sforza Milan),符腾堡大公,以及哈布斯堡这样的地方势力。最后,邦联内部未来的冲突多以苏黎世或者山区的事件开始,但是都无法解决,直到伯尔尼选择立场。作为最大、最终也是最富庶的一个州,伯尔尼成了邦联的仲裁者。

邦联及其近邻,1460—1499

老苏黎世战争造就了一个更加统一的邦联,改变了各州内部的政治平衡,也改变了它们同邻近权力的关系。结果是,1450 年之后,后半个世纪的政治问题有了不同的味道。过去每个州通过零敲碎打的方式
54 扩大领土;之后直到 1536 年期间,则变成了直接征服和接纳新成员。随着伯尔尼夺取沃,日内瓦作为联合伙伴加入,瑞士在西部的扩张达到了它的现代边界。新成员包括弗里堡和索洛图恩(1481 年),之后是沙夫豪森和巴塞尔(都在 1501 年),最后是阿彭策尔于 1513 年成为完整的一员。向阿尔卑斯山以南扩张的野心则被限制在阿尔卑斯山麓:1512 年第三个格劳宾登联盟夺取了瓦尔特林纳(Valtellina),并占领至拿破仑时期;提契诺山谷以共同统治的几种方式位列瑞士主权之下;而奥索拉(the val d'Ossola)山谷在 1500 年前渐渐脱离了瑞士的掌控。瑞士的领土扩张和周边列强的强盛引发了地区的战争,其中就包括瑞士两次非凡的胜利,一是 1476 年到 1477 年对勃艮第的胜利;接着是 1499 年对哈布斯堡和帝国的胜利。扩张和胜利改变了邦联内部的权力平衡,以及每个州精英阶层(拥有影响力和财富)同市民主体之间的政治制衡。这些问题在 1481 年引发了危机。《施坦斯和约》(*Stanser Verkommnis*)的签订解决了问题,进一步巩固了各州作为拥有主权和明确领土的政体之地位。

1458 年到 1460 年间的事件将图尔高(Thurgau)置于瑞士的管辖。这显示了上述问题有多么的错综复杂。尤其是来自各州的受过军事训练的自治队伍——通常只由地方官行使微弱的控制——具有重要的作

用。它们揭示了雇佣关系是怎样扭转了邦联内部的政治力量的。瑞士接管的第一个阶段是 1458 年所谓的“熊之战争”。据后来的资料所描述,在康斯坦茨的一个节日庆祝中,一枚铸有熊的图案的伯尔尼钱币被拒收,理由是它看起来不过是头“母牛熊”。这激起了在场瑞士群众的怨愤。这种指控反映出瑞士人和他们的斯瓦比亚邻居对身份认同的分歧越来越大。“母牛瑞士人”这一辱骂词语暗示兽性,这也可能加剧了矛盾。侮辱导致的结果是一支队伍立刻组织起来,向图尔高(那时由康斯坦茨管辖)发起袭击,并要求补偿名誉损失。这支队伍得到了卢塞恩的官方支持,不少州的人员都加入其中。返回途中,他们在哈布斯堡的 56
城镇拉珀斯维尔发起了一场亲瑞士的政变,对立两方是所谓的“基督徒”保皇派和被称为“土耳其人”的亲瑞士派系。1460 年 9 月,来自翁特瓦尔登(Unterwalden)和卢塞恩的非正规队伍在向哈布斯堡宣战后,再次行军至阿尔高。为了遏制这场运动,其他州派来了自己的分遣队,土地很快落入瑞士之手。图尔高和阿尔高一样,很快以共管地区的身份落入瑞士手中。1467 年,哈布斯堡的西吉斯蒙德将已经孤立的城市温特图尔(Winterthur)卖给苏黎世,使得瑞士完全掌控了这个地区。军事经验丰富的市民发起直接行动,为瑞士人获取新的领地,但是他们目无法纪,藐视现有等级制度,引起了城乡精英阶层极大的担忧。

1470 年代,西欧的更大变动遮盖了这些事件。英法百年战争的一个遗留问题是勃艮第的不确定地位。到 15 世纪中期,勃艮第的范围从荷兰北部延伸到贝桑松周围的勃艮第郡。集中了这些土地的瓦卢瓦(Valois)大公们还把眼光投向了“中央王国”的王冠。他们为此大力扩张,并且得到了富庶的低地国家的资助。他们的野心对法国国王而言可资利用,对德国皇帝来说则值得警惕,却对很多小地方构成了直接的威胁。伯尔尼就是其中之一,它位于勃艮第东南方向,意义重大。

“大胆查理”就任勃艮第公爵后,启动了一系列外交重组,最终导致了瑞士大规模参战,摧毁了查理和他的期望。拥有哈布斯堡家族西部财产的西吉斯蒙德和法王路易十一世两人都震惊于查理的野心,并扮演了重要的角色。西吉斯蒙德起初寻求勃艮第的帮助来反对瑞士人,

55

1481年之前的州
1513年加入的州
自治州
邦联和保护区
共同统治
2013年的瑞士
城市
罗特威尔
莱茵河
米卢斯 1515–1798
沙夫豪森 1501
康斯坦茨湖
巴塞尔 1501
哈布斯堡辖区
图尔高 1460
圣加仑 1454
阿彭策尔 1513
巴登
苏黎世 1351
拉珀斯维尔
巴塞尔主教辖区 1579
贝桑松
勃艮第
索罗图恩 1481
比尔
纳沙泰尔 1707
楚格 1352
卢塞恩 1332
上瓦尔绍
施维茨 1291
格拉鲁斯 1352
伯尔尼 1353
卢塞恩湖
穆尔滕
管辖区 1436
下瓦尔登 1291
乌里 1291
恩格尔贝里
格兰德森
弗里堡 1481
哈布斯堡辖区
格劳宾登 1498
沃归属伯尔尼 1536
格吕耶尔
上帝之家 1367
博尔米奥 1512–1797
罗纳河
沙布莱 1536–67/69
提契诺 1412
日内瓦 1526
瓦莱 1416
瓦尔特林纳 1512–1797
下瓦莱 1476
科莫河
罗纳河
皮埃蒙特
0 25 50 75 100 km
0 10 20 30 40 50 60 miles

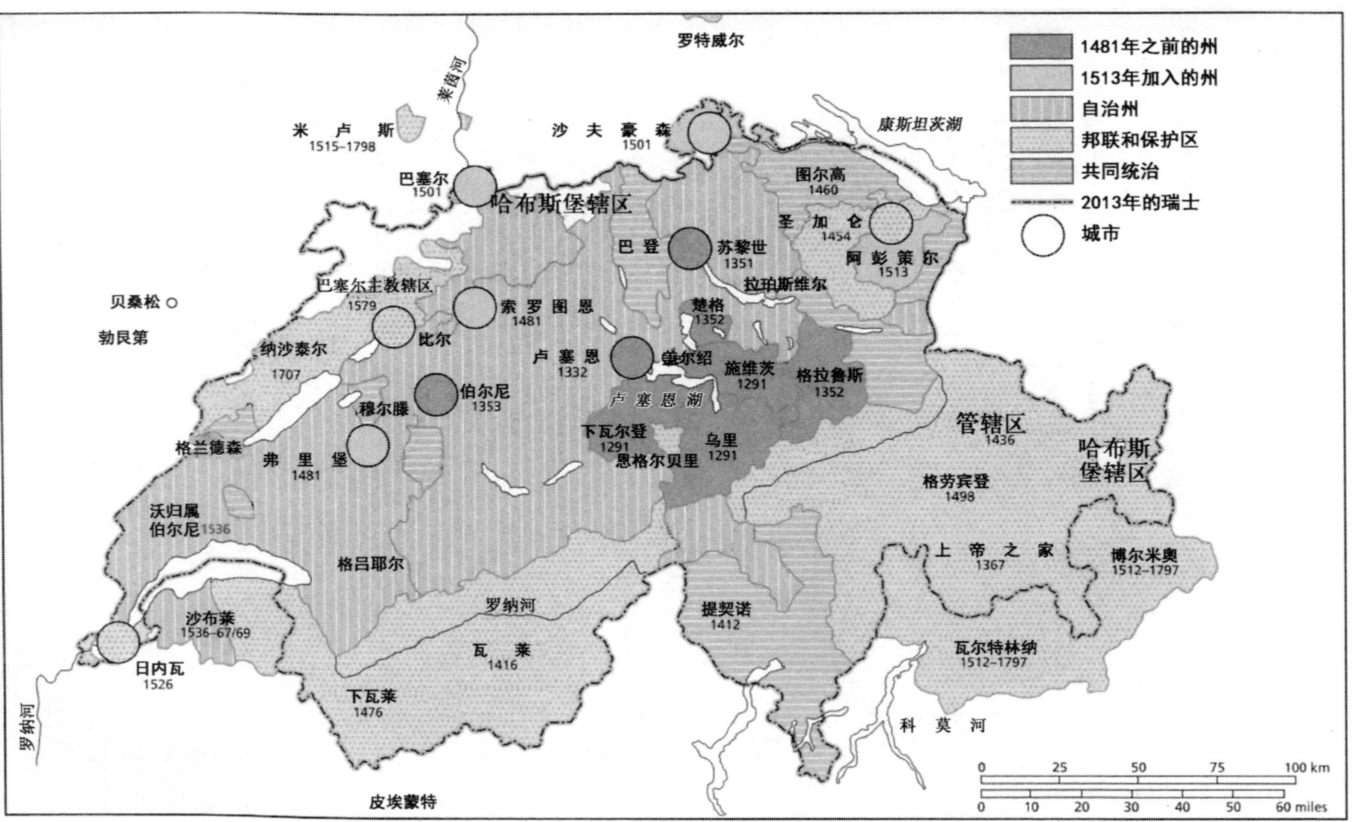

地图 2.1 早期邦联

并将阿尔萨斯的领地抵押给了查理。随着对查理的意图日渐怀疑,西吉斯蒙德结果改变了立场,并在 1474 年和瑞士人达成了长期的和解,接受了瑞士占有哈布斯堡的失地。这种惊人的让步是为了交换瑞士在反对勃艮第占有阿尔萨斯一事上的援助。并非巧合,路易也在促成这项和约条款的谈判,这使查理和伯尔尼(得到邦联其他成员勉强的支持)之间产生了不可避免的冲突。1475 年,在一系列小冲突和伯尔尼 57
从查理的同盟萨伏伊手中夺取沃之后,格兰德森(Grandson)、穆尔滕(Murten)和南希(Nancy)三地的战役使勃艮第的情势越来越糟糕。1476 年 3 月 2 日,查理个人指挥的一支勃艮第军队被击退,他的豪华行李车也被截获(主要物品至今还在伯尔尼历史博物馆和其他瑞士博物馆陈列)。几个月后在穆尔滕,查理失去了他的半数军队,约 9 000 人,而瑞士一方只损失了几百人。最终,1477 年 1 月 5 日在南希,一支洛林-瑞士-阿尔萨斯联合军队击溃了查理的武装,杀死了公爵本人。欧洲最活跃也最有野心的统治者落入邦联之手,极大地提升了邦联作为潜在同盟的地位。

军事和政治成功以新的方式对邦联的性质和范围提出了新的问题。在战争期间,邦联对伯尔尼的扩张政策给予很少的支持。后来,东部州拒绝援助伯尔尼,致使沃和勃艮第郡都没有留在瑞士手中,尽管弗里堡跟邦联关系的确更密切了。此外,法国的谈判者很快了解到,流向领导个人或是某个州共有金库的现金通常足以带给他们所期望的政策。更强大的瑞士权力原来意味着更大的腐败和更多的内部纷争。同时,城市和乡村地区之间的日益分化加强了邦联的向心力。城市执政官已经开始畏惧不受管束的年轻人的“自由行动”(free Campaign),就像洗劫了图尔高的那些人。类似的自发运动在 1477 年的“野猪旗运动”(Sow-banner Campaign)中达到高潮。当时,1 700 余名退伍军人,大多来自瑞士核心联盟,向日内瓦进发,去索要在勃艮第战争服役时被许诺的酬劳。他们的旗帜上有象征群众骚乱的野猪和棍棒图案。这背后不仅是南希一战中受骗失去战利品的愤怒,也代表了增长中的乡村人口,他们面对的是由州权力支持的严苛的地主。由于土地资源的短

缺，城市的土地所有者和强大的乡村家族首领用他们的财富和关系来
58 压制更加贫苦的农民。结果，养老金和来自瑞士境外权力的贿赂，大多进了政治内部人士的腰包，从而激化了社会冲突。因此，瑞士在欧洲舞台上的成功加速了各州内部出现了尖锐的阶层分化。

主宰政治的人们很快过上了贵族化的生活，他们与开始流传的“解放”叙事中的“高贵农民”相去甚远。例如1469年至1471年，伯尔尼城被城市行会与想要让其封建司法权免于城市控制的贵族委员会之间的社会冲突所分裂。一个平民当选为市长后，动乱爆发了，导火索则是一项禁止市民穿戴贵族服装的条令。乡村州的官方权力经常缺乏平息大众不满的手段。而伯尔尼、苏黎世和卢塞恩似乎更想要将势力扩张至其他城市，而不只是限于邦联的边界之内。那是在老苏黎世战争中以高昂的代价换来的。当这三个州同索洛图恩和弗里堡——跟邦联靠拢的伯尔尼势力范围内的城市——缔结了一个新的永久和约时，乡村州提出了反对。它们认为新成员悄悄进入邦联，使天平向城市倾斜。弗里堡位于语言分界处，拥有说两种语言的贵族体系。这个事实在是否接收它进入邦联的争论中无关紧要。的确，乡村州反对的是更多城市进入邦联，而非更多法语使用者。1478年，上瓦尔登的委员会煽动对卢塞恩控制恩特勒布赫(Entlebuch，一个位于两州之间的乡村地区)的反对，冲突更加严重。

1481年，经过上瓦尔登的弗吕的圣尼各(St Niklaus Von Flüe)隐士的调解，双方妥协，并签订《施坦斯和约》，以解决城市和乡村间的怨愤。一方面，索洛图恩和弗里堡通过与现有八州的和约加入邦联，而一项新的条款禁止未经批准的集会，并令各州协同镇压骚乱。这项规定巩固了各州的领土完整，以及每个州现有体制的权威。另一方面，它承认先加入邦联的八个州的首要地位。索洛图恩和弗里堡不得不接受二
59 等成员的资格，它们的行动自由受到了很多限制。1481年的解决方案代表了各州向邦联的政治和领土统一又迈出了谨慎的一步，而与早期联盟随心所欲的弹性体制渐行渐远。州长官对其市民和附属百姓的权威也加强了。另外，瑞士的神话又增添了一个元素——无私的隐士圣

图 2.4　弗吕的圣尼各。勃艮第战争(1474—1477)的军事胜利只是增加了邦联内部的社会和政治矛盾。1480 年,关于接受新的城市和控制乡村地区自由民兵的僵局威胁着联邦的存在。隐士(及前地方高级行政官)弗吕的圣尼各的干预使得《施坦斯和约》得以签订,和约重申了城市和乡村行政长官的权威。尼各在 1947 年被封圣,成为瑞士的守护圣徒。

尼各(1648 年被教皇授福,1947 年被册封圣徒)。

这项和约并未解决农民、市民和崛起的富豪之间的社会矛盾,1489 年,苏黎世大权在握的市长汉斯 · 瓦尔德曼(Hans Waldman)与其市民及乡村附属百姓发生冲突,即是明证。这时候的苏黎世已经巩固了 60 对其广大领地的控制,居民享有有限的地方自治权,但在赋税、司法和兵役上必须服从城市任命的地方长官。例如,苏黎世在 1467 年买下温特图尔时,花费由城乡所有居民的人头税和财产税支付,每一个赋税人都要仔细记录审查。瓦尔德曼的出身中等,但在 1460 年代到 1470 年代迅速起家。和这个时期的很多铁腕人物一样,他的崛起全因军事经历以及与富有的寡妇的婚姻。在1476年的穆尔滕战役中,他是苏黎世军队的指挥,还在德国当过雇佣兵。他利用这些经历带来的财富和声望在苏黎世获得更大的影响力。接着,两个最强大的州之一的领袖身份使他对于瑞士与外部权势的谈判举足轻重,法国国王和哈布斯堡的马克西米兰(Maximilian,王位的继承人)又为他提供直接津贴。到1485年,苏黎世政治几乎已被他全面控制。他推进了苏黎世与哈布斯堡维持和平的利益,也为米兰推动了雇佣兵役制,同时加强了对苏黎世治下的乡村附属百姓的控制。

欧洲15世纪的城邦中,拥有近乎独裁权力的强人的崛起颇为普遍。同样常见的是,这些统治者面对着急欲取代他们的派别对手,以及市民们发动的骚乱。这些市民厌恶共和体制将他们掏空。瓦尔德曼还面临着另一种终结其命运的动荡来源:组织有序的乡村群体。当苏黎世开始压制乡村纺织工业,并命令所有乡村家庭杀掉他们的狗(农民们相信这是为了让大有前途的城市精英更好地享受狩猎),乡村的动荡加上市民的不满触发了反抗。有几种决定因素使得这些反抗在整个瑞士尤其普遍。一是瑞士的乡村群体比多数欧洲地区的乡村群体享有更大的自治权和更有力的合作组织,很多农民有军事经验。其次,瑞士意识形态中的"高贵农民反抗独裁贵族"的理念很容易用来针对瓦尔德曼这样的野心家。最后,瑞士的附属农民只需效
61 法他们在施维茨、乌里和翁特瓦尔登的邻居,看看那些解放的农民是如何享受大量政治权利的。1489年4月,苏黎世的附属农民向城市进军,并与不满的市民联合起来。其他州遵守《施坦斯和约》的规定,派代表前来调解。然而谈判过程中,一个瓦尔德曼的亲信被杀,导致他的权力瓦解。瓦尔德曼被拷问、审判,几天后被公开处死。不同集团的报复算账,产生了新一轮的处决。瓦尔德曼的新法被废除,农民们收取大笔现金,被说服返乡。即使出现了城市和乡村寡头,也没有哪个瑞士州可以忽视它的乡村人口。

15世纪末瑞士的巩固,和帝国中的类似发展一致,它仍是帝国的一部分。15世纪晚期,缺少法纪、贵族世仇和软弱的中央政府依然十

分普遍。1493 年,马克西米兰继位成了新皇帝,其对帝国公共和平、维持司法和秩序的新机制的广泛兴趣(经过多种争论)导致了 1495 年的大改革。然而,改革涉及新的帝国法院和统一税。邦联并未加入改革的谈判,却坚持将自己的现有特权凌驾于新措施之上。随之而来的政治冲突被社会和文化的冲突所激化:南德城市康斯坦茨与图尔高及瑞士关系密切,也是德国变革的参与者,常为集市和节日时的粗暴冲突提供紧急救兵。同时,1494 年法国入侵那不勒斯,意大利战争开始,瑞士高山关隘和瑞士雇佣兵的战略价值对帝国更加重要,使邦联因此拥有了更大的政治影响力。

邦联和帝国之间的多重冲突导致了 1499 年哈布斯堡和瑞士的最
后一场战争。以格劳宾根的“上帝之家联盟”作为后盾的库尔主教,与
提洛尔(Tyrol)的哈布斯堡行政官之间,发生了一桩并不重大的边界之
争,从而引发了冲突。1497 年和 1498 年,“上帝之家联盟”同邦联签署
了军事合作协议,而马克西米兰号令“斯瓦比亚联盟”(the Swabian
Leagne)和帝国武装来给“农民们”一点颜色看看。尽管伯尔尼和苏黎 62
世试图调解,地方上的小冲突很快升级为从巴塞尔到格劳宾登一带前
线上的公开战争。战争中最多的行动是突袭和洗劫(格劳宾登和提洛 63
尔的山地人尤其关注邻居的牛,而非城市政府的法律问题),但是瑞士
武装在各种突发战役中持续获胜,马克西米兰本人出征也无济于事。
随着哈布斯堡的军事形势不断恶化,马克西米兰以帝国名义向瑞士
宣战,并在政治宣传的声明中提到了 1386 年“被自己的子民杀害,在
他自己的领地上,为了他自己的权威”的利奥波德三世,并将瑞士人
描述为“卑鄙、粗俗和无礼的农民”,以煽动情绪。各方战至精疲力
竭,加之法国挺进意大利北部,各方停战,解决方案也对瑞士有利。
在瑞士的坚持下,《巴塞尔和约》(*the Peace of Basle*,1499 年 9 月 22
日)将这场冲突处理为哈布斯堡与库尔主教及其附属百姓之间的私
仇,而非公开宣战。帝国改革并未具体提及,但是协议的最终条款将
与邦联有关的所有诉讼一笔勾销,使其实际上豁免于新体制的统治。
尽管后来的历史学家提及 1499 年后的瑞士独立,瑞士的谈判者事实上

图 2.5　1499 年的卡尔文战役。有关斯瓦比亚战争的一部早期编年史中使用了这幅通用的图画。画中是基督在观望格劳宾登第三期联盟东南边界的卡尔文之战中作战的士兵。格劳宾登武装在后方发起突袭，击退了哈布斯堡的一支远征军。卡尔文战役成为第三期联盟共和国的标志性事件，与森帕赫战役对邦联的意义相当，并拥有自己的榜样——英雄本尼迪克特·芬塔纳。

一心想恢复他们在神圣罗马帝国中优越的位置。用当代的话语来说，和平协议将邦联豁免于帝国法庭，且有不受帝国干涉结盟和开战的自由。这赋予瑞士邦联类似帝国王公般最重要的地位——一如哈布斯堡家族之于奥地利大公。

作为欧洲要素的瑞士,1499—1520

1490 年到 1515 年,瑞士的军事胜利和更具攻击性的对外冒险达到了顶峰,紧接着是迅速败退。在勃艮第战争中,瑞士步兵的明显强大令人畏惧,并且在 1494 年之后和 1499 年在意大利进一步得到证实。1500 年到 1520 年,意大利北部的战事主宰了邦联的政治生活,部分是法国瓦卢瓦王朝与哈布斯堡在西班牙及奥地利的势力为了意大利半岛而争斗。瑞士雇佣兵团在市场上很抢手,不论是公开还是私下,金钱自由地流入各州及其领袖手中。瑞士雇佣兵因家乡土地日益稀缺,又有丰厚酬劳和战利品的许诺,于是大量涌入南方。几个州和同盟成员借 64
机扩张,将势力向南延伸至意大利高山山麓,把瓦尔特林纳和提契诺纳入了控制范围。瑞士队伍的军事成功甚至造成了这样一种可能——把比任何瑞士城市都大而富裕的米兰吸收为邦联成员。然而,瑞士武装的有利形势只是暂时的。多变的军事策略决定性地损害了瑞士步兵的优势。这和瑞士人破坏了贵族重骑兵的优势如出一辙。而且,当哈布斯堡、瓦卢瓦和特拉斯塔马拉(Trastámara)王朝从 15 世纪的软弱之中重新崛起时,它们所控制的资金和武装远远超过邦联所有。

瑞士参与意大利战争后,将大量男性送到了意大利的战场——很多战死沙场——也将大量金钱送给州的金库和军事商人。这成为 16 世纪头 20 年中各州共有的最重要的生意。与外国使节及议会代表之间关于采取最佳战略的谈判经常举行,且具有决定性的意义。除了城乡州的现有矛盾,以及诸如施维茨和苏黎世的老对手的分歧,又出现了新的分裂:伯尔尼和弗里堡欲向沃扩张;瑞士核心联盟州、瓦莱和格劳宾登欲夺取意大利领土,并为此寻求支持;而苏黎世和沙夫豪森谋求与邦联邻居的和平关系,重要原因在于它们是贸易和制造业中心。

瑞士议会为商讨这些问题提供了场所,但谈判也在各个州的委员会里举行,或是同政治领袖们秘密进行。到 1500 年,多数州的领导觉得自己已经失去了对征兵的控制。这威胁到地方长官在各自领地上暴力手段的垄断,也意味着有利可图的津贴和贿赂可能逃出他们的手心。

65

Eyn news lied von der schlacht. zwiſchen dem Kunig von Franck-
reych vnnd Eydgnoſſen zu Nawerra geſchehen iſt. Im
funfftzehenhundert vnd dreyzehenden Jar.
Im ſchweytzer thon.

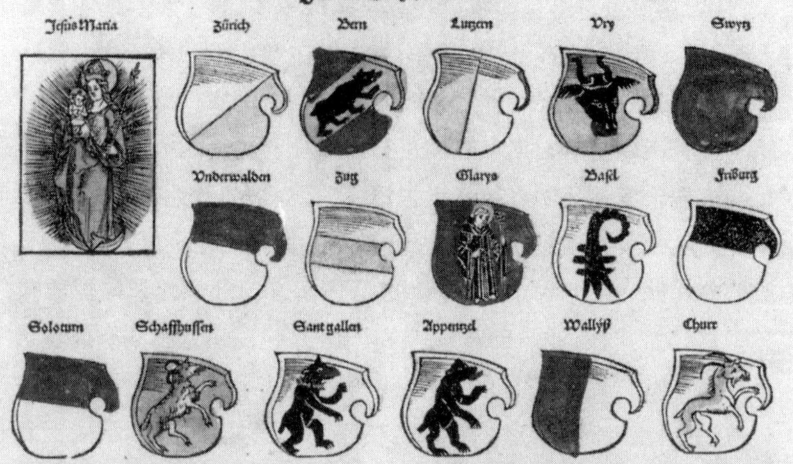

¶ In gottes namen ſah ichs an/maria wöl vns bey ſtan/mag vns nit miſſelingen/mich hat verlanget frü vnd ſpat/wie ſich der ſchimpff geendet hat/ do von ſo will ich ſingen.

¶ Die heylig triſeltigkeit mit krafft/hat bey ſtant gethon der edgnaſchafft/in dieſen groſſen nöttẽ/die Frantzoſſen hetten eynen rat/zugen gen Nawerra für die ſtat/wolten als darin ertödten.

¶ Der künig von Fräckreich hat ein groſſe ſchar/ob vier vñ treiſſig tauſent man das iſt war/der hertzog ſtund in ſorgen/zu Nawerra was er in dem ſchloß/wie faſt der Frantzoß in die ſtat ſchoß/den abent vnd den morgen.

¶ Die Frantzoſſen ſchuſſen ein tag vnnd nacht/biß hundert ſchriet lang die maur zerbrach/vier thüren thetten fallen/die lantzknecht wolten zum thor hinein/die edgnoſſen hieſſens wilkum ſein/in warde gleit das kallen.

¶ Die lantzknecht waren frieß vnd geyl/verſchwuren do ir glück vñ heyl/ſie ſchwuren von heller ſtymme/ewren alten got den rüffent ann/ iuncker ieſus muß vns beye ſtan/ir mögent vns nit entrinne.

¶ Die lantzknecht ſchrien mit groſſem ſchal/ wir haben die kwe getriben in einen ſtal/an in wöll wir vns rechen/ſie haben vns lanng viell layds gethan/wir wöllens nit vnterwegen lan/zu tode wöllenn wir ſie ſtechen.

¶ Sie triben ſchwür gar manigfalt/das nie auff erde kein menſch ſo alt/ye hat von got gehört ſagen/gotz ander leyden ſchwuren ſie/die kelber ſindt vnns worden hie/die edgnoſſen wöllens got gar treulich klagen.

¶ Sie brachen auff gar ſchnelliglich/ruckte von dannen hinterſich/ mit irem geſchütz gar balde/ein halbe meil furwar ſag ich/ ir ordnung machtens fleyſſiglich/reutter vnd fußknecht alle.

¶ Die edgnoſſen vernomen paldt die mer/wie des Frãtzoſen zeüg gewichen wer/zugen hinnach von ſtunde/ſie kamen ann das geſchütz hynan/erſchoſſen warde manich ſtoltzer man/es wurdenn auch viell wunde.

¶ Die eydgnoſſen luffen in das geſchütz hinein/ ir keiner wolt da der hinterſt ſein/das hat man wol vernumẽ/ſie fachtẽ biß auff die ſechſtẽ ſtund/die veindt wurden geſchlagen tod vnnd wund/got wöll yn zu hülffe kumen.

¶ Nun ſing ich gar on allen ſpot/die lantzknecht hat geſtraffet got/ darzu die frantzoſſen grimme/viel ſchandt vnd ſchmach zu aller friſt/ den eydgnoſſen geſchehen iſt/zu Nawerra an den zinnen.

¶ Furwar es iſt wie ich euch ſag/die ſchlacht wert vom morgẽ biß auff mitten tag/wie mocht ſich das gefuegẽ/maria wöll vns beiſtan/ wöll vns in nötten nit verlan/wen wir die Frantzoſſen kriegen.

¶ Nun iſt es doch gar offenbar/die frantzoſſen haben dye ſchlacht verlorn/es iſt ein groſſe ſchande/im landt erſtracken weib vnnd kinde/ zwaintzig groſſer püchſſen gewünnen ſindt/hauptſchuck charthaunen ſchlangen.

¶ Auch wurdt gewünnet zu diſer friſt/ſechßhundert hacken püchſſen wol gerüſt/roß pulfer ſtein vnd wagen/vñ ander gut des man viell gewan/vierthalbhundert vierzehen tauſent man/der veyndt wardenn erſchlagen.

¶ Ach got ich mag nit abelan/laß dir das layd zu hertzen gan/ dye ſelen ſchryen waffen/ym ſchweytzerlandt man etlich findt/ ann dieſer ſchlacht ſchuldig findt/es will ſie niemant ſtraffen

¶ Die teütſchen ſinde ſo gar verkert/es wirdt viel chriſtens blutz verzert/das möcht got erbarmen/maria niemmer von vnns wend/ich beſorg die ſach hab noch kein end/vmbfah vns in dein armen.

Es hilfft kein saur sehen

图 2.6 1513 年,米兰城外的诺瓦拉(Novara)战歌。瑞士军人通过新的印刷品庆祝他们 1515 年前在意大利战场的持续胜利。这首歌颂扬上帝和圣母玛利亚对瑞士军队的庇护,纸上画有十三州邦联及其同盟的盾徽,圣母怀抱圣子的形象,以及 1512 年教皇儒略(Julius)嘉许瑞士,可将圣母圣子的形象画在军旗上。

意大利战争中大量士兵的死亡,还有军事商人的奢华生活激起了愤怒,引发了普通百姓对征兵的反对。官民的担忧汇聚在一起,他们共同抨击雇佣军及其招募者。1503 年,这些担忧驱动颁布了一项新联邦条款——《津贴条款》。条款禁止私人招募军队,并要求队伍协定必须得 66
到议会的多数赞同。但是,很快各州就发现它们无法执行这个决定,因为它们仍在和外国招募者签订新的协定。

围绕米兰的两个主要军事决定——一场避免了的战役和一场输掉的战役——反映出瑞士参与欧洲舞台的界限。1500 年在诺瓦拉,一支大部分是瑞士雇佣兵的法国军队包围了另一支保卫米兰公爵鲁多维柯·斯福扎(Ludovico Sforza)的瑞士武装,公爵企图从法国人手中夺回他的领地。瑞士士兵为了外国贵族可能手足相残,由此展开的谈判允许斯福扎雇佣的武装撤退。斯福扎假扮瑞士士兵逃跑,却被乌里的一个战士出卖。雇佣军制度,尤其是在不为议会控制的情形下,几乎引起了一场兄弟残杀的灾难,也让瑞士蒙羞。在又一个十年的胜利战事之后,1515 年的马里尼亚诺(Marignano)战役显示了瑞士无敌的终结。战役的起因是很多在地的瑞士兵团接受了 100 万法国王冠金币,要将米兰让给法国新国王弗朗索瓦一世(François)。然而,其他兵团打算战斗,并把他们的同胞拉回了战场。弗朗索瓦的火炮队对于大规模的瑞士步兵是致命的有效攻击。几乎一半瑞士人在马里尼亚诺的战场丧生,激发了由谁负责的激烈争论。瑞士军队再也没有主宰过欧洲战场,软弱的中央控制和新的军事科技使他们无法与早期的现代军队竞争。

不过,瑞士的人力资源依然吸引着其他强权,特别是法国。1515 年后,因为不想遭遇外交利益的瓦解,邦联与强大的法国谈判,缔结了有利的长期联盟。尽管损失了大量士兵,上千瑞士士兵仍在短时间内被召集起来。例如,马里尼亚诺战役只过去一年,法国和哈布斯堡就从邦联招募了一支近 2.5 万人的队伍。就这样,瑞士男子在瑞士境外继续执行兵役,大部分有 1521 年与法国签订的雇佣兵协议作为有力的保障。其中包括除苏黎世以外的所有州,连同格劳宾登和瓦莱。1516 年,瑞士已经接受了大量赔款,并在 1521 年增加了发往各个协议签署 67

州的年度津贴。其他条款中,米兰和法国的特殊关税和收费特权及进入法国食盐市场的特权具有长期的影响。作为交换,法国国王有权为自己的战争征募1.6万名步兵。哈布斯堡和瑞士也在1511年缔结了永久和平的《继承协议》(*the Erbeinung*)。到1521年,瑞士与这两个最强大的近邻统治者的关系已经稳定。

1500年左右,邦联作为一个行动一致的同盟体系,其内部结构意味着新成员仍有可能加入。值得注意的是,瑞士军队在勃艮第、意大利和斯瓦比亚的胜利鼓励很多邻近的城市加入亲瑞士派系。斯瓦比亚战争之后,巴塞尔的一个派系在1501年领导城市脱离了阿尔萨斯联盟,并加入瑞士邦联。沙夫豪森也抓住时机从同盟身份转变为邦联的一名成员,虽然成员资格对其行使独立政治的权力有所限制。1515年,已经同索洛图恩、伯尔尼和巴塞尔结盟的米尔豪森(Mühlhausen)也加入进来,接受了伙伴地位,目的在于加强自身地位,因为哈布斯堡正在巩固对阿尔萨斯其余地区的控制。

哈布斯堡和瓦卢瓦一旦控制了阿尔萨斯、勃艮第、米兰、提洛尔和斯瓦比亚,增加新成员或新的附属领地的可能性就减少了。只有萨伏伊家族的土地还有可能,并以1536年伯尔尼人夺取沃而告终。显然,最后加入邦联并拥有完全权利的阿彭策尔并不在边境线上。它1513年获得的成员资格只是澄清了可追溯至1452年的和约,反映了阿彭策尔作为意大利伙伴而加入的身份。圣加仑修道院和圣加仑城都表示反对。尽管它们都还只是伙伴关系,阿彭策尔还是以和沙夫豪森相似的条件加入了邦联。

16世纪初期,经济形势困难,民众对于"腐败的"行政官员和傲慢的雇佣军商人心怀愤怒,大众骚乱在德国南部和邦联地区持续爆发。两个地区都遭受了军事损失,也都经历着围绕税捐、租金和贵族掌权的
68 社会冲突。斯瓦比亚的农民阴谋发起动乱,但被贵族和统治城市强力镇压,而瑞士的乡村附属百姓更为成功地拿到了救济。1510年后,当局无视乡村的不满,很多瑞士乡村公社采取了行动。1513年,伯尔尼的附属居民在科尼茨(Köniz)的一个教会庆典集结之后,愤怒地攻入城

市,要求同盟与外国王公结盟必须经过他们的同意。同样,苏黎世的乡民们也在1515年底向城市进军。他们认定瑞士在马里尼亚诺战役的惨败是法国贿赂所致。这两个城市的行政官都被迫承认其附属百姓参与战争与和平决议的权利,瑞士与邻国共有的寡头政治的上升趋势得以减缓。

一个欧洲国家及文化

15世纪下半叶的事件造就了“旧邦联”这一瑞士政治实体和民族国家。它从1513年延续到1798年,鲜有正式的变化。16世纪初期的军事成功给予邦联更重要的政治分量,而瑞士参与欧洲文化,以及独特的瑞士历史虚构的出现,有助于形成一种在内部和外部都将瑞士与邻国区别开来的身份。这种身份越来越影响着瑞士人的选择和行动。

15世纪欧洲文化的关键发展是所谓的“文艺复兴”运动。文艺复兴的教育和历史思想开始于意大利,随后在欧陆传播,也在瑞士地区留下了印痕。引人注意的是,瑞士在欧洲人的心目中成为一个独特的地区,这要归功于人文主义地理学者将古罗马的指称海尔维第和拉埃提亚(Raetia)重新引入此地。在此召开的两次教会会议——1414年到1418年在康斯坦茨,1431年到1449年在巴塞尔——也增进了欧洲人对瑞士的了解。然而,瑞士雇佣军在各次欧洲战争中越发突出的表现导致了另一种相当不同的形象,重点在于瑞士士兵的粗野善战。

文艺复兴的人文主义思想在15世纪晚期开始影响瑞士知识分子。
本土作家将人文主义风格的历史学和地理学与描述邦联的传统编年形 70
式结合起来。早期有阿尔布莱希特·冯·邦施泰滕(Albrecht Von Bonstetten)在1479年所著的《旧瑞士邦联》(*Superioris Germaniae Confoederationis Descriptio*)对邦联的赞颂。而后来瑞士人文主义作者使用的拉丁语更加文雅,重要的有格拉鲁斯的学者海因里希·劳瑞提(Heinrich Loriti,即“格拉雷阿努斯”[Glareanus],1484—1563)和埃吉迪乌斯·茨楚迪(Aegidius Tschudi,1505—1572)。茨楚迪在他出版的唯一一部著作中编纂了古罗马行省拉埃提亚的典故。不过他对

69

Vn was ein redlicher mã im lande der hies
wilhelm Tell/der hat ouch heymlichen zů dem stöffacher vñ siner
geselschafft geschworen/der selbig gieng nun etwa dick vñ menig
C iiij

图 2.7 威廉·退尔射苹果。威廉·退尔的故事在 1470 年后出现，渐渐成为瑞士身份参照的一个中心点。在皮特曼·艾特林(Peterman Etterlin)所著的第一部印刷瑞士编年史中，退尔身边是早先编年史中所载的三个邦联人，他正要对着儿子射出手中的箭。和大多数版本一样。第二支箭已经藏在他的斗篷里，万一儿子被伤，他的箭就要射向邪恶的地方长官盖斯勒。

中世纪的宪章也同样感兴趣,并热衷用手稿誊抄。与很多瑞士人文主义学者一样,格拉雷阿努斯在巴塞尔度过了很多时间,1460 年瑞士第一所(很长时间内也是唯一一所)大学在此建立。在巴塞尔,印刷业和大学荟萃,使之成为人文主义思想繁荣的唯一一个瑞士城市。鹿特丹的伊拉斯谟(Erasmus)选择住在这里,就是最明显的例子。

在阐述了旧瑞士邦联的起源、合法性及优点的长期循环的虚构故事方面,文艺复兴思想的影响很少。首先,瑞士人这么认为。其次是欧洲其他地方的人。作为君主制世界中的一个共和邦联,一个基于市民共同体而非封建世袭制的实体,瑞士在早期的现代欧洲显得很不寻常。瑞士解放传奇把勇敢的弩箭手威廉·退尔的故事同老三州乌里、施维茨和下瓦尔登缔结的有操守的“誓约盟邦”编织在一起,结合了反贵族的主题、为反抗独裁暴政而英勇牺牲的故事,并持续强调上帝对正直的瑞士人的庇佑。退尔的故事现存最古老的版本可追溯至 1470 年。这个版本多数元素都已具备。故事被收入《萨尔嫩白书》(*the White Book of Saarnen*),编纂于上瓦尔登的一部宪章。这个故事描述了 1291 年好国王鲁道夫死后,图尔高和阿尔高两地贪婪的地方长官是如何压榨乌里、施维茨和下瓦尔登的百姓,抓走他们的牲畜,侮辱他们的妻女,威胁他们的儿子。山谷居民成立秘密团体以捍卫他们的传统自由。但是就在他们行动之前,乌里长官盖斯勒将帽子用一根棍子支着,要求每一个人见帽子如见他本人,必须鞠躬。不羁的猎人退尔拒绝后被捕,当他讥笑盖斯勒时,被命令射击自己儿子头顶的苹果。盖斯勒后来违背了不伤害退尔的承诺,但是退尔成功逃走并伏击盖斯勒,用另一 71
支箭射死了他,从而引发了邦联成员的普遍反抗。

这些故事,以及对莫加顿和森帕赫战役的歌颂,与邦联后来的发展,很快成为大量歌曲和编年史的内容,并在 1507 年印刷成文字,出现在皮特曼·艾特林所著的《值得嘉许的邦联编年史》(*Kronica Von der Loblichen Eydtgnoschaft*)中。总之,编年史这种中世纪文体在瑞士极为流行,尤其是 1450 年以后,城市委员会资助出版的附有大量插图的编年史,通常从利己主义的角度来记录各州及其同盟的历史。反抗贵族暴政的虚构故事有助于诠释瑞士人的自治。故事中的瑞士人享有远及罗马时期的自由,而自由被邪恶的贵族设法篡夺。故事也给 1440 年代以后流传的批判性文学提供了对比。那些从外交通信到正式声明的文本将瑞士人刻画成粗鲁反叛的农民。值得注意并对瑞士政治文化产生相当影响的一点是——关于邦联合法性的争辩倾向于把所有瑞士人描述为“农民”,不管他们的实际地位或富有程度如何。

1494 年后,瑞士在意大利战争中的参与也引起了欧洲思想家们的注意。最为著名的是尼克罗·马基雅弗利(Niccolò Machiavelli)。他钦佩瑞士军事效率和共和政府的结合。在《君主论》(*The Prince*)中,他通过自己的观察来这样赞美瑞士:“多少世纪以来,罗马和斯巴达拥有自己的武装和自由;瑞士的武装最多,因此自由也最多。”和文学人文主义不同的是,文艺复兴的艺术冲动在瑞士只有零星的反应。它对阿尔卑斯山以南的意大利谷地有着最持久的影响。那里村舍教堂和地方宫殿以最普及的文艺复兴风格加以装饰。至于别处,北部的晚期哥特式风格持续主宰,尽管像小汉斯·荷尔拜因(Hans Holbein the Younger,也来自巴塞尔)和乌尔斯·格拉夫(Urs Graf)这样的视觉艺术家在作品中也使用了文艺复兴风格的技巧。

16 世纪初期的邦联既具备政治体制,又具备文化和政治身份,因
72 此它在神圣罗马帝国内部拥有了和其他君主国家同等重要的地位。虽然社会矛盾日益增多,它依然享有相对的和平稳定。邦联的学者们将其优点昭告于世界。公元 1500 年后,由于和新大陆和亚洲的接触,增长的人口和活跃的经济,尤其是不断加剧的社会矛盾,欧洲进入了一个加速变化的时期。邦联的兴旺似乎正逢其时。但是,一场完全出乎预料的针对西欧基督教统一的挑战,使瑞士以截然不同的方式成为变革的中心,也将对它的政治与文化和谐的考验推到了极限。

第三章　欧洲宗教改革时期：分裂的瑞士(1515—1713)

到了公元1500年，一张政治纽带的密网将旧瑞士邦联捆绑在一 73
起。邦联的出现对应着欧洲的发展，欧洲日渐为统一的国家所主宰——西部有西班牙、法国和英格兰的新君主国；荷兰到意大利一带有较大的君主国和几个重要的共和政体，包括威尼斯、旧瑞士邦联，以及后来的荷兰共和国。但到了16世纪初期，瑞士发展的轨迹有了意想不到的转折，因为军队开始衰落，更因为新教改革及后来的教会分裂导致邦联产生严重的分歧。确实，邦联在新教思想的传播和发展中成为一个重要的中心，乌利希·慈运理(Ulrich Zwingli, 1484—1531)和海因里希·布林格(Heinrich Bullinger, 1504—1575)在苏黎世传道和领导教会，还有日内瓦的约翰·加尔文(Jean Calvin, 1509—1564)。此外，作为现代门诺会(Mennonite)和阿米什派(Amish)的先驱，再洗礼派(Anabaptist)运动一些最早的源头也在瑞士。宗教分裂让各州产生了深重的分歧，使得机构的发展停滞不前。讽刺的是，尽管分歧严重，瑞士的国家神话仍持续演进到1570年代，并且广为流传。

"三十年战争"(1618—1648)是一场摧毁了大半个神圣罗马帝国的大变动，瑞士却安然无恙。虽然有内部的宗教分裂，邦联依然保持中立，只是联合伙伴格劳宾登被卷入战争，后果惨重。战争末期，过热的

74 经济衰退下来,腐败操纵导致的货币贬值进一步激化了矛盾,瑞士中部地区发生了农民大暴动。1653 年的瑞士农民战争短期内联合了邦联各地的农民。他们的"议会"要求在瑞士政治中永远拥有自己的声音,但是失败了。社会动乱刚刚退潮,宗教矛盾又激起了另一场天主教徒和新教徒之间的内战,结果在 1656 年以新教徒的失败告终,《第三土地和平令》(*the Third Landfrieden*)的签订巩固了宗教现状。虽然宗教纷争到 1700 年渐渐平复,但是土地和平令仍有争议,因为它约束了共同统治。1712 年,图根堡的宗教问题争端又导致了一场短暂的内战。这一次苏黎世和伯尔尼占了上风,最终导致《第四土地和平令》的签订,它强化了宗教改革州在共同统治中的地位,但没有损及天主教州的领地和教会。

在这个动荡的时期,瑞士在欧洲开始被视为一个独特的民族国家。《威斯特伐利亚和约》的签订结束了三十年战争,使瑞士完全豁免于帝国法律,完成了与帝国分道扬镳的过程。1648 年后,邦联在欧洲的民族国家联盟中以一个主权国家的地位来运作。经济加速增长,特别是被称为原始工业化的乡村产业。供应远方市场的前阿尔卑斯山区奶酪业开始发展。1648 年后,瑞士在文化上保守谨慎,但是,这个时期原来的正统正面临着挑战,新教徒和天主教徒知识分子通过早期的启蒙主义运动参与欧洲的文化开放。

旧邦联的形成,1536—1798

组成邦联的城市、乡村州、修道院和其他实体的配置复杂,但到了16 世纪初期,时人将它们简化为三类——州、联合伙伴、共同统治区
75 (有时也称委托统治区)[①]。1536 年伯尔尼夺取沃后,地区发生的变化很小。这种情况一直持续到法国大革命时期。旧瑞士邦联作为一个政治行动者由 13 个州组成(在德语中是 Orte 一词,意为地方),分为老八州和新五州。老八州包括苏黎世、伯尔尼和卢塞恩三个城市,以及乌

① 见词汇表名词解释。——译者注

里、施维茨、下瓦尔登、楚格和格拉鲁斯五个乡村州。老八州在频繁的议会中按资历发言，并以不同的组合形式来统治邦联的共同统治区。新五州(弗里堡、索洛图恩、巴塞尔、沙夫豪森、阿彭策尔)1481 年后成为邦联的完全成员，和邦联都维持着长期的联合伙伴关系，但是在一些事务上必须服从老八州。

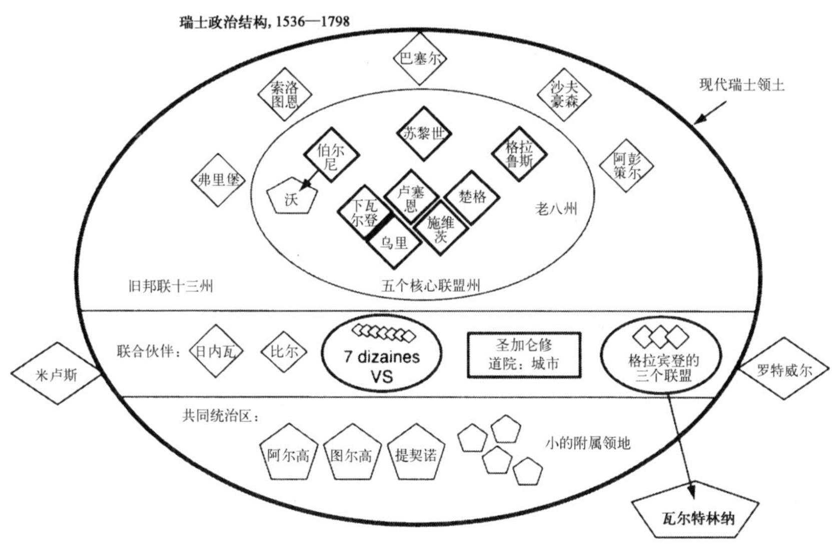

表格 3.1　旧邦联的组成结构

联合伙伴包括的社群和领主性质不同，只是由它们和邦联的这种关系联合在一起。瓦莱和格劳宾登的大型公社同盟虽然参与了瑞士在意大利的战争，但只是偶尔出席议会，其外交内政基本保持自治。与此相对，邦联与比尔(Biel)、纳沙泰尔(Neuchâtel)和圣加仑修道院及圣加仑市等几个联合伙伴的关系在 16 世纪变得更加紧张和不平等，尤其是图根堡、格吕耶尔(Gruyère)和萨尔嫩这样次要一些的乡村联合伙伴。和邦 76
联的密切关系给小地区提供了保护和稳定，但是以地区自治为代价的。最终，到了 17 世纪，邦联和两个相距最远的联合伙伴——帝国城米卢斯(Milhouse)和罗特威尔(Rottweil)，关系已经衰落到不值一提。

至于阿尔高、图尔高、提契诺、康斯坦茨湖北部的莱茵泰尔

(Rheintal)以及萨甘瑟兰(Sarganserland),这些都是身份最低微的共同统治区,但在内部政治事务中的作用又很重要。每一个地区都以不同的方式加入邦联,并由一组特别的州来统治。这些地区具有战略位置——阿尔高将伯尔尼、苏黎世和卢塞恩相连;提契诺在圣哥达关口以南;莱茵泰尔河谷和萨甘瑟兰连通了瑞士和格劳宾登的关隘。所以尽管它们贡献的税收很少,但对邦联的领土完整却十分重要。地方长官在每个区轮流执政,为自身带来了声望。而监管控制的需求促成了每个托管区的统治州之间的定期会议。共有的责任和频繁的会议也鞭策了邦联在15世纪的制度巩固。宗教改革运动之后,共同统治区成为信仰冲突发生的关键地区,因为它们是由宣认不同宗教的州来统治的,而且在宗教改革运动初期,地区人口在宗教上就是分裂的。

虽然邦联有复杂的内部问题,但有越来越多的同代人开始将瑞士视为一个正在形成中的身份独特的共和国。在瑞士内部,这种身份在威廉・退尔和邦联起源的故事中找到了表达。这些故事出现在官方的编年史中,也出现在艺术和流行文化作品中。借由苏黎世牧师约西亚・西姆勒(Josias Simler)1576年出版的畅销著作《关于海尔维第共和国的两本书》(*the De Republica Helvetiorum Libri Duo*),这段历史在欧洲广为人知。因为瑞士的统一不是由某一个统治者或地理边界来定义的,它的性质一直受到争议,直到1648年后,这个主权国家的信条使它能够被整合在欧洲的国家制度中。1500年左右的瑞士邦联强大而开放,它通过吸收或征服来扩张领土,是欧洲事务的积极参与者。到1715年时,邦联已成为一个结构稳定、范围确定的小型强国。

77 瑞士的政治生活在三个分离但又相互联系的层面上运作。邦联参与关于王朝对手和主权国家的欧洲政治。州与联合伙伴构成了第二个政治范围,团结一致,但又限制对方的行动自由。最后,每个州都拥有内部的政治生活,各个派系、集团、社会阶层和个人之间竞争活跃。每一个层面在1500年后的发展也呼应并放大了欧洲的倾向——一种节制、封闭和保护既得权力的趋势。在邦联中,从地方股东联合到城市委员会,这些特权共同体都不再吸收新的成员。由于长官们更多地使用书面文件来经营财产和政治,行政管理日趋正式复杂,也强化了排他的倾向。但是公社的所有男性公民参与决定的特权依然在邦联中保持合法地位,这是瑞士和贵族化欧洲的不同之处。瓦莱、格劳宾登和其他州每年都有州民大会,公社成员直接投票,如果意见被完全忽视,偶尔也诉诸武力。在城市州,一直到16世纪,长官在重大的时刻依然征求城市公民和乡村附属百姓的意见。典型的情况是,主宰政治的少数家族和试图通过协商机构共享权力的其余公民之间维持着艰难的平衡。

在瑞士的政治实践中,女性几乎被完全隔绝在正式的政治生活之
外,这和欧洲其他地区的贵族统治不同。在这个时期,不少王国和贵族
领地拥有了重要的女性统治者,瑞士的共和政体却没有这种开放性,特
别是宗教改革运动导致大多数瑞士的女修道院被废止以后。比如,
1520年代以前,苏黎世的圣母修道院女院长一直是城市名义上的最高
统治者,但后来再也没有出现过类似的人物。在瑞士的共同体中,持有
武器与拥有完全公民资格紧密相关——阿彭策尔规定州民大会上每个
选民都要带剑就是这种象征——从而封锁了女性的参与。女性同样面
对着行会的排挤(行会领袖的遗孀也不能加入)和经济生活的隔绝,不
过她们能够以原告或被告的身份出席法庭。在德国的帝国城市中,商 78
人的妻子和其他富人在家庭和生意经营中都扮演了角色,而瑞士的女
性生活则鲜有记录。由此可见,一个强大的共和制度文化是如何反常
地抹杀了女性存在的声音。

1516年后,瑞士结束了在意大利的战事,但邦联内部并未因此更
加稳定。上千支军队仍开赴国外,私人的招募者也多了起来。但是,瑞
士军团1522年在比可卡和1525年在帕维亚(Pavia)的大败,标志着瑞
士军事无敌的时期结束了。对战败的愤怒和对富人的不满交织在一
起,在一个经济不稳定的时期激发了对整个国家秩序的改革。即使如
此,瑞士恰恰在这一时期同两个最强大的邻国建立了长期的稳定关系。 79
1516年和1521年的条约使法国成为邦联最亲密的盟友,它为了能够
招募雇佣兵,给邦联各州及个人提供了慷慨的津贴,这种关系将持续近
三个世纪。哈布斯堡君主马克西米兰1511年同邦联更新并延长了旧

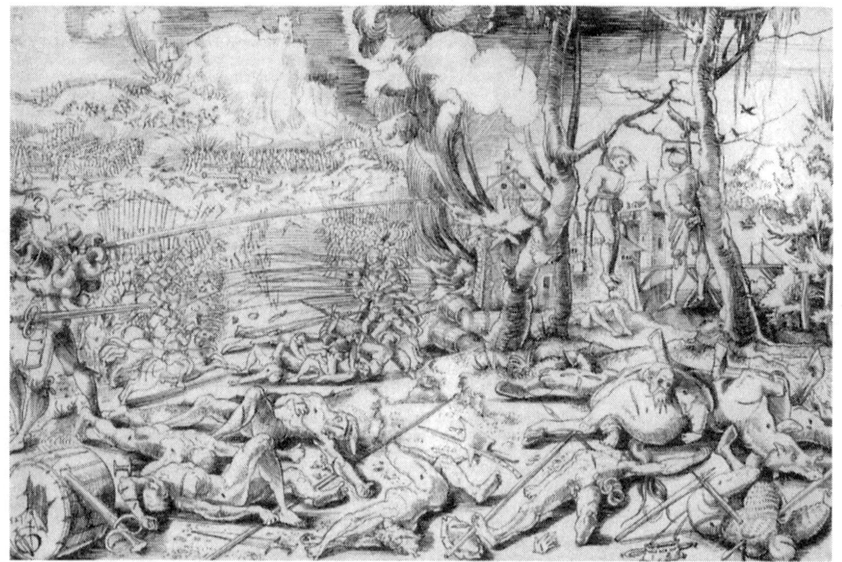

图 3.1　战争之后（乌尔斯·格拉夫(Urs Graf)画作）。广泛参与雇佣兵兵役使得很多瑞士人认识到了战争的恐怖。巴塞尔艺术家乌尔斯·格拉夫在意大利亲身参加了很多战役，他在给其私人赞助者的画作中刻画了战争带来的劫难。雇佣兵的招募者和联邦政客公然大发士兵的苦难之财，士兵的苦难引发了越来越多民众对此的愤恨。

协定的期限，他和他的孙子查理五世出兵征战有时也寻求瑞士的军事援助。1512 年与教皇儒略二世的盟约允许瑞士军队在军旗上使用教皇盾徽和圣母玛利亚的形象，这是一项极为荣耀的特权。1520 年的瑞士，前途似乎一片光明。

宗教的分裂和邦联的分歧

1517 年以后，一场强势的宗教改革运动席卷欧洲，它由德国的马丁·路德发起。乌利希·慈运理是瑞士的宗教改革运动领袖，他先知般的传道引起的争议成为邦联从 1520 年代到 17 世纪末的主要政治矛盾。不只是精神领域的问题面临着危机，因为宗教正统和政治合法性在欧洲文化中一向密切相关，同“异教徒”或“偶像崇拜者”共享誓约和政治身份让分裂的两方都很为难。实际上，邦联在共治领域和欧洲政

80

图 3.2　1531 年的乌利希·慈运理。慈运理来自图根堡的乡村腹地，在格拉鲁斯和艾因西德伦(Einsiedeln)担任牧师后，于 1519 年担任苏黎世的大牧师。他的传道基于他在军中牧师的经历和对伊拉斯谟及路德著作的了解，风格直率，击中了各个阶层的瑞士人心，从城市贵族之子到手工艺人。慈运理相信他身怀先知的使命，这一信念导致了他 1531 年在卡佩尔(Kappel)战役中阵亡。

治中的共同利益迫使彼此合作,即使存在着深刻的宗教敌意。

1500 年,一个制度化的教会宣扬正统教义和行为,并在西欧得到了广泛的支持。在瑞士内地,1500 年前后很多教区的建立及教会的改进,表明农民和市民都渴望拥有牧师的服务和活跃的宗教生活。很多人要求有更好的教会,但没什么人想要激进的变化。到了 1600 年,欧洲的情况更加分裂,各种相互矛盾的"宣认"教会(即各派坚持宣称自己的教条和信仰)的神职人员,竞相将对手攻击为反基督者的异端仆人。在瑞士的一些州,连同英格兰、苏格兰及荷兰,由慈运理在苏黎世发起、
81 约翰·加尔文在日内瓦继续推进的归正 Reformed 教会已成为正式教会。罗马教会也在特伦托会议(the Council of Trent, 1543—1562)上改革了组织制度和教义,并于 1550 年代以后向欧洲的天主教徒,包括很多依然信天主教的瑞士人,提供热情的支持。瑞士的这两个教会都宣称自己的宗教真理为唯一真理,要求教众服从并坚守其信条。

乌利希·慈运理 1484 年出生于图根堡的世家,他是有知识分子雄心的一代神父的榜样。他在巴塞尔和伯尔尼的拉丁学校接受教育,1499 年到 1506 年去维也纳学习。慈运理的资历为他在格拉鲁斯教区谋得一个牧师职位,在那里待了十年。他的职责包括随军去意大利征战,马里尼亚诺战役也在其中。这段经历使他成为对雇佣兵制度直言不讳的批评者。1516 年后,艾因西德伦的新职位使慈运理有机会专心研究神学,重点研究教会的神父。1518 年末,他被选为苏黎世大教堂神父时,马丁·路德的著作颠覆了关于教会改革的辩论。和路德一样,慈运理也是一个激情澎湃的牧师,他毫不犹豫地与福音书的传统意义决裂。他的传道吸引了一个现成的群体,包括领导阶层、行会会员及其家庭,以及苏黎世的附属农民。更重要的是,一些名门望族的年轻人成为慈运理传道的狂热支持者。他们说服自己在市议会的亲戚保护慈运理,使他免受宗教迫害。

1522 年的大斋期间,一场与旧教会的明显决裂在苏黎世爆发了。印刷匠克里斯多弗·福罗切尔(Christoph Froschauer)晚饭给工人吃香肠,违反了教会和城市关于复活节前禁食的规条。之后的一星期中,

慈运理就基督徒免于进食规诫的自由进行传道,公开挑战教会权威,而
市议会最终决定不惩罚犯规者。1522 年,慈运理关于神职人员独身制
和圣像崇拜的宣道进一步加深了决裂,也清晰地表明新宗教观念已在
邦联中传播开来。出于担忧,瑞士议会在 1522 年发布了避免宗教“革
新”的号召,但是执行权保留在各州。苏黎世的行政官组织了一次辩 82
论,采用的是慈运理制定的议程。最终的决议规定传道应当“按照福音
书的教导”,表明他们接纳了慈运理的立场。很快,苏黎世中止了庆祝
弥撒,去除了城市教堂中的圣像,并接管了教会济贫、对婚姻和道德规
诫的一些事务。

图 3.3　1523 年,第一次苏黎世宗教辩论。面对着慈运理宣道对大众的吸引和欧洲宗教秩序受到挑战的危险,苏黎世市议会在 1523 年举办了一次神学辩论。尽管他们邀请了他们的主教来证明慈运理的谬误,但是慈运理制定了议程,表明辩论的主要目的是为了支持他的观念。这次论战后,依仗政府自治的市议会明确地把城市推上了宗教改革的道路。

尽管路德、慈运理和加尔文都拥有“因信称义”的共同立场,但他们在这一原则对一个基督教社会产生的影响上采取了不同路径。与路德

不同，慈运理及后来的加尔文认为，一个秩序合理的基督教团体，即使仍有缺陷，依然能引导自己的成员以取悦上帝的方式生活。德国南部
83 和瑞士的强大的团体生活也许激发了这种观点中所含有的相对的乐观主义，或者是人文主义精神的改革者对慈运理和加尔文的影响比对受经院哲学训练的路德带来的影响更大。慈运理、慈运理的继承者海因里希·布林格、加尔文，三人都撰写了颇具影响的宗教文章，描述一个基督教社会应该怎样组织，怎样对待社会成员。这些观点及区别于路德的其他具体神学理论，导致瑞士出现一种不同于天主教传统和德国路德教会的新型教会。

虽然慈运理摈弃旧式教会，但他对什一税等措施的辩护令一些早期的追随者开始抵制他的观点，谓其过度世俗化。这些激进派既有俗人也有受过训练的神职人员，他们质疑教会和世界上所有现存的体制。有些指出耶稣及其使徒只是成年后才受洗的，因此争辩说婴儿受洗是违反圣经的，因此获名“再洗礼派”。有些人引用圣经，觉得基督徒应该拒绝盟誓，而盟誓在早期的现代欧洲是社会凝聚的最基本的要素。传统派和改革派不仅都抵制激进派的观点，还将他们与社会动乱联系起来，尤其是 1525 年德国的农民战争反映出大众对宗教改革的强烈要求。对再洗礼派的迫害几乎立刻就开始了，而且天主教和新教两方都在后两个世纪中对他们持续加以迫害。

因为伯尔尼是邦联中人口最多的州，它的选择对于新教运动的未来尤其重要。虽然市民们对于福音派的观点颇为同情，城市的领袖们依然谨慎，然而公众观点越来越偏向新教教义，1528 年市行政官在伯尔尼引入了新教会，并将其强加于更为犹豫的乡村。巴塞尔和沙夫豪森也在 1520 年代末采纳了新观念，而弗里堡、索洛图恩，最重要的是卢塞恩，都镇压了本地的福音派，对天主教保持忠诚。多数乡村州也依然是天主教州，成为瑞士中部的稳固集团；只有格拉鲁斯和阿彭策尔的慈运理改革运动是成功的，最终导致了前者的双信仰统治和后者的分裂。
84 五花八门的联合伙伴地区结果也是五花八门的，格劳宾登的宗教改革运动十分强势，但瓦莱和罗特威尔则坚持老的教会。

图 3.4 斯塔德霍芬(Stadelhofen)的破坏偶像运动。慈运理在苏黎世的宣道激发了城市和乡村那些没有经验的传道者阅读和诠释圣经。但在政治事务方面，慈运理遵从城市行政官，并为什一税和婴儿受洗辩护，可是他的一些追随者却采取一种拘泥于圣经字句的形式，反对誓约、洗礼和宗教仪式中使用的所有圣像。这幅画画的是激进派在苏黎世的村庄斯塔德霍芬推倒十字架。归正教会和天主教地区的行政长官都严厉地惩罚这些“再洗礼派”，但是大众的支持使一些激进的小团体数世纪以来持续发展。

1523 年后，对慈运理的崇拜在各地迅速扩大，这日益成为瑞士议会的主要议题。双方各自坚信自己的信仰和行为，彼此难以妥协。极端分子的出现又使新的运动更具威胁性。从 1525 年到 1529 年，每当又一个州选择接纳或是抵制慈运理的观点，矛盾就出现了。慈运理本人继续出版著作声张他的神学立场，在邦联之外都引起了很多共鸣。随着他的影响力越来越大，他愈发确信自己肩负先知的使命。立业的紧迫感和改革基督教社会的重大意义驱使他采取政治和宗教行动，以传播自己的信仰。他的强硬立场将邦联进一步推向公
开的冲突。 85

1525 年的事件深化了宗教分裂的矛盾。就在瑞士边境线以北，成百上千的德国农民和城市居民拿起武器反抗领主，要求进行世俗改革以及福音的自由传道。邦联内部也爆发了地方冲突。1524 年，农民们发起冲击，捣毁了图尔高的伊廷根(Ittingen)修道院。天主教州必须决

定如何应对这种动乱和苏黎世在邦联中愈发大胆的行动。比如1529年2月,圣加仑的行政官在苏黎世的支持下,趁修道院院长弗朗茨·冯·盖斯伯格(Franz Von Gaisberg)奄奄一息之际,占领了修道院,并在修道院的乡村领地上引入了慈运理的信仰。归正教会的城市建立了防御联盟,也包括圣加仑、康斯坦茨和米卢斯。作为回应,天主教州与哈布斯堡结盟,哈布斯堡许诺保卫天主教徒,抵御苏黎世的进攻,条件是征募一支6 000人的队伍。

1529年6月,苏黎世城市行政当局向天主教州宣战,苏黎世和施维茨动员了它们邻近村庄的军队和边境上的卡佩尔修道院。谈判继续进行,因为邦联其余成员反对战争。军队也可能被兄弟之情感化,传说他们从放在两个阵营之间界线上的一口锅里分享牛奶面包糊。1529年6月26日,双方签署了名为《第一卡佩尔土地和平令》(*the First Kappeler Landfrieden*)的协议,随后撤军。根据土地和平令,所有州同意信仰问题不能强制,允许共同统治区的社群以多数票决议保留传统教会还是接受新教。1529年的第一土地和平令只是暂时稳定了秩序。苏黎世的市议会和神父以优惠条件鼓励图尔高的教区接受新教会,而其他共同统治区的天主教行政官迫使当地社群保留老教会。帝国中日益增长的宗教矛盾也渗透进瑞士的事件。最终,天主教派的受挫和苏黎世对让步的更多要求引发了另一场更加严重的对峙。1531年5月,苏黎世及其改革派的联盟禁止从它们的市场向五个天主教州
86 出售粮食。谈判中断了,在生存问题的威胁下,施维茨向苏黎世宣战并进军。这场战争以苏黎世和慈运理的支持者的惨败告终。慈运理也在1531年10月11日的卡佩尔战役中阵亡;10月24日,苏黎世又遭受了古贝尔(Gubel)战役的失败。

因为伯尔尼和其他宗教改革州拒绝支持更多战事,1531年11月20日,双方谈判并签订了《第二卡佩尔土地和平令》,胜利方施维茨和宗教传统主义者得到了更优惠的条件。和约承认了两种信仰的存在,并为其共存制定了指导原则,其很快就成为邦联基本法的一部分。最关键的一点是,每个州都有天主教"毋庸置疑的真正基督信

仰”或慈运理主义者的“信仰”的选择自由。和约对个体的规定和基调均偏向天主教,因此是一个温和适度的文件。它也是地方主权享有基督教信仰选择权这一原则的早期范例,并在1555年将此原则推及整个神圣罗马帝国。但是,交战双方遭受了严重的政治损害,而且宗教的不同观点依然分裂着邦联,致使1656年爆发了首次宗教内战,1712年再次爆发。敌对的信仰通过矛盾冲突的方式塑造了欧洲的政治文化,继而有历史学家将欧洲的这个时期称为“教派认信时期”(Confessionalera)。

1531年后的领地封闭和教派政治

邦联在国际事务中的立场日趋消极,致使西部爆发了最后一次冲突：1536年,伯尔尼、弗里堡和瓦莱从萨伏伊手中夺取了沃。伯尔尼人长期以来既是萨伏伊家族的同盟,也是对手,1475年曾短暂地占领沃的大片地区。由于萨伏伊大公有很多对手,他重新恢复的权力一直岌岌可危。因为大公既不能保护日内瓦的商业利益,也不能维持和平,致使日内瓦的亲邦联派势力在公元1500年后迅速壮大。矛盾在1525年达到顶点。当时查理三世大公在一个被武装士兵包围的房间里召开市议会,但这只是鼓励了亲瑞士的派系。他们在这个事件发生后立即 87
与伯尔尼和弗里堡结盟。随后,伯尔尼和大公在1530年订立的《圣朱利安条约》(*Treaty of St Julien*)规定,如果条约被违背,伯尔尼有权干涉甚至占领沃。这证明萨伏伊已处在弱势地位。

伯尔尼的影响力也帮助新教在沃立足。及至1534年,纪尧姆·法雷尔(Guillame Farel)和另外几个牧师已在日内瓦确立了地位。1536年1月,以实行《圣朱利安条约》为由,伯尔尼军队向沃进军,劫掠城堡,强迫百姓盟誓,并占领了日内瓦和洛桑。弗里堡和瓦莱也夺取了萨伏伊的领地。法国士兵占领了公国残余的部分,一直到1559年。伯尔尼起初以征服权宣布对洛桑和日内瓦的控制。日内瓦市议会在其他州的援助下,成功地抵制了这一要求。但洛桑又加入了沃,共同附属于伯尔尼。因此,瑞士最后获得的这些领地一部分是作为新的联合伙伴加入邦联——日内瓦的地位并不因其是法语区而受到影响,其余部分则作为伯尔尼广大的附属领地加入。同早期对意大利的征服类似,对这些地区以它们自己的语言进行管理,而非德语。邦联获得这些新领地后,达到了它早期的现代规模。

这个时期的欧洲被战争和宗教冲突所割裂。瓦卢瓦的法国王朝和哈布斯堡在这个世纪的公开战争常常牵涉到瑞士雇佣兵。战争只是在1559年签订《卡托-康布雷齐和约》(*Peace of Cateau-Cambrésis*)时短暂中止。同时新教的据点在英格兰、荷兰和东欧都出现了。虽然邦联恰好位于法国和奥地利之间,但瑞士没有介入更多战事。法国珍视瑞士的现状,因为它为萨伏伊的法占地区提供了缓冲,也因为各州派出军团为法王服役。进行宗教改革的州部分出于神学理论的原因,没有加
88 入德国路德教派成立的施马加登联盟(Schmalkaldic League),瑞士得以避免参与施马加登战争。在这些年施行的谨慎和"停滞"的政策,预示着瑞士在日后欧洲的冲突中更为正式的中立立场。

在苏黎世,慈运理的代替者海因里希·布林格神父在任40多年,塑造了瑞士归正教会和整个欧洲的宗教改革运动。随着政治和宗教浪潮消涨不定,他在写给欧洲各地的牧师和学者的1.2万多封信中向他们提出建议,给予鼓励,有时也表达绝望。他的重要贡献在于阐述了一系列明确的信仰和归正教义的正式主张,使之成为瑞士归正教会的基本。在他漫长的宗教生涯中,布林格也关注很多不同的问题,著有反对再洗礼派和支持迫害女巫的深具影响的论著,甚至还创作通俗戏剧。

日内瓦的暴露位置和对伯尔尼的依赖,使宗教改革的问题变得尤其重大。宗教改革的迅速引入及其在法国和邦联的发展,很快为日内瓦城带来了一个欧洲级别的重要人物:约翰·加尔文。加尔文是一个受过教育的法国人。他在巴黎、布尔热(Bourges)和奥尔良学习期间经历了福音派运动。1533年中期,皇室对异教徒加紧施压,他跟从很多流亡者,从斯特拉斯堡(Strasbourg)到了巴塞尔,并于1536年在巴塞尔出版了第一部主要著作《基督教要义》(*Christianae Religionis*

Institutio)。这本书在接下来的几十年中成为宗教改革神学的指导,使加尔文立刻获得了认可。那年年末他又回到法国暂居,但后来被迫逃离,在日内瓦找到了一个牧师的职务。在之后的 30 年中,加尔文对抗着宗教和政治两方面的反对,以求建立他在《基督教要义》一书中想象的教会。加尔文在很多神学议题上的立场同路德及慈运理的相似,也有一些理念与他们都有分歧。在 1540 年代和 1550 年代,他在整个欧洲努力谋求一种宗教的妥协,包括 1541 年的雷根斯堡(Regensburg)会谈,但是最终与布林根领导的苏黎世教会建立了更密切的联盟。鉴于日内瓦脆弱的地理位置,这样一个联盟具有政治的意义,但是神学议题,尤其是关于"真实临在"的议题,也促进了统一的瑞士归正教会的成立。归正教会有德语和法语的传道,1564 年布林格的《第二海尔维 90
第教会信条》给它带来了成熟的教义。通过在法国的边境上建立一个大力支持那里的福音运动的教会,通过将有关教会统治的归正教观点形成完整的体系,加尔文推动了整个欧洲大陆的宗教演化,也给瑞士各地的归正教会留下了深刻的印记。

在这一时期,不同原因的宗教流亡者为宗教思想的传播提供了关键的渠道——不仅仅是加尔文思想,也有再洗礼派和其他激进的观点。瑞士的福音派流亡者扮演了重要角色,尤其是 1553 年逃避玛丽一世女王迫害的英国新教教徒。联邦的激进派则没有那么好运。最著名的要数西班牙的反三位一体说的医师米格尔・赛维多(Michael Servetus),他从法国宗教审判所的监狱逃到日内瓦。加尔文因他否定三位一体,认为这是亵渎上帝。结果当赛维多在教堂被人认出时,日内瓦市政官在加尔文的许可下将他逮捕并处决,引发了欧洲是否应该对宗教事务进行强制的首次辩论。很多再洗礼派教徒也从瑞士逃亡至东欧,后来又逃到新大陆。

1560 年后,欧洲最危险的部分就是法国,软弱的君主制面对着宗教派别不同的强大的贵族派系。胡格诺派与日内瓦及进行宗教改革的城市保持着密切联系,但吉斯家族领导的天主教集团依赖西班牙、萨伏伊和天主教瑞士地区的支持。因此,在 1561 年到 1593 年的法国内战

89

图 3.5 约翰·加尔文。在巴黎接受人文主义教育后，加尔文在 1530 年代初期吸收了福音派宗教理念。不久以后，他在法国皇室对福音派运动的迫害下被迫逃亡。他在斯特拉斯堡短暂居留，后定居于日内瓦。1536 年伯尔尼政府征服沃以后建立了归正教会，加尔文成为教会领导。作为一个强大的作家和坚定的改革派，他将日内瓦教会与瑞士德语区的宗教改革运动结合。他的神学理论和关于教会组织的著作在大不列颠、法国、德国，最终在新大陆产生了甚至更深远的影响。

中，参战各方都有瑞士雇佣兵服役。战争整体上削弱了法国和邦联的联盟，差一点将瑞士士兵再次陷入手足相残的境地。萨伏伊企图收复沃，极端天主教势力的西班牙支持沃，而与天主教州关系更迭的联盟部分也在谋求此地，结果引发了瑞士西部的矛盾。

邦联内部的宗教分裂日益加深，在1580年代首次达到了顶峰。除了关于日内瓦的争议，巴塞尔主教也因乡村领地的问题和它的城市产生了尖锐的矛盾。在弗里堡，耶稣会牧师彼得·卡尼休斯(Peter Canisius)促成了一本有争议的书的出版，引起了不满情绪。1586年， 91
天主教州彼此结成了一个新联盟，叫作“黄金联盟”(the Golden League)。新教徒立即表达了对其中一项条款的愤怒。这一条款不仅保护了天主教，而且宣称“无论新旧联盟，无论已经成立或将要成立的联盟，都不能妨碍这种保护”。这个条件似乎逾越了组成邦联的现存联盟。1587年，不顾新教州的抗议，核心联盟五州和弗里堡同西班牙国王签订了一个防御性的雇佣兵条约。

宣认信仰的世纪：17世纪的宗教、政治与文化

与欧洲和神圣罗马帝国相似，旧瑞士邦联在严重的宗教分歧中进入了17世纪。然而，1618年到1648年，神圣罗马帝国被卷入了一场毁灭性的战争，而邦联却保持了对内和平与对外中立。在欧洲战争中保持中立的模式是在“三十年战争”后确立起来的。这已成为瑞士处理与欧洲邻国关系的固定部分，并最终在1815年的维也纳会议上被确定为正式国策。“三十年战争”结束后，瑞士很快经历了两次内部冲突：1653年的农民战争和1656年的维尔摩根(Villmergen)战争。因此，理解公元1600年后的政治发展，需要同时注意已经出现的信仰文化，以及邦联的政治体系怎样缓和了这种文化激发的矛盾。

从政治到家庭生活甚至阅读习惯，宗教差异导致的隔离和分化影响了17世纪瑞士生活的方方面面。在地方的宗教星图上，既有恪守单一信仰的大片地区，如卢塞恩周边的中部州或是伯尔尼的领地；也有天主教和归正教会彼此相邻或共用一个教堂的小村庄，在一些共同统治

区就是如此。即使在宗教同质化的地方，也常因经济和社会联系而有
92 很多跨教派的接触。对于宗教和世俗权力机构而言，这种接触带来的
混合是持续的焦虑之源，他们只能勉力维持对大众的教导和训诫。

图 3.6 1602 年，日内瓦的云梯攻城。邦联内部和外围的宗教和政治矛盾在1600 年左右达到顶点，包括 1602 年萨伏伊大公发起的一次失败的政变。日内瓦的市民们成功地封锁了萨伏伊军队的全面进攻，在战事中幸存下来。尽管天主教州阻止日内瓦成为邦联的完全成员，但是日内瓦在与瑞士的曲折联姻中安然无恙，并且代表着面向法国的重要的文化和经济通道。

在矛盾最激烈的时候，双方都有呼声，要抛弃持双重信仰的邦联。
1586 年的“黄金联盟”危机之后，1620 年代在圣加仑修道院和共同统治
区的归正教村庄之间又发生了一系列的冲突。双方在议会上互不让
步，陷入僵局。两派信徒都散发传单控诉对方犯下的各条罪状，却拒绝
一切妥协。在 1630 年代早期，施维茨甚至提出分割共同统治区，而不
93 是继续联合控制。然而在每个关头，总有另一些声音捍卫邦联传统及
合作的必要性。1585 年，苏黎世和伯尔尼市议会不顾神职人员的疑
虑，派代表团到卢塞恩争取团结，天主教州也派了一个代表团回访。

1632年，双方达成了关于共同统治区如何商议信仰问题的协定，尽管它们的立场并无松动。一方面是分裂的冲动，另一方面是维持统一的欲望，两者之间的矛盾塑造着这个时期瑞士的信仰文化。

1616年到1636年，卷入强大敌对势力的危险加大了信仰分歧的矛盾，格劳宾登的情势尤为明显，令人震惊。因为格劳宾登关隘的战略位置，哈布斯堡和法国-威尼斯联盟都在向它献媚。前者(哈布斯堡)感兴趣的是格劳宾登在米兰所占土地与奥地利之间的联系。后者(法国-威尼斯联盟)则想封锁哈布斯堡的活动，将德国雇佣兵转移到威尼斯。格劳宾登内部的对立集团收取了贿赂和津贴，大量集合共有军队，勉力控制着共和国。1618年，一些归正教的牧师把图西斯(Thusis)的集会变成宣教，遭到了强烈的抵制，直接导致米兰入侵瓦尔特林纳(伴随着瓦尔特林纳的天主教徒暴乱，400多名当地新教徒被杀害)，接着是奥地利入侵格劳宾登。整个1620年代和1630年代初期，交战的军队带来了劫掠、压迫和瘟疫。直到1639年，地方精英通过西班牙联盟团结起来，恢复了脆弱的秩序。

格劳宾登的混乱提供了一个实实在在的教训，让八州及其附属百姓明确了中立地位的价值。食品和军事原料——最重要的是马匹——的生意利润也让中立变得更有吸引力。1633年，一个危险的时刻来临了，瑞典军队通过图尔高，包围了哈布斯堡的康斯坦茨城。领地防卫军队的指挥官，信仰归正教的基利安·凯赛林(Killian Kesselring)，被指控为瑞典入侵的内应。其后的审判几乎引发了苏黎世和施维茨的又一场战争。最终冷静的声音占了上风，凯赛林侥幸逃生。但是，一直到战争的最后，因为对彼此信仰的怀疑，建立瑞士边境联合防御的努力还是失败了。到了1647年，为了巡查东北边境，各州才同意签订立场温和的《威尔防御》(*Defensionale of Wil*)。

当欧洲参战各方精疲力竭地会集于威斯特伐利亚，准备进行和谈 94
时，瑞士起初觉得没有出席的必要。但是巴塞尔市长约翰·维特斯坦(Johann Wettstein)认识到谈判的重要性，代表瑞士赴威斯特伐利亚参与谈判。虽然没有瑞士议会的委托，他依然成功地在和谈中明确了邦联的法律和政治地位。条款 6 宣称瑞士各州“享有近似完全的帝国自由豁免权,因而不隶属于所指帝国和法庭的任何判决”。尽管缺少明确的主权,这一方案确定了瑞士在国际舞台上作为独立实体的地位。和约对于联合伙伴的地位保持沉默,但它们在瑞士的庇护下,实际上获得了同样的权利。瑞士的稳定局面,特别是在具有破坏性的 1630 年代,给同代人留下了深刻印象。德国作家格里美尔斯豪森(Grimmelshausen)就在其著名战争小说《痴儿西木传》(*Simplicissimus*)中赞颂了这一点。

矛盾的是,欧洲的和平又重新点燃了邦联的冲突。虽然气候恶化和人口增长使生产力总体下降了,但是战争年代,瑞士农业大为繁荣,富裕的农民通过承担信贷,投资以满足德国的需要。这种地区性繁荣也掩盖了日常交易中小面值钱币的频繁贬值。这是由于城市铸币厂克扣贵金属以增加用于防御工事和类似工程的国家收入造成的。1650 年代初期,所有这些情况都反转了:粮食和马匹的价格下跌,使债台高筑的上层农民陷入困境,更加严峻的天气压迫着穷人。当几个瑞士城市突然将货币贬值,以牺牲其他地区的代价来保护城市投资者时,反抗爆发了。在卢塞恩治下的恩特勒布赫山谷,发起抗议的农民遭到伯尔尼货币贬值以及赋税要求的严重打击,他们奋起要求恢复自己的“古老权利”。反抗的浪潮迅速席卷了伯尔尼、索洛图恩和巴塞尔的乡村地区。

暴力的威胁使一系列谈判更为激烈,农民们的目标迅速扩大到经济诉求和最初要求恢复的“古老律法”之外。在三个更为激进的宣言中,他们要求在瑞士所有的农民中创立一个独立的同盟,包括天主教派和新教派,“既然当局自己也是这样联合的”。农民领袖以召唤威廉·
95 退尔来捍卫自己行动的合法性,他们相信他是邦联的创立者:

哦,威廉·退尔!我恳求你
从沉睡中醒来:
长官们什么都想要,
马匹、母牛、小牛和绵羊。

在这里，我们看到15世纪晚期的历史虚构被再次重构，用来支持反抗者的主张：他们自己才是新一代的真正的威廉·退尔，而非统治他们的城市精英。反抗者们不顾天主教和新教之间的分歧，组织起了革命同盟；同样，卢塞恩、苏黎世和伯尔尼也跨越了宗教界线，联合镇压了反抗。在巨大的压力下，激烈的谈判最终分裂了农民阵营，导致了一系列地方协议，并最终恢复了秩序。农民们一解散武装，官方(尤其是伯尔尼当局)马上推翻了商议好的大赦，严惩反抗领袖。

现有政权重新紧握大权，天主教州和新教州之间的政治僵局再次凸显。受助于1531年土地和平令的不平等条款，议会中的天主教多数派在共同统治区和其他问题上都有不合比例的影响，并借此拖延或抵制新教邦联成员的抱怨。但是从人口或是财富来看，信仰归正教的州却显著地超过了信仰天主教的州。结果造成恐惧和怨恨在危险地酝酿着。1655年末，在苏黎世和施维茨这两个老对手之间，因阿尔特(Arth)村的一群秘密新教徒而起的冲突爆发了。冲突升级为一场短暂的宗教战争，即第一次维尔摩根战争。1656年初，苏黎世先出击，攻下了图尔高，包围了拉珀斯维尔城，但是又迅速停止了进攻。同时，1月24日，在阿尔高的维尔摩根村，伯尔尼的一支临时军队在与卢塞恩军队作战时被击败，约600人被杀。又一些小冲突之后，法国和萨伏伊发起了和谈，并于3月签署了《第三土地和平令》，大体恢复了秩序。即
使是在动荡的1650年代，不论是农民积聚的怨恨还是宗教战火重燃， 96
都没有带来邦联体制的重大变化。但是，严重的分裂致使天主教州和新教州各自召开会议，导致了事实上的天主教议会和新教议会的出现，另外仍有在巴登召开的普通邦联议会①。

1656年的内战表明，宗教依然在分裂着邦联，但是更加灵活的宗教理念的出现，尤其是归正教一方的理念，引起了神职人员的日益关注。勒内·笛卡儿(René Descartes)的思想在大学教授中的迅速传播削弱了正

① 即15世纪出现的邦联最早的议会，召开地点在巴登镇。参见第二章“帝国政治，阿尔高和邦联议会，1415—1436”一节。——译者注

统的新教神学理论;牧师路易·特隆香(Louis Tronchin)及其弟子在日内瓦的传道也提供了一种并不教条的宗教理解,体现了对个人良知与自由的尊重。这种所谓的启蒙正统教(Enlightened Orthodoxy)激起了瑞士保守新教领袖的有力回击,他们在 1675 年给教师和牧师下达了一套死板正统的新信条——《瑞士联合信条》(*Formula Consensus*)。尽管有新教议会的官方批准,新信条的签名来得很慢,很多首脑人物都拒绝签名,尤其在巴塞尔。到 1706 年,巴塞尔不再支持这种鼓吹正统宗教的行为,这反映了早期启蒙主义运动的影响,以及欧洲知识分子文化的转变。

然而,总是和政治相互纠缠的信仰分歧,引发了又一场瑞士内战,即 1712 年的第二次维尔摩根战争。冲突的背后是圣加仑修道院院长同他在托根堡(Toggenburg)的大部分信仰归正教的附属百姓之间长年的敌对。托根堡享有很多权利,由四个瑞士州共同管辖。修道院院长向哈布斯堡寻求帮助,而托根堡的百姓在 1707 年驱逐了修道院院长委任的长官后,建立了自己的政权,转向了苏黎世和伯尔尼。1712 年夏,经过仔细的谋算,这两个归正教的城市向圣加仑修道院院长的领地以及阿尔高派出军队,后者是苏黎世和伯尔尼边界上关键的一环。与 1656 年不同,归正教城市的军队组织严密,领导专业。天主教州仍在依仗的民兵全不是他们的对手。天主教州看到胜利机会渺茫,就同意了和谈解决的方案。这个方案将削弱天主教州在共同统治区的权利。可是,耻辱的让步引发了卢塞恩乡村地区的大众反抗。反抗得到了乌
97 里、施维茨和下瓦尔登的支持。天主教牧师及其在乡村精英中的支持者带领反抗者们,重新挑起了打击苏黎世和伯尔尼的短期战争,但是他们的希望很快就破灭了。双方军队又一次在维尔摩根村交手,天主教方惨败,约 3 000 人战死。

1712 年 8 月签订了《阿劳和约》(*the Peace of Aarau*),它以《第四土地和平令》为背景,奠定了瑞士在 18 世纪余下的时间中的政治轮廓。苏黎世和伯尔尼利用它们的主导位置,迫使邦联制度发生了大的变革,但没有侵犯各州当时的领土或自治。天主教州对阿尔高大部分地区的

管辖被革除了,伯尔尼加入了对图尔高的统治,为给予共同统治区宗教事务严格的同等地位提供了细致的立法保证,从而结束了归正教教会会众在上个土地和平令颁布后所处的劣势。圣加仑修道院院长重获对托根堡的统治权,条件是那里信仰归正教的多数派的礼拜和日常事务均受到保护。这个解决方案在失败者方激起了更多怨恨,但也清除了很多在邦联议会上制造僵局的小障碍。

到1715年,邦联内部又重归和平,对外的中立和主权也被普遍承认。主宰邦联统治的各种混乱的协定、协议、条约、惯例也许难以描述,也常不奏效,但是它们带来了稳定和持续发展,整个系统因此得以运转。在乡村州和城市州,贫富日益分化的问题在寡头政治的趋势中找到了对应:少数权势强大的家庭从现存秩序中获益最多。整个欧洲都是这样。

物质世界:1500—1700

从1500年到1700年,瑞士的物质生活只有增量变化,生产、复制和消费模式依然相似。1600年和1500年一样,瑞士以农业经济为主,
手工业大部分出现在城镇,几乎所有劳作还依赖人力和畜力。水力带 98
动磨坊,燃烧木柴给锻炉、公共浴室和住宅加温,能源仅此两种。但是,物质生活的许多方面正在发生着缓慢而重要的变化,包括气候、人口、贸易和制造业等。到了1700年,乡村的纺织品和其他货物制造业的发展超过了城市行会,加速了乡村的商业化,奶酪业的繁荣就是一例,但关隘贸易的相对重要性下降了。整个时期,城市州的经济实力在增长,成为信贷的重要来源,也促进了银行业的兴起。

这些变化有的将瑞士继续定义为一个凶险大陆上的幸运之地,有的却使大多数瑞士男女的生活变得艰难。14世纪和15世纪的大瘟疫削减了人口。此后到1600年左右,人口一直稳定增长,只是偶有回落。公元1600年后,良好的气候不再,加上战乱,减缓了人口和经济的增长。但瑞士依然是欧洲少数在公元1500年后能从战争获利的地区之一。它出售雇佣兵服务,自己却置身于战争之外。瑞士的城市和雇佣

兵商人积聚资本,为城市带来财富,对附属的百姓征收较低的赋税。分散的政治体系也使乡村制造业更容易扩大,挑战着城市对熟练技艺工种的传统主宰。

到 16 世纪晚期,压力增加和机会减少的迹象更为普遍。鲜有例外的是,城市制造业的重要性下降了,而人口的增长阻断了之前存在的社会地位提升的机会。结果是人口迁移(周期性和永久性的)增多,城市中贫困的非城市人口和乡村的贫困人口都越来越多,也越来越穷。土地所有制和家庭结构的变化强化了乡村的社会分化,不仅贫富之间的关系,男女之间、长幼之间,能否得到恩主荫庇之间的关系都改变了。当气候恶化导致农业危机一再出现的时候,这些趋势加速发展,尤其是在 1570 年代和 1650 年代。最恶劣的时期是 1571 年和 1572 年之交,
99 冬天极度严寒,内地湖泊冰冻;而 1587 年和 1588 年之交,内地下雪一直持续到夏天。更多的人口、更频繁的作物歉收,固化了地主和雇主对农民和劳工的优势,刺激了农民和城镇人口的信贷。

1500 年,约 50 万人居住在现代瑞士的领土上,不包括瓦尔特林纳和瓦尔道斯塔(Val d'Aosta)这两个人口稠密的意大利语区山谷。有几个乡村地区人口也惊人的多,如阿彭策尔。到 1600 年,瑞士人口已增至约 90 万,内地比山区增长速度更快。1600 年到 1650 年,人口增长急剧下降,但在 17 世纪后半叶又有所回升。到 1700 年,人口总数已达 120 万,仅三分之一的人口在阿尔卑斯山区。人口数据也表明社会变化缓慢,在瘟疫和恶劣气候导致的危机面前更为脆弱。

乡村人口开始超出农业劳动力的需求,一大迹象就是大批年轻男子随时可以到雇佣军服役。16 世纪末,约 5 万瑞士男子在外国军团服役,占总人口 5%。很多人一去不返。人口迁移也有其他的形式。这和瑞士男女的人数和技能,以及邻近地区对劳动力的需求是相应的。很多迁移是季节性的,比如负责收割的劳工,尽管这些工作留下的记录很少。如果移民具备特殊的技能,比如来自曾在意大利建立王朝的提契诺的艺术家家族,他们的前景会更光明。赛罗丁(Serodine)家族是来自阿斯科纳(Ascona)的手工艺人和画师。他们就在罗马和意大利

的其他地方找到了工作。提契诺其他手工艺人甚至远在匈牙利和西班牙从事灰泥雕塑。

与农村经济相似，瑞士的城市经济在16世纪也只有增量变化。到1500年，曾为中世纪的苏黎世、弗里堡和其他城市带来财富的纺织业已经衰落，只有圣加仑的亚麻业是个例外。公元1500年前推动日内瓦发展的跨欧洲集市也转移到了里昂，留下一个凋零的城市。本地和地区市场产生了一些生意，来自津贴和佣兵制的不断增长的收入使大多数城市的财务收支平衡，但是16世纪很少有新的制造业产生。印刷业 100
是个例外，它能够吸引技术人才——巴塞尔成为一个国际印刷业中心。苏黎世和日内瓦也出现了小型商店。但就总体而言，城市的政治功能是支持其经济发展的：作为征收赋税、委任官员、商议政治的所在，作为富有家族定居的地点，城市的政治中心地位使其获得了经济优势。

在17世纪，一种新的现象出现了：乡村地区通过外包的方式生产低质量产品，大多是纺织品。很多时候，城市商人为贫穷的农民家庭提供原材料和基本工具，这些农民在经营自己小块的土地和花园之外仍有剩余劳动力。他们自己的农产品用来补贴自己的雇佣劳动，使这种 101
生产有利可图，虽然挣得的微薄收入仅够他们耕种更小块的土地谋生。农村制造业也刺激了出生率的提高，形成了更多家庭，也进一步降低了劳动力成本，拉大了有地农民和农村劳力之间的距离。这种以诸如圣加仑亚麻业为先驱的机制，有时也称为原始工业化，将农村和城市劳动力结合起来，在瑞士内地稳步地扩展。

供应远方市场的商业化的奶酪生产也启动了。高山地区在中世纪晚期已经转向养牛业。但在17世纪，在前阿尔卑斯山区和中部出现了专业的奶酪生产商。艾曼达(Emmentaler)和格鲁耶尔(Gruyère)这样的奶酪“品牌”向欧洲出口奶酪。以工业规模生产奶酪需要大量资本，少数成功的企业家拥有数量庞大的奶牛和大片草场，从很多农场主那里购买牛奶，来发展奶酪生产。奶酪业通过现金购买和付工资的方式进一步促进了乡村的商业化，同时使得财富集中在更少数人的手中。一些新的专业化城市制造业也产生了，比如在日内瓦，胡格诺教派的流

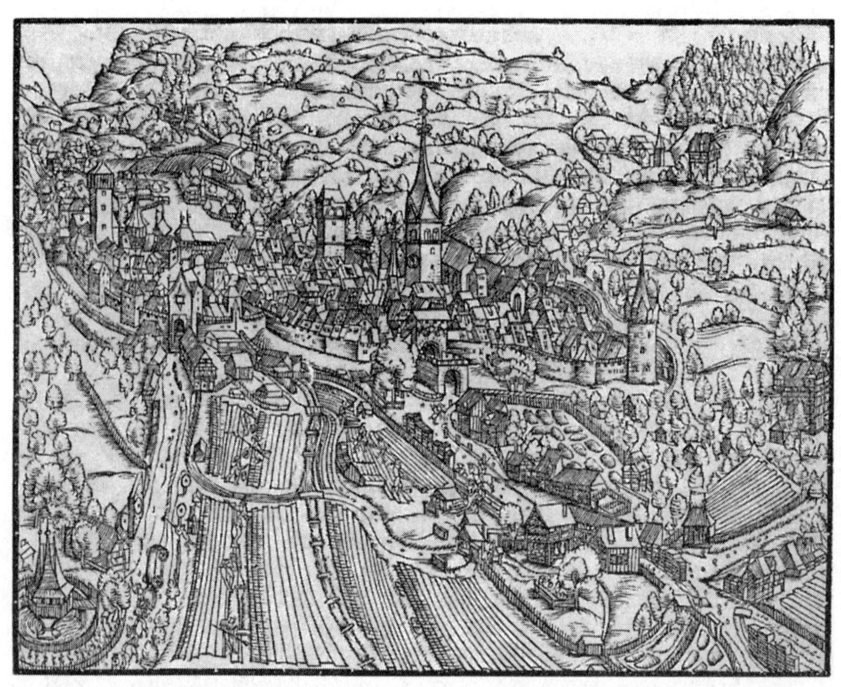

图 3.7 圣加仑镇漂白亚麻的田野。瑞士东北部是瑞士的大规模纺织生产的早期基地。在 15 世纪和 16 世纪，阿彭策尔或康斯坦茨湖边种植的亚麻被加工成优质的亚麻布料，那时已经具有工业规模。随着 17 世纪原始工业的扩大，更多亚麻生产设在劳动力成本低廉的农村地区，最终削弱了城镇对工艺生产的垄断。

亡者带来了资本和技术，并于 1580 年代和 1590 年代开创了丝绸业。

这两个世纪中，地区经济的发展跟邻国相比，有几点显著的不同。最关键的差别在于财政。由于州和联合伙伴没有背负战争的巨大成本，适度的经济增长带来了公共和私人手中的新资本。各州不用为军队和防御支出，还能从法国、西班牙、奥地利和威尼斯代理那儿拿到津贴。低劳动成本和外来收入促使瑞士城市中止了先前收取的财富税，因为针对市场的消费税和从附属农村征得的税收已足够扩充城市金库。城市就这样成为邦联内部和外部的信贷来源。巴塞尔运作着一个非常成功的公共银行。日内瓦到 16 世纪末开始发展私有银行业，通常跟从法国流亡而来的胡格诺教徒有关联。公共和私人资本的聚集为进一步投资提供了共同资金。公元 1700 年后农村产业化发生以后，这一点变得尤其重要。

瑞士经济的缓慢发展也影响了社会关系，也许最重要的就是各种经济团体对新成员的封闭，就如同政治上对获得执政委员会和市民权利的封闭。在一个以团体成员作为重要身份标志的社会中，这种封闭至关重要。在城市里，这种现象最为明显，正在减少的统治家族垄断了政治生活和经济机会。1510 年到 1520 年，卢塞恩的市政会由约 48 个家族的成员组成，1590 年到 1600 年之间只有 30 个家族。15 世纪时，新的家族获得财富后，进入城市市政会和行会是比较容易的，但是 1500 年以后，这种流动逐渐变慢，最后几乎完全停滞。向新成员收取的费用迅速增长，尤其是在 1550 年代以后，获得完全资格的新成员数量急剧下降。这种情况导致的结果就是一些历史学家所称的“贵族民主制”，而其他人称其为寡头政治。

部分由于宗教改革运动的刺激，公元 1500 年后的历史时期婚姻也发生了变化。对于天主教徒和新教教徒，婚姻都是最重要的联结男性和女性的正式关系。这些变化并没有结束男性享有的法律优势——事实上，16 世纪这种优势还加强了——但是在如何体现和理解性别关系上确实发生了变化。慈运理摈弃了天主教视婚姻为圣礼的概念，也否定了教会法庭对婚姻、通奸和乱伦的裁决。信仰福音派的城市建立了世俗法庭来规范婚姻和道德，在少数情况下允许分居甚至离异，但对夫妇私订终身不予承认，要求必须有其父母或神父的许可。天主教和归正教的教会都以精神价值的名义来限制狂欢节、节日庆祝和奢华的婚宴，借此规范个人行为，提倡性和社会行为的得体。

对女性拥有权力的恐惧在这一时期的欧洲也在加深，并且助长了对
施行巫术之人的频繁迫害——大多是农村女性。这种迫害最早出现在 103
15 世纪的西阿尔卑斯山区，包括瓦莱和洛桑的教区。16 世纪早期，瑞士很多地方也以施行巫术为名迫害这些所谓的女巫，案情常与当地关于病孩或农田雹灾的争端有关。瑞士的女巫迫害方式在 1550 年后迅速改变，执政官们受到臭名昭著的《女巫之槌》(*Malleus Maleficarum*)一书的启发，对魔鬼崇拜施行更多的迫害。最新的证据统计，1580 年到

1655 年间是迫害女巫狂热的高峰，在沃有 1 700 多次审讯，在格劳宾登至少有 1 000 次审讯。在执政官掌权更严格的地方，女巫案也少得多，在同时期的苏黎世的领地上，就只有 80 个人被迫害。但是，在其他的地方政府完全抛弃这种“罪行”之后很久，瑞士的农村地区依然偶尔还有迫害。这是由瑞士的松散政体及社会保守风气造成的。

1520 年代的危机和新教改革运动传播之后，瑞士的社会模式总体谨慎保守，地方上屡有争端。在战乱后的现代早期，这种立场对瑞士很有好处，使它比邻国更加富有、和平，从而强化了它的独特性。1656 年后，社会变化减缓，而且越来越不明显。邦联体制复杂如斯，似乎永远不会再变。在父权和日益贵族化的精英管理之下，这个体制依然为富裕的市民阶层和稳定的农民身份留有空间，尽管这是个脆弱的阶层，包括越来越多的按日计酬的贫困劳力。不过这些劳力还是比别处的农民好过。缓慢的变化一直持续到 1713 年后，但无论是内部的改革者还是外界的观察者，都认为邦联僵化而陈旧。

第四章　旧制度(1713—1798)

《阿劳和约》及第四土地和平令调整了瑞士的宗教平衡,利益偏向 104
新教州的一方,但是并未触及州中僵硬的贵族寡头制度。外人会注意到:这个国家依然像从前一样,是个稳定而复杂的欧洲装置,但当其他西方国家的军队和统治开始现代化进程时,瑞士的政治阶层并未仿效,于是在国际事务的参与上日渐消极,在国内则不够灵活通融。事实上,和平的状态允许贵族们来巩固所谓的"瑞士旧制度":一种混合了稳定的城市和农村寡头的统治,相对繁荣,但日益僵化压抑。所有这些助长了停滞的局面。

尽管寡头政权一再经历着挑战,停滞却更为严重。这些挑战常常来自普通百姓,他们觉得贵族寡头正在破坏古老的传统和事业,但也有些挑战来自贵族内部受到启蒙主义思想影响的那些群体。启蒙主义和其他欧洲思潮一样,影响到瑞士各州。缓慢但平稳的内部变化——通常由精英家族成员或精英集团外围的雄心勃勃的个人推动——也在威胁着现存体制。另外,虽然寡头统治一再抵制 1770 年代以来的变化,之后 20 年的经济增长带来了更多的压力。恰在此时,法国大革命激发了新的反抗形式。最终,旧制度日益僵化,并将州的利益凌驾于邦联之上,这些因素导致旧邦联无力抵挡法国的入侵。

105

稳定和挑战

维尔摩根战争刚结束时，无人能够确定《阿劳和约》到底意味着什么。和约虽然较为温和，天主教州仍然激烈反对，因为和约在对阿尔高和图尔高的共同统治权上给了伯尔尼和苏黎世更大的比例，同时也将邦联的附属百姓的宗教分歧程序化。它不再干涉选择信仰的权力，而是为调解争议提供了新的程序。和约也终止了双议会的[①]存在，不过天主教一方拒绝在巴登会面，那是他们刚刚被排除在外的地点。此后，邦联议会在弗劳恩费尔德(Frauenfeld)召开，教派双方设立自己的秘书，起草方案。

新的解决方案很快受到了秘密挑战。1715 年 5 月，天主教州重新建立他们的“黄金联盟”，并更新了同法国签署的条约。条约中添加了一个秘密协议，被藏在一个行李箱中，因而有“箱子协定”之称。协议中法国承诺调停跟新教发生的冲突，以此协助天主教一方恢复他们失去的特权。虽然这个协议从未被执行，但是它象征着天主教州的怨愤，这种情绪一直延续到 1770 年代。不过，这些从未造成破坏邦联的威胁，部分由于周边的各个权力意不在此，部分由于旧秩序被精英共同的个人利益紧紧维系，超越了宗教分歧。

换句话说，持久的怨愤之情也防止了邦联摇摇欲坠的结构及其附属领地产生急剧的变化。它依然是一个建立在条约体系和多重权力之上的合约制度，体现了对既有秩序的尊重。因而议会只是一个小小的象征，是一种社会化的手段。它缺少军队、财政和适当的行政。由于私下会见的需求以及所有决定权在各州，这个阶段的议会无疑更加消极。有一个流传的笑话是，议会如果没有得到指示，就不能同意冬天下雪。即使最后达成了决议，各州也没有实施的义务。

106 正如 1734 年的情况所示，永远无法达到足够的意见一致，以决定

① 指 17 世纪瑞士宗教冲突时期出现的天主教议会和新教议会。参见第三章“宣认信仰的世纪：17 世纪的宗教、政治与文化”一节。——译者注

吸收日内瓦为完全成员,或是像偶尔提议的那样对邦联进行现代化改组。宗教分歧也阻碍了1663年邦联与法国继续结盟,因为新教州拒绝了法国的游说,不再积极提供雇佣兵。这为来自楚格和索洛图恩这样的天主教州的兵团留出了余地。但整个18世纪,法国在瑞士政治中依然具有主导性的影响,这使邦联共同决议的作用更加微弱,也鼓励双方在他们控制的州中紧握大权。就这样,与法国的关系使邦联更加稳固和僵化,其权力也得到了巩固。

在两个信仰的阵营中,权力都由一个团体紧紧掌握,即所谓的贵族阶层。他们通过控制可能的代议机构,对雇佣兵、经济活动、土地和政府机关实行垄断。事实上,贵族阶层变得更加排外,阻碍了人们获得经济的机会、市民权利和公共职务,也固化了寡头政权。在弗里堡,1627年到1782年间,只有三个家族被贵族阶层接纳。到1734年为止,日内瓦的"二百人议会"中有三分之一的人来自仅仅十个家族。而伯尔尼的"恩主"统治也和他们备受压迫的日益增长的农村人口愈发隔绝。恩主们在英国股票和政府资金上的成功投资,加上他们对附属领地50个有利可图的行政官职位的垄断,都意味着他们对作为城邦收入的税收依赖越来越少。渐渐地,伯尔尼和卢塞恩之类的城市精英阶层开始将其统治等同于古代的自治城市,并将自身设定成威廉·退尔的继承人的角色。这种自我定位明显地体现在他们修建的宫殿般的乡间别墅上,还有他们那些装点豪宅的神情威严而又自得的肖像画。这样的政权变得益发贪婪、官僚主义和垄断。因此,沃的行政团体[1]最后一次召集是在1739年,而选举在内阿彭策尔和纳沙泰尔地区已逐步淘汰。

这种发展趋势并非风平浪静。事实上,当寡头统治企图强化控制,
并敛取人民的资源时,其行为常被视为滥用权力,破坏了大众心目中的 107
古老规矩。18世纪初,苏黎世市政府就发现,一方面,它与行会发生矛

① 原文为 the Etats de Vaud,英文作 the Estates of Vaud,指沃这一地区的行政团体,包括贵族、教会人员和自由市。通常每年召开六到九次会议,危机时期可能一月数次。参见 Michael W. Bruening 的著作 Calvinism's First Battleground: Conflict and Reform in the Pays de Vaud, 1528 - 1559, p.19 (Springer, 2005)。——译者注

图 4.1 瓦尔德格城堡。天主教州索洛图恩的城堡是贝桑瓦家族炫耀其显贵身份的最佳例子。这个家族是 18 世纪该州最富有也最强大的家族。他们的财富和权力的来源,一是在法国的瑞士卫队服役的佣金,一是盐业的垄断。贝桑瓦家族与法国皇室及其战事联系紧密,是瑞士法国派系的领袖之一。

盾,因为行会反对它擅自决定在维尔摩根参战。另一方面,它又和温特图尔镇产生冲突。温特图尔反对政府对其经济活动的新限制,正如沙夫豪森对维尔兴根(Wilchingen)领地上的小酒馆实施城市垄断时,也遭到了后者的抵制。在格拉鲁斯,当局和威尔登堡的执行官发生对峙,因前者取消了农民对森林和牧场的使用权。当地人要求当局出示其权力依据的文件。同精英阶层一样,农民和附属百姓也以过去的历史为参考,从传统特权而不是现代权力的角度来思考问题。

108 1723 年 3 月底,最不寻常的事情发生在伯尔尼的附属领地沃。亚伯拉罕·达韦尔(Abraham Davel),53 岁的公证人和管理拉沃地区的上校,命令他的民兵向洛桑进军,要求终结伯尔尼的统治。因伯尔尼出售教会职位,并将刻板保守的 1675 年《瑞士联合信条》强加于沃的神职人员,他对此强烈反对。过于天真的达韦尔被诱降,然后仓促处死。当局试图隐藏他的要求清单,但是所有这些,连同达韦尔在绞刑架上从容受死的结局,使他日后成为值得纪念的英雄。

更普遍的情况是,1720年代和1730年代的冲突缘于精英内部关于控制寡头权力支柱的派系斗争。在外阿彭策尔和楚格,激烈的斗争出现在“硬派”,即反对党,和统治阶层的“软派”之间。在阿彭策尔,黑里绍(Herisau)的韦特尔(Wetter)家族驱逐了“软派”——特罗根(Trogen)的泽尔韦格(Zellwegers)家族领导的贵族统治集团。由于对圣加仑的关隘贸易冲突和州民大会所持的立场,后者受到控诉。楚格的问题是关于对法国付给雇佣军官的津贴的掌控。亲法的祖劳宾斯(Zurlaubens)及其“软派”集团垄断了佣金和食盐供给,舒马赫(Schumacher)家族和“硬派”企图终止垄断,但是失败了。因为关系到大量金钱,冲突几乎引发了内战,舒马赫家族的一个成员为此丧生。

精英和大众之间的分歧在日内瓦的同盟城市中最为尖锐。大权在握的是所谓的“公民”或“贵族”,一小撮与普通资产阶级不同的特权人士日益垄断了政治权力和职业渠道。他们试图巩固城市,使其免受似乎已不复存在的威胁,从而引发了1730年代的一次叛乱,因为新的赋税负担落在了被踩在底层的“居民”头上。这些居民大多是《南特赦令》[①]以后到来的,跻身资产阶级的渠道对于他们已经关闭。最好的情况不过是,如果他们的后代在此出生,就可以成为“本地人”。“居民”虽然权利很少,却需要分担税务。到1720年代止,“居民”已占人口的50%,他们的境况却日益艰难,政治权利依然被剥夺。事实上,1767年前,只有90个人被批准拥有公民资格,而且还是在付出大量钱财之后。

1730年代冲突背后的实际问题是,新的课税并未提交给联合委员会——所有资产阶级的公开大会批准。这种违背传统共和体制的做法遭到了资产阶级和平民大众的共同抗议。当寡头们发现自己的军队已被资产阶级的民兵解除武装时,伯尔尼、苏黎世和法国不得不派遣军队,强制实行1738年由法国保障的调停。这次调停以较小的改变为代

① Revocation of Edict of Nantes,即《南特赦令》。参见本书年表所列1685年事件。——译者注

109 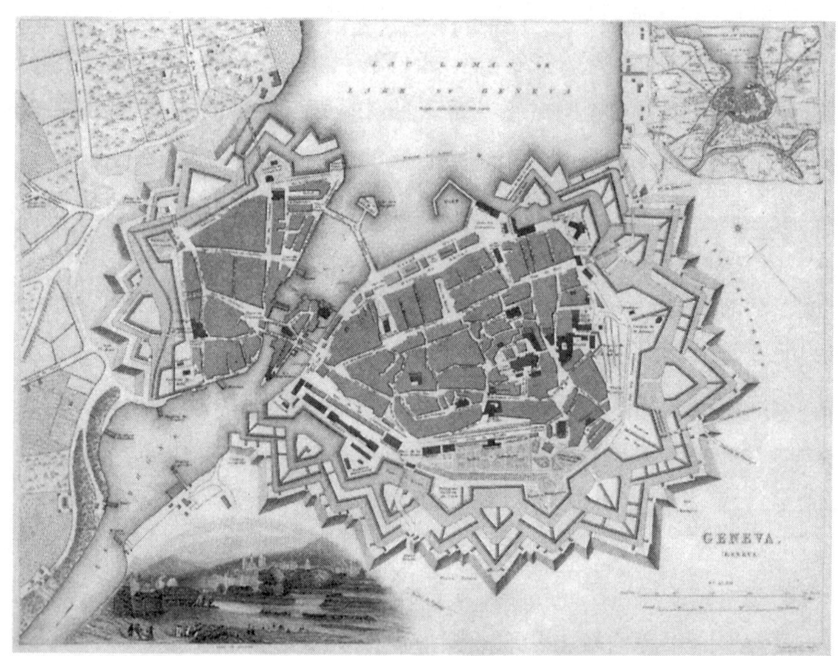

图 4.2　日内瓦城的防御工事。因为它的地理位置和政治地位——在萨伏伊公国和法国的边境上，只是邦联的一个同盟，而非完全成员——日内瓦城总是面临着被攻击的危险。因此，到 1727 年时，它建起了非常坚固的防御工事，采用了沃的设计。后来，延伸防御工事的提议助长了日内瓦内部的意见分歧。

价，使"公民"寡头在后 20 年中继续保留它们的地位。事实上，寡头阶层情愿接受法国的实质统治，只要他们的权力不受威胁。这反映出寡头们如何在一步步变成欧洲的上层精英。

类似的，1726 年后在巴塞尔主教区，当主教企图终结农民对免费牧场的使用权，同时又增加课税时，麻烦又出现了。因为伯尔尼和天主
110 教州未施以援手，其后反对课税的罢工和混乱迫使主教同法国签订秘密条约，由法国在 1740 年代派军干涉，镇压了农民暴动。这次反抗旨在捍卫传统的社会权利，反对圈地和经济现代化，也是对既有主教权威的挑战。反抗领袖之一皮埃尔·佩甘纳(Pierre Péquinat)1740 年被处决。他最终也成为一个解放的象征。

在此之前，瑞士整体上受到了世纪中叶一系列欧洲战争的影响。

1734 年,波兰继位权战争威胁到莱茵河一带,新教州派出军队保卫边境。在奥地利继位权战争中,瑞士正式宣告中立。但因为西班牙武装在邻近作战给日内瓦造成了威胁,瑞士不得不派兵保卫。这样大规模的战争也影响了佣兵生意。参战国要求对瑞士雇佣兵实行更严格的控制和训练,以便利用新技术作战。1734 年,瑞士被迫修订关于雇佣兵投降协定的规则。如 1747 年劳菲尔德(Laufeld)战役中上升的死亡率,可怜的报酬和更加严苛的训练,都使雇佣兵服役愈发暗淡。除了最贫困的地区,招募雇佣兵愈发困难,逃兵现象也更加普遍,这意味着瑞士雇佣兵商人的利益开始下跌。特别是法国人,他们常常不愿向瑞士军团支付费用,尤其是在军队 30%的兵力不是瑞士人的情况下,而这种情形又很普遍。

雇佣兵制度吸引力下降也反映出国家正变得更加繁荣。1730 年所谓的小冰期结束后,人口又恢复增长,更好的卫生与饮食条件也刺激了人口继续增长,其中土豆的日益普及是一个关键因素。瑞士人口总数已经远超这个世纪初的 120 万。新建公路,特别是伯尔尼人所造的公路,进一步瓦解了自给自足型经济,创造了一个更加有效的市场。另一因素是棉纺织业的扩大,起初的目的通常是扶贫,后来在日内瓦和苏黎世牢牢扎根。苏黎世的新纺织业又扩大到格拉鲁斯和瑞士东部的其 111
他地区。生产以外包的形式进行——商人为有合约的家庭提供原料,由这些家庭纺织产品,再收集、加工,作为成品售出——这样,农村制造业开始为佃农家庭提供丰厚的收入。在同一时期,制表业取代了日内瓦的丝绸业的地位,并从日内瓦扩大到汝拉地区。

然而,经济复苏并未终结政治上的挑战。在旧制度的中心伯尔尼,一些手工业家庭越来越与政治权力隔绝。他们开始出版政治宣传手册,要求恢复 1384 年所奠定的行会和人民的权利,结果其中有些人在 1744 年遭到流放。1749 年归国的流放者中就有一位叫赛缪尔·亨齐(Samuel Henzi)。因为不是贵族,他的军事生涯已经受到了阻碍。在争取一个公立图书馆馆员的位置时,他又输给了一个并不称职的年轻贵族。因此,他参与密谋,企图用武力推翻政权,并用行会制度取而代

图 4.3　处决赛缪尔·亨齐。亨齐是作家、教师、士兵、图书馆员和行政官，也是瑞士旧制度的挑战者之一。1749 年 7 月 17 日，他因参与反对伯尔尼寡头统治的密谋，和另外两人在城外被处死。这一处决既象征了贵族政权拒绝认同任何对现状的批评，也意味着这样的刑罚将会强化反对派的立场。

之。计划很快泄露，亨齐和其他人被处决，更多人被流放并剥夺公民权
112 利。这阻止了反对分子们进一步的挑战。但是，莱辛(Lessing)就此事
创作了剧本，亨齐也依据退尔的故事遗留下一部剧作，确保此事不会被
遗忘。

六年以后，在拉文蒂纳山谷，乌里当局尝试对腐败而普遍的监护制度进行改革，结果引发相当规模的暴动。虽然抗议者们意欲和谈，动乱的消息却已经传到了乌里，当局伙同其盟友，动员了 2 000 名士兵，挥师南下。面对这种压力，异议者们平静地退去，但他们的领袖仍被处决，当地人民被迫重新宣誓效忠。尽管这个事件后来变成了提契诺人解放运动的象征，但它与其说是反抗，不如说是沟通不良。它也没有妨碍提契诺人在 1790 年代支持他们跨阿尔卑斯的领主。确实，总体而言，世纪初的保守挑战较为轻易地被镇压了。

知识界的变化和爱国主义的觉醒

但是，瑞士精英阶层总体上的保守主义并不总是反映在他们的知

识追求上,无论是整体的还是针对瑞士历史的。因此瑞士在欧洲扮演的角色虽然暧昧,却日益重要。民族主义运动也开始萌芽,和欧洲其他地方的步调一致。事实上,尽管 18 世纪瑞士的精英统治总是成功地压制异议,他们对于知识界的变化却有惊人的开放态度。很多贵族受过高等教育,具有文化素养,即使瑞士只有一所大学。这意味着很多贵族被迫转向德国接受高等教育。他们常常是高深的思想者,非常符合欧洲的主流。瑞士的学者们在神学、哲学、自然科学、医学、国际法和史学领域都很领先。巴塞尔拥有伯努利兄弟(Bernoulli brothers)和欧拉(Euler)这样的数学大家;苏黎世有后来成为现代心理学的奠基人之一的拉瓦特
(Lavater)可资炫耀,还有布莱丁格(Breitinger)和博德默(Bodmer)这两 113
位在德国文学和历史领域的佼佼者。1734 年,博德默出版了茨楚迪(Tschudi)的《编年史》(*Chronicles*),对瑞士是由革命造就的观点提出了争议。此前两年,阿尔布莱希特·冯·哈勒(Albrecht Von Haller),伯尔尼的一位博学之人,出版了他那首具有开创性的描写阿尔卑斯山的诗歌,日后激发了人们对高山及其代表的生活方式的崇拜。

所有这些都有助于发展瑞士社会各界的政治意识。随着审查制度的衰落,类似 1732 年创立的《水星报》(*Mercure Suisse*)这样的报纸开始出现。贩卖宗教书籍的小贩带着政治宣传册子在乡下兜售,城镇中涌现了很多读书俱乐部、咖啡馆、沙龙和学校,这些都激发了公共辩论的兴起。更重要的是有越来越多知识性的学会,比如 1737 年成立的公用事业学会,1760 年的经济和统计学会,还有不少农业学会。

这些发展使瑞士日益成为一个英语思想的转口港和贵族子弟欧洲游学的必经之地,尤其因为瑞士的知识分子不像法国那么反教权主义。部分出于这些原因,1750 年代,爱德华·吉本(Edward Gibbon)被派驻洛桑。另一种思想动力来自让-雅克·卢梭,他既是一个日内瓦公民,也与纳沙泰尔有很多联系。伏尔泰也变成了瑞士的仰慕者,他在日内瓦边境定居,在日内瓦出版了很多著作。瑞士由此成为新的宗教和思想争议的中心。1770 年代在伊韦尔东(Yverdon)印刷出版的《百科全书》(*Encyclopédie*)及许多其他的启蒙主义文学作品,表明瑞士在传播

法国思想上也起到了重大的作用。日内瓦、洛桑和纳沙泰尔也成为重要的出版中心。渐渐地,瑞士在欧洲思想界的地位愈发重要,很多英国人,如吉本,则是为它的政治制度所吸引。

在18世纪晚期,瑞士社会变得更加宽容,对异端和巫术分子的处决渐渐停止,苦刑也受到批判。这种宽容的态度对女性通常有利,使她
114 们能够更多地参与社会生活。实际上,1774年在苏黎世成立了第一所瑞士女子学校。这意味着和过去相比,对女性略少了一些限制。下等阶层的女性也能从外包工业提供的新机会中获益。

然而,无论是这种宽容,还是文化兴趣,都不能阻止贵族统治压制被他们视为颠覆性的思想——启蒙主义中很多思想确实侵蚀着寡头统治的基础。因此,那些被视为逾越常规的人就会被解职和流放,比如纳沙泰尔的费迪南-奥利维尔·佩提皮埃尔(Ferdinand-Olivier Petitpierre)神父,他在1755年传道说死后罚入地狱也许不是永久的。1762年,著名艺术家亨利·弗塞利(Hery Fuseli)也加入了在英国的佩提皮埃尔阵营。弗塞利和拉瓦特,还有著名的教育理论家约翰·海因里希·裴斯泰洛齐(Johann Heinrich Pestalozzi),一起批判一个腐败的执政官,结果被迫离开苏黎世。几年后,克里斯托弗·穆勒(Christoph Müller)牧师在公开捍卫日内瓦式民主后被迫逃离。

1761年,符腾堡牧师提出这一观点:正如很多人所怀疑的,退尔射落他儿子头顶的苹果的传说其实源自丹麦,结果被激怒的乌里当局焚毁了他的著作。当局不喜欢对于退尔的虚构故事受到任何挑战,吉本在决定搁置自己撰写瑞士史的计划时就对此心知肚明。约翰内斯·冯·穆勒不得不假装他那本颇有影响的浪漫主义风格的《瑞士史》是在马萨诸塞州出版的,以回避视退尔为革命分子的伯尔尼官方的批判。即使如此,符腾堡的发现还是引发了一场真正的辩论,还有对证据的搜索。与此相对,由青年讲师转行做面包师的约翰·海因里希·格莱塞(Johann Heinrich Gleser)在1758年重新发现的1291年誓约,却对当时的历史思考影响甚微,直到日后才产生影响。多数瑞士人还是接受15世纪编年史中陈述的解放传奇。

尽管有危险，很多瑞士知识分子依然投入关于他们自己的瑞士身份的思考，问询究竟是什么在语言和宗教差异的情形下将他们凝聚在一起。1750 年代晚期，很多反思性的著作出版了，比如卢塞恩的弗朗茨·乌尔斯·巴尔塔萨(Franz Urs Balthasar)和巴塞尔的艾萨克·艾斯林(Isaak Iselin)，两人都著有《爱国之梦》(*Patriotic Dreams*)。后者是历史学家、哲学家，以及对卢梭思想与瑞士的重商主义及贵族精神的 115
批评家。巴尔塔萨及其他学者对邦联的情况的批判更为尖锐。他提议建立邦联大学，建立统一的军队，以及征收邦联税来弥补其弱点。和过往的世纪相比，知识分子更多地将瑞士视为一个单独的国家，虽然它在政治上还非常不统一。民歌和对山地日益浓厚的兴趣也有助于深化独特的瑞士和阿尔卑斯山民族身份的理念。

从 1760 年代早期开始，海尔维第学会集中体现了这种思想。1762 年，海尔维第学会开始在阿尔高的欣茨纳赫(Schinznach)召开会议。受到艾斯林的启发，协会通过颂扬瑞士在中世纪的业绩来激发人民的爱国主义精神，以求将各州统一起来，克服宗教分歧。学会吸收了约 400 名成员，主要是男性专业人士，但也包括少数女性。学会主要对旧制度进行批判，因为成员们意在推动瑞士现代化的进程，希望国家走重农主义的路线，并从欧洲整体经济增长中获益。就政治而言，艾斯林认为瑞士是一个自由国家，但需要统一。因此他同 1744 年的巴尔塔萨一样，起草了一部典范的瑞士宪法。海尔维第学会无法为现存秩序提供完美无缺的支持，这意味着它也面临着来自保守派精英的攻击。因此，1766 年后，学会被迫克制批判，观点变得温和。更富戏剧性的是，当局迫使伯尔尼经济学会关门，因其批判雇佣军制度令国家腐败，限制了人口增长和农业发展。尽管如此，海尔维第主义仍是一股重要的思想力量，日后它将质疑旧制度的存在，部分通过鼓励人们将瑞士历史看作其统一基础的方式，为更多的民族思考奠定基础。

世纪中叶的矛盾倾向

在这一时期，经济波动，雇佣军服役引起的国内矛盾及与法国的新

冲突，也动摇着旧制度。虽然最终出现了一个新和约，但是所有这些因
素都不能促进邦联的现代化，尽管邻国的开明专制提供了一种范例。
和文化发展一样，瑞士在这个世纪中叶的政治难题明显和经济的加速
116 变化有很大关系。这种变化转而开始威胁到旧制度的社会基础。事实
上，随着土地日益昂贵，农业发展也在加快，出现了集约化和商业化农
业；1770 年代出现了人工肥料和新品种的块根作物。针对远方市场的
商业化奶酪生产在瑞士内地进一步扩大，奶酪销售让一些人富裕起来，
尽管也让他们对市场更为依赖。越来越多的瑞士农民开始拥有自己的
土地，特别是山区的土地。

图 4.4　纳沙泰尔的科尔泰约新(Cortaillod)工厂。1752 年在这栋雅致的古典建筑中开设了新厂，替代了原有的棉纺车间。在那个时候，它是全国最大、最现代化的纺织厂，雇有 700 名工人。它以水力驱动，每年制造 4.5 万匹布料，销往欧洲各处。在拿破仑战争期间，由于英国封锁，工厂受到严重的打击，但它还是一直运作到 1854 年。

人口增长也为德语区瑞士的小镇和村子中的本土工业提供了劳动
力。1750 年，在国内最大的纺织业中心之一纳沙泰尔开设了科尔泰约
117 新工厂。1740 年代以后，对法贸易的增长刺激了纺织业的发展。日内
瓦商人也更多地参与到殖民贸易中来，雅克 · 内克尔(Necker)这样的

银行家就是受到了殖民贸易的激励。他的公司在七年战争结束后壮大起来。这些发展开始创造和扩散更多财富,民众得以在更广泛的范围内展示和炫耀财富,虽然大城市的统治阶层持续颁布禁止奢侈的法令。到了 1770 年代,对贫困问题的关注也开始减弱。只有在提契诺山区和恩加丁,仍有大量百姓的生计不得不诉诸季节性迁移。

富裕并没有阻止世纪中叶的政治动乱。最严重的冲突发生在 1762 年后的日内瓦。当时政府下令焚毁卢梭的《爱弥尔》和《社会契约论》,认定其具有颠覆性。知识分子和很多本地人士表示反对,在 1763 年对当局发布了正式的"抗议"或演说,申诉无论是卢梭还是宗教法庭在之前都没有听说要焚书。政府拒绝接受抗议,也不允许交由联合委员会处理。因此,很多中产阶级人士开始要求提交此类请愿的法律权利,并发起了一场新的反对运动,俗称"抗议者"运动(Representants)。接下来是一场针对贵族阶层的政治小册子之战,伏尔泰也开始给小册子供稿。伯尔尼和另外几个州的调停被联合委员会拒绝,因为其后台完全是贵族统治阶层,他们的剧院在抗议运动中被烧毁。尽管 1768 年在法国实行封锁后达成了《和解法令》(*Edict of Conciliation*),允许抗议者们拥有新的权利,但是他们未能诉诸进一步的暴力手段,致使法令在两年后被废止,一些反对派领袖被迫流亡。

在纳沙泰尔,问题出现在 1750 年代中叶,普鲁士的弗利德里克二世试图将"开明专制"的一些信条施行于他偏远的公国,尤其是将征收赋税的权力出售给竞价最高的所谓包税商的群体。1766 年,当局未能成功吸引竞价,然后试图出售国有土地,被当地居民视为违背了 1707 年向他们所作的承诺,引发了真正的怒火。弗利德里克于是向伯尔尼恳求援助,并得到支持。伯尔尼在动乱持续的时候,发动 9 000 名兵士,威胁城市屈服。但当弗利德里克提名克劳德 · 高多(Claude 118
Gaudot)——他的主要拥护者,但之前是反对派的成员——为副总督时,民众的怒火爆发了。高多在 1768 年 4 月被杀。城镇最终被迫屈服。

在信仰天主教和有州民大会传统的州,外交政策和雇佣兵制度的问题引发了大量内部冲突。1760年在内阿彭策尔，一个颇受爱戴的酒馆老板苏特(Suter)被选举为执政官，但是他很快同富有的精英阶层和修道院产生了矛盾。1775年苏特被流放，1784年因挑战大家族对州民大会的控制而被处决。在卢塞恩，作为梅耶家族和舒马赫家族长期冲突的一部分，州户籍管理员普拉希德·舒马赫(Placide Schumacher)1764年因所谓的谋反罪名被处决。他在亲戚被判贪污渎职罪后企图挑起一场平民反抗，还反对“箱子协定”和雇佣军制度。贵族阶层的梅耶家族的一个成员也被流放，其作品遭到焚毁，因为他意欲限制教会的权力。

在施维茨，“七年战争”灾难之后的法国外交大臣、瑞士上将舒瓦瑟尔(Choiseul)公爵因经济原因削减了瑞士所提供的军团数量。此举引发了矛盾。当他的行动激起反对后，舒瓦瑟尔解散了施维茨的军团，并取消关键的食盐供应。在边远的马奇(March)和艾因西德伦地区，围绕税收问题也引发了动乱。中将约瑟夫·纳扎尔·睿丁(Josef Nazar Reding)将被解散的队伍带回家乡，并试图从中调停，但未成功。他被视为过于偏向法国，被迫逃走。舒瓦瑟尔的变革在楚格也引起了麻烦，一个“软派”领袖企图垄断雇佣军制度和食盐贸易，在招致反对后被迫逃走。直到1764年所有州才接受法国的新统治，睿丁也被允许完好无损地恢复官职。

这种政治斗争很少真正涉及议会。它一直扮演着无力的旁观者角色，无法作出决定，因为伯尔尼和苏黎世依然坚决反对法国的雇佣军合同。局面在1770年代中期得以改变，奥地利的约瑟夫二世和法国相
119 比，构成了更严重的威胁，因为他参与了第一次瓜分波兰。这似乎表明他意在收回哈布斯堡很久以前的失地阿尔高和图尔高。路易十六这位更为人所信任的新国王的继位也导致了局势的转变。他的大臣们终于认识到新教州是不能分割的。1777年5月28日签订了新的五十年协议，允许法国继续征用雇佣兵，但含蓄地废止了“箱子协定”，名义上用国内协定代替了法国的调停。一项草拟的“保护计划”使得国内协定的谈判成为可能，但这项计划从未实施过，因为地方特殊主义和宗教猜忌

过盛。

相应的,议会拒绝对海尔维第学会在1779年提出的军事改革要求作出回应。鉴于1762年弗里堡的不胜任的炮手将自家屋顶点燃,致使军事训练不得不取消,改革显然是势在必行。邦联因此仍然是一个软弱的实体,缺少一套宪法、一支军队和一项可靠的税收。和更强大的正在施行改革的邻国相比,它还远远无法匹敌,依然只是自我满足地依赖着并不明确的法国保障。而法国也只是依赖于一种权力制衡,这种制衡在法国"七年战争"受挫后成为反制它的力量。因此,海尔维第学会的主席约翰·格奥尔格·斯多克(Johann Georg Stokar)关于这个国家需要统一并接受所有人权利平等的提议遭到忽视。确实,情况已经在向相反的方向发展。

寡头政权的反应和经济转换

面对这些显露出来的挑战,贵族统治视而不见,意欲采取保守的动作。这和历史学家所想象的在法国发生的情况一致。这些动作起初是成功的,但无法应对激化的内部矛盾,或是被政治权力排除在外的日益增长的社会经济力量。事实上,1770年后,瑞士的贵族阶层似乎从一种以防御为主的立场转向更有目的的巩固地位的努力。换句话说,拒绝统一的思想是1770年和1780年代寡头政治的表现。越过直接的挑 120
战,寡头阶层通过更激烈的方式来稳固自己的地位和利益,以牺牲弱势群体为代价。这在日内瓦和弗里堡导致了重大的起义。同时,工业原型化迅速扩大,足以让一些学者将这个时期视为瑞士经济"腾飞"的开端。乡村制造业多是政治圈以外的人组织起来的,且发生在首都城市之外。这使得乡村的分量日益加重。封闭的城市精英的霸权岌岌可危了。

推进寡头统治的新典型是1773年卢塞恩决定将统治家族的数量减少到29个。只有一个家族完全消亡时,新的家族才能加入。同时,梅耶家族派系因谋求终结教派政治而被驱逐出去。在乌里,州民大会的权力被限制于三大家族的利益圈。他们也僭取了最重要的转口贸易的垄断权。在伯尔尼,统治家族的数目缩减到 68 个,在 20 万的总人口中,只有 3 600 人能担任政治职务。苏黎世则是 21.5 万的总人口中仅有 5 700 人可任公职。巴塞尔虽然有很多市民,但真正的权力仅限于 58 个家族,比索洛图恩多三个。18 世纪晚期,在 170 万人口中,贵族统治成员总共有 1 万名。

随着其统治成员数目缩减,贵族们也变得愈发贵族气。在伯尔尼和弗里堡,家族们允许在姓名中使用小品词“冯”(von)来标志贵族地位,而在图尔高和其他地方,贵族统治阶层将他们自身重新定义为古典贵族。很多精英也企图通过种种方式收紧对其附属百姓的控制:将手工业限于城市手工业者,限制外包制,废除农村人口参加雇佣军和其他服役的权利。尽管寡头统治者也拒绝赋予首都城市中下层民众的政治权利,却能够通过赋予他们经济特权以安抚人心。这种日益加大的偏见将在接下来的 50 年中对瑞士政治产生持久而动荡的影响。

121 1781 年 5 月,弗里堡出现了第一个不稳定的迹象。政府试图减去 27 天的节日,关闭一个以济贫著名的修道院,并征收牲畜税。佃农的不满得到了皮埃尔·尼古拉·舍诺(Pierre Nicolas Chenaux)的引导。舍诺来自格吕耶尔地区,是一个具有领袖魅力的破产的农场主兼商人。他在民兵组织中得不到升迁,因为他不是贵族。他参与了在比勒(Bulle)酝酿的谋反,计划进军并占领首都。虽然政府已经听到风声,舍诺依然能组织起 3 000 名民兵,朝弗里堡开进。当伯尔尼的军事援助到来时,他发起和谈的努力失败了。大多数叛乱分子不战而降,舍诺本人却被一个原先的反叛者为了获得赏金而杀害。尽管伯尔尼力劝政府让步,反叛者后来还是受到残酷的镇压。但是,乡村代表被请来申诉自己的主张,主要是税收方面的,而城市的中产阶级也要求变革。真正实施的变革只是放松了对贵族家族的限制,允许他们的下一代担任公职,并稍稍拓宽了贵族的范围。很多抗议者在 1783 年被迫流亡。

在日内瓦,精英中最保守的所谓“宪法派”发起了新攻势,导致了新一波的矛盾。“宪法派”从未接受 1768 年的改革。1770 年代末,他们在统治委员会中获得多数席位后,得以阻挠 1768 年和约规定的城市多项法律的编纂。这大大惹恼了"抗议者"①。两方都开始散发小册子,动员各自的拥护者,引起街斗巷战。改革派在1781年初占了上风,通过《健康法令》(*Bienfaisant Edict*),赋予"当地人"新的权利,令城市承诺定期接受新的市民,并废除一些封建赋税。调停方不满,下令不能进行选举,却遭到政府的蔑视。它废止了《健康法令》,却引发了1782年4月的大规模平民起义,之后是联合委员会和政府对反对派的清洗。然而,当局决定投资城市时,激进派的领袖不得不屈服,很多逃往国外,法国和萨伏伊因而开始施行自己的白色恐怖。

这样的胜利为贵族统治又赢得了几年没有挑战的和平,但是统治 122
阶级并没有在此期间进行改革,以应对迅速变化的国内外环境。专制寡头们依然看不到与时俱进的需要,更倾向于仰仗自身在习俗和世袭制度中的合法性以及与既有教会的紧密联系,还自诩为等级制度社会顶层的天命精英。在这个问题上,他们回避了在英美世界中出现的偏向17世纪大陆传统的代议制新思想。

然而瑞士社会自身发展迅速。从约1780年开始,瑞士经历了拉帕德和其他学者所称的真正的工业革命时期,起初以外包制为基础,后来很快扩大为工厂化生产。到1790年,瑞士四分之一的人口(总人口将很快达到170万)以制造业为生。其中四分之三从事业已雇佣了9万人的纺织业。尽管桑德雷格(Sonderegger)于1780年代初期在黑里绍引进了机械化纺织,但是因为感觉到了英国机械化纺织生产的竞争,1795年后机械化才开始加速发展。棉布和手表的产量大幅提高,仅日内瓦一地每年就能制造5万块表。纳沙泰尔到18世纪末已拥有3 500名制表匠。纺织业的扩张大多是由富有的织工投资,而不是银行。这表明新经济正使一部分雇工日渐富裕。但银行也看到了纺织业的吸引力,并开始在这一部门投资。贸易也兴旺起来,并且向新的区域转移。有些瑞士人甚至开始从事奴隶贸易。内地及其新奶酪制造商渐渐主宰了农业。

这种转变为贵族统治带来了双重挑战。一方面,经济动力正从寡

① "抗议者"运动在本章前文"世纪中叶的矛盾倾向"一节中已有提及。——译者注

头所在的首都城市向乡村和偏远城镇转移，后者在规模和数量上都发展迅速，以致到1790年代末，至少42个城镇的人口已超过2 000人，偏远城镇的作用因此比过去重要得多。另一方面，工业化造就和鼓励了新的中产阶级。他们更富有，教育水平更高，也更具有政治意识。他
123 们有些是大规模的商业化农场主，有些是纺织企业家，更多的是手工工人。他们发挥出日渐重要的政治影响，比如楚格和苏黎世的反腐败运动。1780年，苏黎世还创办了第一份批评性质的报纸——《苏黎世报》(*Züricher Zeitung*)。七年之后，《日内瓦日报》(*Journal de Genève*)创办。在巴黎的流亡者们也一直发声批判瑞士旧制度。

即使因此产生的社会异见暴露了旧秩序的问题，体制仍然具有凝聚力，这个世纪特有的暴力也在衰减。这种暂时的稳定很大程度上归结于贵族领导的强硬做派；旧制度结构的复杂性又为它增添了一分力量，也为它打下了多重根基，包括法国的支持、中立的优势以及倚马可待的军事援助。一个有用的事实是，这个政权通常能够通过兵役和低税收，提供较好的管理、更多的财富和社会提升的机会。另一方面，反对派力量既分散又传统，即便舍诺及其反抗队伍确实在政治宣传中试图用美国独立战争的精神来召唤人民。然而，1789年法国大革命的爆发为政治异见增加了一种危险的新维度，尽管接下来的很多挑战仍然是相当传统主义上的。它要求补救式的地方改革，但精英阶层以往成功地抵制变化，也使他们自身更难作出让步。成功地镇压大众反抗有助于加强统治，因此他们以同样的方式去抵制革命时期的挑战，这也不足为奇。最终，内部压力不可能导致政权的更迭，但是寡头统治也无法提供真正的解药，尤其是在涉及封建赋税和代议制的问题上。这使得知识分子和极端主义者有机会发起法国式的进攻，让旧邦联下台。贵族的反应因此证明是适得其反的，即使所遭遇的挑战很长时期以来都是地方性和传统主义的。

法国革命扩大的阴影

从地理位置来看，瑞士各州无法逃脱法国事件的影响。事实上，法

国大革命在瑞士投下了一道长长的阴影。这要归因于法国的观念、法
国对瑞士边界骚乱的干扰,法国对经济地位提升的群体的影响,最终还 124
有它的军事力量。起初,寡头统治还能控制因此而起的知识界的骚动,
但是法国极端行动的影响渐渐扩大,激发的矛盾常与工业腾飞和传统
的解放传奇的感染力相互交织。而议会却因过于保守和分裂,无法采
取本可防止旧制度被推翻的准革命行动。

革命的消息促成了新的阅读社团的建立。这些由校长和乡村牧师领头的社团开始在施泰法(Stäfa)、韦登斯维尔(Wädenswil)这样的边远小镇和苏黎世的格拉特(Glatt)山谷涌现,激发了农民的政治觉醒。虽然如此,在早期革命助长了邦联大部分地区潜藏的不满时,真正的挑战既有秩序的反抗高潮并没有出现。政府的顽固不化和深植的政治分裂同样会频繁地引发反抗。越来越多的异见知识分子表现活跃,既包括 1790 年建立了海尔维第俱乐部的巴黎的流亡者,也包括在国外制作小册子的瑞士人,但是他们都缺乏行动的途径。在异见者中最著名的是弗雷德里克·西萨·拉阿尔普(Frederic Cesar de La Harpe)。他是一个来自沃的律师,因无法忍受仁慈的领主伯尔尼的统治方式而离开家乡,后来成了俄罗斯帝国叶卡捷琳娜大帝的孙子们的家庭教师。他在圣彼得堡为《伦敦纪事报》(*London Chronicle*)撰写文章,呼吁沃获得自由。伯尔尼当局立刻宣布驱逐他,虽然他人在俄罗斯。各州政府也企图审查媒体,捍卫阵线,但这些知识分子和流放者还是造成了很大压力,特别是在瑞士西部和中等规模的城镇。相比之下,沃的农民阶层没有反抗传统,常常偏向伯尔尼的政权。

内部冲突的最初迹象出现在下哈劳(Unter-Hallau)。1790 年初,
下哈劳拒绝向沙夫豪森宣誓效忠,并发布了要求恢复自由镇的古老权
利的备忘录。同年后期,瓦莱的蒙泰(Monthey)又发生了骚乱,接着是 125
1791 年在沙布莱区(Chablais district)的所谓"钩针"(crochets)反叛。
伯尔尼派军队来恢复秩序,但是一些地区开始回购它们不得不交的封
建赋税。那个时候,在威韦(Vevey)、罗勒和乌契(Ouchy)也开始举行
庆祝法国事件的挑衅性质的宴会。伯尔尼向游行和赴宴的人们发出了

严厉的警告，还派来军队和审查长官。拉阿尔普的表亲，士兵阿梅第·德·拉阿尔普(Amedée de La Harpe)被缺席审判为颠覆罪，因为他积极参与了一次宴会。但是所有这些都不能阻止新的关于变革和减税的请愿。行政长官对此的反应并不一致，有时也很消极。1790年后，伯
126 尔尼企图强行实施审查制度，阻止行动和封锁关于“权利”的言论——这些言论随着法国传来的小册子而传播——当局的对策被证明是徒劳的，因为新的报刊严密关注着巴黎的事件。1791年在沃和几年后在苏黎世的镇压企图结果都是无效的。确实，对拉阿尔普的驱逐只是强化了对伯尔尼统治的反对，导致了洛桑的骚乱。

图4.5 卡尔·尧斯林(Karl Jauslin)这幅19世纪的油画刻画了在乌契附近的尧迪(Jordils)举行的一场露天政治宴会。它意在庆祝攻陷巴士底狱的2周年纪念日。画中的当地知名人士佩戴革命帽章，为法国革命干杯，似乎非常愉快。真正的宴会有超过150人出席，祝酒的主题是自由和沃州。这场宴会和其他宴会，尤其是第二天在罗勒举行的那一场，遭到伯尔尼寡头统治的镇压。他们禁止举行这类集会，并强迫沃的居民请求正式赦免，从而恶化了与这些法语区附属百姓的关系。因此，很多人将这些宴会视为沃在这个十年末期获得独立的踏脚石。

无论是在州里的还是共同统治区里的附属地区，都特别容易发生骚乱。在巴塞尔主教区，主教仿效巴塞尔城的做法，试图通过废除农奴

制来防止1790年的冲突。正在兴起的政治团体将公国的大部分转变为劳拉奇(Rauracienne)共和国。宗教异见和主教吁请奥地利的支持迫使法国人在1793年发动侵略,主教区变成了法国的蒙泰利伯勒郡(Mont Terrible)。圣加仑的修道院长贝塔(Beda)也在1795年废除了封建制度。但是两年以后,他的继任者反悔了,并请求瑞士帮助保留他的侯国。不过,他的佃农断然拒绝缴付重新征收的什一税。

1791年后在瑞士法语区,下瓦莱受压迫的法语居民对他们的附属地位表示不满。在其他地区,纳沙泰尔和日内瓦也有麻烦。1792年至1793年在纳沙泰尔,拉绍(Le Locle)和力洛克(La Chaux)的雅各宾派俱乐部与政府支持者之间发生了冲突。日内瓦由于离法国太近,受到的影响尤其重大。早在1789年,1782年协议就已作废,允许流亡者们归来。食品短缺也引发了激进好战的行为。很快地,市民身份普遍可以获得了。新政权恳求法国的援助,可是苏黎世和伯尔尼在1792年初抵制了法国的接管。但是,同年11月,在第一次反法同盟战争爆发后,瑞士为了遵循保持中立的声明而撤出军队。日内瓦很快跟随巴黎走上了革命的道路,建立了一个极端主义的政权,开始清洗老派精英,并在1794年创立了新的革命宪法。法国的"热月政变"结束了地方激进派的统治。到了1798年,日内瓦被纳入一个统一而不可分割的法兰西共和国。日内瓦被兼并,这只是法国的扩张主义给旧邦联及其和约带来 127
巨大压力的一个例子。

在1790年代晚期,变革的观念变得格外吸引人,因为机械化生产的英国纺织品带来的竞争开始剥夺瑞士纺织工业的市场。在德语区的各州,阿尔高出现了关于经济控制的反对意见。但是,最重大的变化来自1794年苏黎世的施泰法区。这里的阅读社团发布的一项要求更多权利的备忘录引发了矛盾。当局主动提出,如果能证明该地区的权利受到侵犯,它就采取行动。于是,当地居民开始传播一个新近发现的在汉斯·瓦尔德曼倒台后颁布的有关乡村地区权利的宪章。这个宪章似乎表明,该地区享有的自由比中世纪晚期还要多。当政府拒绝批准这个宪章时,当地成立了一个更加激进的委员会,与政府进行谈判。苏黎世政府反应激烈，谴责施泰法的反抗，并从苏黎世的农业区和其他州(但不包括工业原型化的地区)调遣军队占领该地。拉瓦特说服行政官们不要处决大批抗议者。施泰法事件证明了本地问题是怎样与革命的反响日益紧密地交织在了一起。其他地区的佃农也开始心怀不满，在爱国主义情绪强烈的巴塞尔和圣加仑栽下了自由之树。拿破仑在意大利战役后横跨瑞士，在那些倾向变革的地区受到了英雄般的欢迎，民众的兴奋之情更加高涨。

即使在这些事件之后，多数州政府依然反对各种体制的变化。这些变化反映出权力制衡的局面已经开始对偏远地区有利。1792 年 8 月 10 日，巴黎杜伊勒里(Fuileries)宫的瑞士卫兵被屠杀，当局对此犹豫不决，明显表明它早期低估了屠杀引起的普遍不满。改革派和保守派对此都感到震惊。结果只作了微调：楚格解放了它边远辖区的附属居民，伯尔尼允许少数沃的公民进入迷人的政治权力圈，以维持精英的数量(不过只有他们的子女和孙辈才有资格担任公职)。巴塞尔也推进
128 了少许社会改革。不幸的是，对于寡头统治来说，这些变革来得太晚，也太有限了。没有人愿意效法冯·穆勒和裴斯泰洛齐。他们两人曾极力主张牺牲特权以求生存。州一级政权倾向的策略依然是抵制和反对宣传。

在邦联一级，1789 年施维茨不同意续签协调边境防御联合行动的《威尔防御》，使体制的内在缺陷表现得尤为明显。同样的，圣加仑的政治家穆勒-弗里德伯格(Müller-Friedberg)呼吁签订所有州和同盟之间的新宪章，也没有反响。这种偏重地方甚于普遍利益的持续倾向，使邦联几乎不可能调动足够的政治和军事力量来抵抗法国的入侵。邦联依然是一个以自身利益为重的乡村和城市社群的集合体。结果就是，即使消极的稳定不再奏效，但因为不同的意见和传统的傲慢一直支配着议会，使议会迟迟不能在任何强有力的措施上达成一致。

法国大革命在 1792 年晚期的激进转折极大地影响了瑞士的反应，邦联保守主义的压力迫使瑞士同法国决裂。而在过去近三个世纪，它一直是法国最重要的同盟。与革命的共和国法国的关联现在产生了削

弱旧制度的危险,而不是支持。1792年欧陆战争爆发后,尽管伯尔尼的领袖想要加入同盟国,但是议会声明中立,同苏黎世的想法保持一致。结果是,已经进发到日内瓦的瑞士军队同意撤退。然而西班牙和其他同盟国仍可以自由地招募雇佣兵,这是由于瑞士议会在瑞士卫兵被害后将其军团撤出法国兵役而提供的可能。议会还处罚了在法国皇家服役的军团,他们因拿不到薪俸而反叛。这些行动将邦联推进了坚定的反革命阵营。同样的,废除帝制以后和雅各宾专政时期被迫逃亡的上百个法国贵族和其他人,后来在弗里堡和其他西部的州受到了热烈欢迎。于是,与法国的关联成为旧制度的一个弱点,而不是强化它的途径。英国通过驻瑞士的使节威廉·威克汉姆(William Wickham)进行干预,但真正的制衡作用甚微,只是惹恼了法国。巴塞尔发现自身的 129
麻烦尤其严重,因为它的银行家曾向这个现在为人所憎的君主政体慷慨借贷。尽管如此,1795年法国与普鲁士签署《巴塞尔和约》,以及奥地利在拉斯塔特的谈判开始以后,大多数州政权还以为危机已经过去。他们不曾意识到,随着"热月政变"的发生和督政府的上台,法国的视线已经越过它的边疆。特别是拿破仑在意大利获胜和1797年的"果月18日"政变[①]后,法国政权开始觊觎瑞士的土地、资源和交通线,部分是因为它们提供了和意大利的重要联系,部分是因为新政权野心勃勃的帝国主义性质。

在督政府成员阿尔萨斯人卢贝尔(Reubell)与激进派的讨论中,开始出现干预瑞士的想法。激进派的领导是拉阿尔普和巴塞尔的彼得·奥克斯(Peter Ochs)。拉阿尔普1795年被迫离开俄罗斯,在日内瓦的村庄让托(Genthod)暂住后,迁至巴黎。拉阿尔普的表亲阿梅第在法国服役的一次行动中被杀。在为阿梅第恢复名誉的努力失败后,拉阿尔普对伯尔尼的敌意更加强烈。1796年到1797年,拉阿尔普撰写了一篇关于沃的组成的雄文,在他的家乡产生了相当的影响。奥克斯是巴

① "果月18日"政变,是法国督政府中的共和派督政官为镇压王党复辟活动而组织的政变,发生于共和五年果月18日(1797年9月4日)。——译者注

塞尔的一个律师和执政者，长久以来是启蒙主义运动的支持者，受到艾斯林的影响。1790 年起他在巴塞尔任市政委员，1796 年成为行会会长。1797 年他被拿破仑请回巴黎，显然拿破仑已决定在瑞士建立一个亲法的单一国家，他相信统一是防止寡头统治和让法国控制瑞士的唯一方式。法国人意识到很容易利用瑞士的分裂。的确，奥克斯被说服在瑞士组织一场和平革命。在那时，邦联的长期同盟米卢斯，正朝着与法国一体化的方向滑动，而瓦尔特林纳成为格劳宾登的第四个联盟的要求遭到了拒绝，结果沦为法国奇萨尔皮尼(Cisalpine)的卫星国。

尽管形势愈发糟糕，但是为了应对革命，很少有将州民兵制度现代化的尝试。就连伯尔尼的军队也亟须改革，部分是因为该州又一次陷
130 入经济困境。事实上，尽管使用间谍、审查制度、镇压和反宣传的手段，瑞士的形势仍旧变得非常脆弱。寡头的传统以及为形势所迫而支持反革命的立场，使他们成为法国反对的显著目标。然而，即使当拉阿尔普在 1797 年 12 月 9 日请求法国入侵并解放沃之际，奥克斯在巴黎同督政府商议宪法之时，议会所作的也仅仅是发起更新老同盟的尝试。这从 16 世纪就再没进行过了，而这种只具象征意义的举动对于邦联大会也成了过分的要求。它花了一个月的时间去操作此事。各州之间就是如此猜疑。邦联过于僵化，以致在革命采取军事形式之前，无法应对它的影响。

到这时，法国实际上大兵压境，并且在 1797 年 12 月 28 日警告伯尔尼和弗里堡，说沃已经接受了它的保护。面对法国的威胁，议会并没有作出军事上的准备，却在 1798 年 1 月 25 日解散了。然而，几天后法国占领沃的时候，很多西部的贵族政权最终屈从于情势，交出了许多特权。一个月后，法国军队东进，伯尔尼政府被迫向其他州请求军事援助，但极少得到真正的支持。3 月初，持续战斗的军队在格拉霍茨遭受无谓的失败后，伯尔尼政权也投降了。城市被占领后，很多伯尔尼的贵族领袖遭到流放，而瑞士西部和中部的大部分地区都落入法国之手。只有在瑞士中部的山区，旧制度还在继续，并断断续续地进行反抗。

1798 年，旧秩序事实上就这样退出了全国和州一级的权力。此

外,寡头统治能够成功地将地位巩固到这个地步,也说明没有哪个本可
支持它的令人信服的新政治势力能够发展。18 世纪晚期强化旧制度
的手段貌似成功,但事实上,州一级的寡头统治过于古板和分裂,以致
无法应对新的挑战,或发展全国军事或政治组织来拯救自身。最能说
明问题的是,天主教的州一直拒绝受《威尔防御》的束缚。即使宗教力 131
量的格局已经改变,邦联的消极派也不是法国军事力量的对手。这一
点是在法国大革命的阴影之下暴露出来的。再有一点,曾经有助于维
持寡头统治的尊卑礼数在 1790 年代被摧枯拉朽般地扫除一空,而贵族
们因为没有利用早年的成功来建立一个更均衡的政权而付出了代价。
最终,瑞士的稳定被证明只是一场幻梦。1797 年后瑞士旧秩序彻底崩
溃,并将迎来半个世纪建立新政治秩序的动荡。

第五章　革命和争议（1798—1848）

132 法国1798年的侵略在瑞士引发了一场政治革命，以及半个世纪的关于新政体的合法性及其性质的争议。而且这种争议更多是发生在一个单一的瑞士政治舞台上，因此从单一的叙事角度来看待瑞士也越来越成为可能。这些肇始于1798年。当时，旧秩序因自身的综合弱点而瓦解，也是以整个民族为出发点的少数派和法国军事力量的共同作用的结果。武装干涉的可能、旧制度明显的无能及其糟糕的信用一起释放出爱国力量的热情。由于法国军队的支持，瑞士不得不接受中央集权的新海尔维第共和国来替代旧秩序，但新政权却被它的本质、权力，甚至存在本身的相关争议所困扰。因此，尽管海尔维第政权表面上统一了国家，终结了旧邦联，但它从未成功地创建一个稳定的国度。诸多关于新政体的确切本质的矛盾和争议接踵而来。直到1848年问题才最终得以解决。

事实上，海尔维第共和国很快陷入内战，拿破仑施加给它的折中方案给瑞士人带来了几年相对的稳定和富裕。但随着拿破仑的倒台，旧势力又死灰复燃。1815年，强权大国赋予瑞士一个保守的联
133 邦宪章，在一定程度上抑制了各州反动势力的企图。然而战后的政权接下来受到了神圣同盟的挑战。挑战还来自心怀不满的、1798年

后改革的自由主义支持者。得益于加快的工业化步伐,自由主义者在1830年取得突破,“革新”了大部分州的宪章,终结了恢复由州府及其精英们掌控的“旧制度”的一切希望。有些自由主义者希望变化仅止于此,另一些则希望更进一步。而后者在民族和社会问题解决方案上的抱负与倾向保守派及天主教的人士都有冲突。不同的政见最终引发了内战,激进力量获胜,从而使得瑞士首次演变成为一个真正的联邦国家。此间一切表明,瑞士都是欧洲正在显现的民族运动的一部分。

海尔维第时期:革命,反抗和宪政试验

起初的1798年瑞士革命是由巴塞尔和沃的自诩“爱国者”们发起的。从前被镇压的乡村时有强烈的反抗,在巨大的压力下,巴塞尔给予乡村和城市同等的地位。巴塞尔且在1798年2月初起草了新宪法,建立了一个国民议会。这是瑞士首个现代的代表制议会。在沃州,爱国者们攻占了西庸(Chillon)城堡。而洛桑的当地领袖建立了新的委员会,试图将城中骚乱导向更温和的方向。但是狂热情绪占了上风,1月23日到24日,一整片自由之树在城中立起,树冠上通常挂着一顶红色的弗里吉亚帽[①](Phrygian bonnet)或一顶绿色的“退尔”之帽,沃宣布成立莱芒共和国。这些进展主要是拉阿尔普和其他爱国者的功劳,他们想在如达韦尔、亨齐、裴居纳(Péguinat)这些英雄失败过的地方取得成功,但是没有法国的支持也不可能实现。事实上,日内瓦的法国居民公开地煽动沃的人民起义。当他们真的起义以后,法国军队为他们的革命提供了保障。在捷朗(Thierrens),沃的宪兵向护送一名法国使节的法国士兵开枪,并杀死一名士兵。纪尧姆·布吕内(Guillaume Brune)将军以此为借口,侵占了沃。结果法国强权政治压倒了地方的爱国热情,首次决定了一种新秩序的轮廓,接着将瑞士推进新一场破坏

① 弗里吉亚帽又称“自由之帽”,是一种圆锥形的软帽。法国大革命时期,革命者们大多佩戴红色的弗里吉亚帽。——译者注

图 5.1　1798 年巴塞尔的自由之树。作为爱国主义改革派的据点，巴塞尔效法法国革命的习惯，竖立起这些自由的象征，一个代替了传统五月柱的习俗。反对派则视其为外国统治的标志。因此，它们在海尔维第共和国覆灭后就消失了，直到 1830—1831 年才部分地重现。

134 性的战争。这种干预有助于削弱瑞士的新秩序。它恶化到了连拿破仑都不能置之不理的地步。

不过，巴塞尔和沃的事件开始激发了别处的革命热情。在瑞士各地数千棵自由之树被竖立起来，很多大众集会要求改革。特别是在图尔高的魏恩费尔登(Weinfelden)，从前的州附属百姓以经济自由和政治决策平等权的名义，发起对领主的反抗。几个小的地方共和国也昙花一现。不少贵族政权，尤其是苏黎世，很快领会了这一双重暗示，开始允许从前的附属百姓分享权力。弗里堡也起草了新宪法，接受非公
135 民进入委员会。在伯尔尼和索洛图恩。尽管变革正在进行，布吕内将军却在 2 月末派兵东进，呼吁瑞士人像他一样去建立统一的国家。弗里堡和索洛图恩立刻投降，伯尔尼当局无法得到多少同盟的援助，也在

3 月初投降。伯尔尼一被占领，城市金库就被清空，军火库被接管，城中的熊也被运往巴黎，而瑞士西部和中部的大部分地区都被法国直接控制。

爱国者们从自己的地区开始着手改革，但是法国的压力和该世纪早期的海尔维第思想遗产意味着在国家层面一定会有变革。事实上，当拿破仑拒绝由自己制定联邦规章制度的时候，奥克斯与新的巴塞尔国民议会讨论制定了一个宪法草案。巴黎的督政府制定的一个更趋保守的修改方案很快压倒了奥克斯的草案，并立刻付印，在 1798 年 2 月初就在瑞士西部流传开来。尽管有不少州许可了巴塞尔草案的修改版，法国人却拒绝替换他们的文本，并宣称接受巴塞尔方案就表示对他们自己版本的支持。于是，1798 年 4 月 12 日在阿劳，法国起草的版本得以正式公布，新的单一的海尔维第共和国宣告成立。这个国家第一次被作为单一的政体对待，更不用说还被赋予了单一的制宪文件。这个政治意义上的民族还通过赋予从前的附属领地完全州的地位而进行扩张。阿尔高、图尔高和沃都成为和现在或多或少一致的州，而位于意大利的领地和日后将成为圣加仑的州也被纳入，虽然还不是它们现代的形式。

法国军队迅速地完成了对这个国家的占领。4 月末法军开赴卢塞恩和苏黎世，虽然在罗滕图姆受到遏制，最终还是击败了由前雇佣军军官阿罗伊・睿丁(Aneien Régime)领导的施维茨武装力量。这样的持续反抗表明，尽管旧制度已在 1798 年被推翻，它的支持者们并未消失。相反，他们继续反对之后的法国统治政权，有时是武装反抗，有时从政治上反对。这些支持者们和接下来一长串短命的制宪试验有着密切的联系。

无论如何，到 1798 年 5 月末，大部分地区已经投降，可以被强迫实 136
施海尔维第体制了。纸面上，海尔维第共和国是一个非常单一的国家，行政者是一个强有力的五人执政府。每个州有一个由四个人组成的参议院，一个间接选举的议会，一个高等法院和一支志愿军队，共同构成一个完备的政府。州被降级到只是行政单位，从属于地方行政长官，不

再能够声称拥有主权或给中央制造障碍。更有甚者，州的组成经常调
137 整，难以对付的核心联盟州有时被不情愿地并入新的森林州①；伯尔尼高地被赋予自治的地位以削减其影响力。一些新的州也被分割并重新命名以减弱它们的影响。

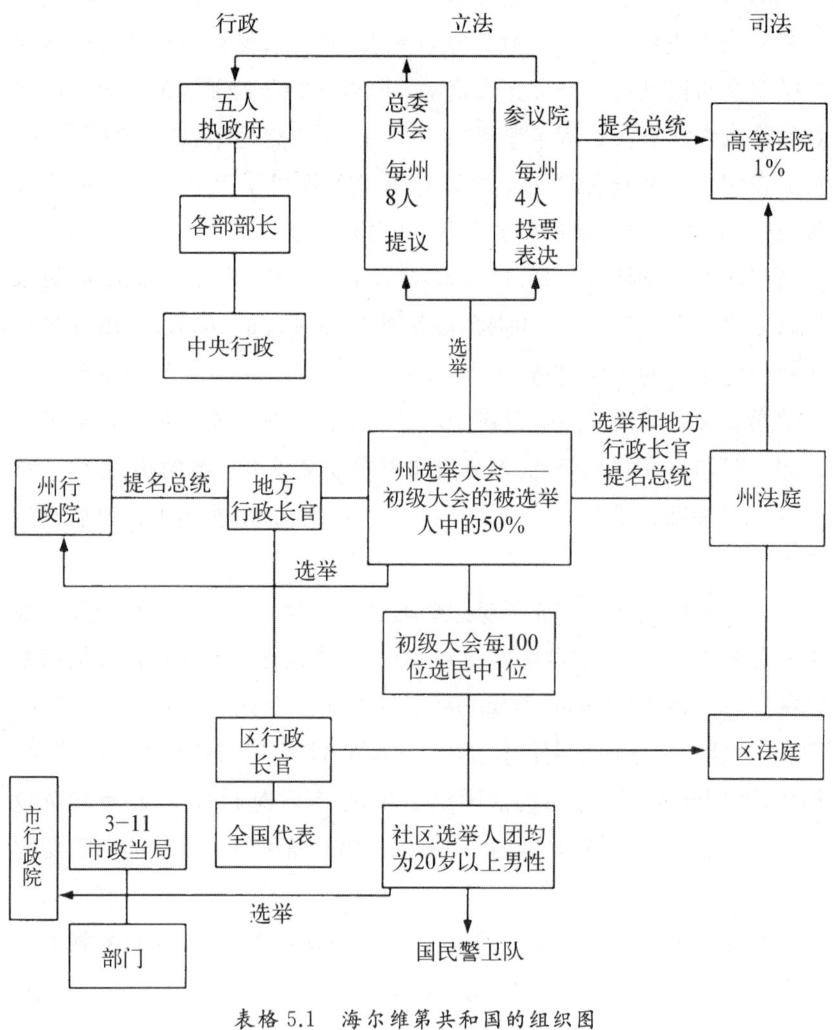

表格 5.1 海尔维第共和国的组织图

① 森林州(Waldstätten)，原指乌里、施维茨、下瓦尔登三个核心联盟州，海尔维第时期将乌里、施维茨、下瓦尔登和楚格合并成立了新的森林州。

新宪法既能确保法国的控制，又是瑞士民主制度创建者——法国的大国政策之延伸。当某些原来的海尔维第行政官敢于向巴黎挑战时，他们被拉阿尔普和奥克斯革职并取代。现实中的海尔维第共和国根本不是统一且不可分割的，还遭到了一群旧制度支持者的抵制，他们中有些是敌视新赋税的平民，有些是被革命的反宗教性质激起反感的天主教徒。新设的执政府难以施行新的集权秩序，因为它缺乏人力和物力资源，也常常遭到心怀怨恨的州的挑战。对新中央税收和与世俗化法国勾结的执政府的双重抵制——加上法国军队的劫掠——引发了人民的反抗。政府也被迫同法国签订攻守同盟。这标志着中立地位的终结。1798 年 8 月中旬，下瓦尔登人民被要求向新宪法宣誓效忠，当地人将宪法嘲讽为“地狱之册”，因为它没有任何地方向上帝祈求，结果他们造反了。他们逮捕了爱国者和官员，并调动自己的武装力量，但是最终被击败，损失惨重。裴斯泰洛齐在施坦斯修建了著名的孤儿院，照料和教育这场冲突遗留下的很多孤儿。

1799 年 2 月，法国向第二次反法同盟开战，部分因为反抗者对奥地利的军事援助寄予希望。战争给瑞士造成重创，不仅因为法国人试图根据新协约的允诺召集 1.8 万名瑞士士兵，也因为瑞士受到无数的征用，土地因战争而荒芜，农业因缺乏牲畜和无法种植而陷于瘫痪。1799 年到 1800 年的冬天发生了饥荒。战争初期对法国有利，马塞纳(Masséna)指挥下的法军占领了格劳宾登，将其变成一个新的完整的州。而当法国开始在意大利丧失阵地时，马塞纳向西北撤退，结果在 6 138
月 4 日的第一次苏黎世战役中被击败。虽然他能够撤退到利马特河左岸的一个防御性位置，但是瑞士东部和南部的大部分地区落入奥地利之手。而奥地利得到了英国在财力和政治活动上的支持。在楚格，反革命势力抬头，而伯尔尼的外交官及行政官是卡尔·路德维格·冯·哈勒(Karl Ladwig Von Haller)，阿尔布莱希特·冯·哈勒之子。他与改革派决裂后，开始通过他的报纸《海尔维西亚年报》(*The Annals of Helvetia*)来攻击新秩序，对革命爱国主义进行意识形态的挑战。

当俄国军队在科萨科夫(Korsakov)的率领下从意大利推进，来缓解奥地利的困境时，法国的形势变得危急。但是，俄国军队在战略战术上不敌法军，1799 年 9 月 25 日至 26 日，马塞纳在第二次苏黎世战役中重创俄军。苏沃洛夫(Suvorov)率领的另一支俄国军队试图为科萨科夫解围，但是无法穿越哥达山口，只得被迫从阿尔卑斯山撤退。到 1799 年底，惨遭破坏的瑞士又一次摆脱了同盟的军队。

在战争期间，政府被严重削弱，不得不从卢塞恩撤到伯尔尼。但拉阿尔普仍选择将奥克斯排挤出去，理由是他过于亲法。政府还试图废除什一税和封建税，但根本没有提供所需补偿的资源。最终，拉阿尔普试图模仿拿破仑，自己发动政变来巩固这个政权。但是第一执政官认为拉阿尔普过于理想主义和独立，不符合他保守主义的趣味，倾向于议会中由保罗·乌斯特里(Pawl Usteri)领导的温和的共和主义分子。乌斯特里是苏黎世的一位杰出的科学家和记者，他在 1800 年 1 月 8 日肃清拉阿尔普，将他长期流放。这些事件打破了既有规则，因而增加了不稳定因素。特别是新的领导层自己也只持续到 1800 年 8 月，接着就被其他温和派肃清。取而代之的是一个被提名的立法会，直到新宪法的制定。买断封建税的尝试尽管失败了，却在东部引发了新秩序反对者中一拨分离主义者的起义。而 1798 年后宪法无休无止地修订也激起了施维茨和其他传统主义地区的反对。

139 与此同时，拿破仑自己也厌倦了关于瑞士宪法的争论，决定在 1801 年 5 月 29 日签署一份新的宪法草案。他的提议重新认可了州的自决权，同时依然维持单一国家的政治实体。瑞士的政客们大部分对拿破仑的努力置之不理。在沃州，选举人团中有一半人发出请愿，要回归伯尔尼的统治。接下来的一场政变让联邦主义派上台掌权。他们信奉州的独立，只要不是旧制度整体复辟。他们的领袖阿罗伊·睿丁同奥地利眉来眼去，反对将瓦莱从邦联中分离出去，因而激起了拿破仑的愤怒。经过了一场失败的宪法全民公决，睿丁的政府在 1802 年 4 月 17 日被支持海尔维第共和国的中央集权派罢黜。他们(中央集权)由来自阿尔高的亲法的约翰·鲁道夫·多德(Johann Rudolf Dolder)领导。5 月，基于拿破仑的草案，一个包含强大的执政主体的新宪法交由全民公决。尽管赞成票只有 7.29 万票，比反对票少 2 万张，新宪法仍然被宣布通过，理由是 16.7 万张弃权票是支持新秩序的有效选票。但是，现实情况是地方一级反对新秩序，对于变革的持续抵制仍非常强烈。

这仅仅是中央集权政府诸多的问题之一。除此之外，它行将破产，正面临着大规模的社会异议。在沃州，“烧纸起义”(Bourla-Papey)运动以焚烧什一税的记录来抗议赎买封建税的高额成本，迫使当局在不计任何补偿的条件下废除赋税。总体而言，这个国家似乎正在陷入多重内战，给了梦想幻灭的拿破仑帮助瑞士人重拾理智的机会。他撤出法国军队，把政权交给命运安排。联邦主义分子的反抗爆发了，他们的矛头指向卢塞恩，睿丁试图在那里重召旧议会。中央集权政府镇压反抗的尝试彻底失败，但是刺激了东北部权利受到侵害的农民，他们拿起棍棒和农业用具上场——这就是“杵棒战争”名字的由来。最终，中央集权派的军队被赶回沃州，并于 1802 年 10 月 3 日被打败。

这种混乱的局面验证了拿破仑关于瑞士人无法自己统治国家的观
点。恢复的议会从未召开会议，拿破仑借机下令停战，派法国军队回到 140
瑞士，防止联邦主义分子向中央集权派打击报复，并胁迫多数瑞士精英参加在圣克劳德(St Cloud)举行的协商会议，以起草一个长久的解决方案。大多数瑞士代表意识到除此之外的选择不过是又一场致命的军事打击。协商会上主要是联邦主义代表，他们同三个熟谙瑞士事务的法国助手进行讨论。在这些谈话的基础上，再加上拿破仑自己相信，只能和各州一起统治瑞士，而不是和他们作对(就像海尔维第共和国所尝试的)，一个草案制订出来了，在提交拿破仑修订之后于 1803 年 2 月 19 日颁布。

三个星期后，在历史上占有一席之地的海尔维第共和国解散。它曾赋予瑞士统一、象征、机构和国民权，并增加了州的数目，第一次正式地使用州这个字眼。但是，它无法在国家和州之间创造长久的平衡，也从来不曾取得合法性，或是得到大众的支持。因为和法国捆绑得过于紧密，它既不能成功地营造一种民族身份感，也无法使众人心甘情愿地包容它的存在。作为一个失败的国家,就连它的自由化的经济立场也受到了质疑。

调停:勉强的和平

如果说接下来的十年对于瑞士人而言更为幸福的话,他们的平静和稳定是建立在较浅的根基上的。1813 年的莱比锡(Leipzig)战役就证明了这一点。这部分是因为政权的稳定建立在法国的军事胜利上,部分是因为对复辟旧制度的支持还没有被完全消除,只是被调停法令掩盖了。这是对反抗势力作出了让步,但是因为它保持了新式的瑞士国家,又让保守派很不开心。因此在拿破仑覆灭后,同盟不得不介入以遏制保守派的力量,确保稳定局面的持续。

《调停法令》(*The Mediation Act*)是 1813 年至 1814 年政权的基石,由绪言(强调国家的联邦性质),十九部州宪法——包括格劳宾登、圣加仑和提契诺,这几个州就在它们现代的边界之内——和联邦宪章
142 组成。尽管各州拥有了新的平等地位,但是各自的宪法还是有很大的区别。天主教州维持着一种狭隘的选举权和不对外开放的权力,而新的州则更加民主。尽管如此,在任何情况下,都是州持有主权。邦联宪法最后出现的事实就是这种特点的体现。新政权由一个执政的州主持,各州轮流,称为“首府州”,首脑是新行政委员会的主席。新的行政委员会是一个权力相当有限的主体。作为一个州的合体,瑞士部分回归了旧制度的模式。《调停法令》让地主、贵族官员和世袭贵族得以恢复权力。所有这些都符合拿破仑的断言,即新的方案意味着瑞士革命的结束。更重要的是,瑞士依然是法国的保护国。法国仍旧通过 1803 年 9 月 27 日的新军事同盟控制着瑞士。这样一来,尽管拿破仑声称“退尔的子孙不应身披锁链”,法国仍然能够从瑞士征召 1.6 万人的队伍,并有权召开议会。拿破仑的这种修辞反映出退尔的传说已被法国大革命所采用,而且在 1804 年席勒的剧作出版后,它也被欧洲大部分地区接受了。讽刺的是,席勒似乎并不相信退尔的历史真实性,而是将他视作人类处境的一个象征,但他的剧作将会在瑞士国内激起巨大的

141

图 5.2 路易·奥古斯特·菲利普·达弗里。作为在法国军队中服役的前士兵和瑞士政治中的领导角色,达弗里是拿破仑非常熟悉的人物。拿破仑在 1803 年任命他为调停法令下的第一个州政府主席,同时也昭示了议会在他的家乡弗里堡召开的事实。他很有能力,因此 1809 年被再次任命。在这里,他和新宪法被绘入画中,传达出一种鼓励将新政权和老派精英联系起来的意味,因而使保守派对一个他们能勉强接受的方案消除疑虑。

反响。比如说，约翰内斯・冯・穆勒不得不因此修订历史，以突出退尔的故事。

虽然新政权于 1803 年 7 月 4 日在新一波的农民反抗浪潮中诞生了，如苏黎世农民纵队向首都进军，要求恢复 1798 年以来他们享有的政治权力，但是，“调停法令”时期显而易见是瑞士较好的一个时期。因为有了和平和 1806 年后拿破仑的大陆封锁政策提供的保护，瑞士经济开始增长。大陆封锁政策截断了竞争力强劲的英国纺织品进口，激励瑞士人进行自己的机械化生产。在政府的鼓励下，1801 年，来自沃州的一个名叫佩力斯(Pellis)的企业家在圣加仑修建了第一个机械化的棉纺织厂。阿彭策尔和苏黎世也迅速开始实验。到了 1814 年，瑞士已
143 有 1 700 个机械化纺织厂，每年还有更多新厂出现，这使瑞士能源消耗首次超过了人力和畜力所能供应的范围。冶金和巧克力生产的机械化也开始了。这个时期不仅有瑞士工业革命的发展，也有农业的进步，因为什一税已被废除。调停时期的政府也鼓励建设公共项目，如新修辛普朗公路和格拉鲁斯的连特河(river Linth)治理。尽管有 1803 年至 1806 年和 1811 年至 1812 年的危机，社会问题依然得到了缓和，人口增长也在持续。

比起海尔维第的短暂插曲，这一时期大众的民族情感更加深化，主要是通过成立新的国家协会，比如 1807 年的经过改组的海尔维第协会，1810 年的瑞士公用事业协会，以及 1813 年的瑞士历史研究协会。约翰内斯・冯・穆勒在 1805 年和 1808 年出版了中世纪瑞士史的第四卷和第五卷，著作的成功反映了人们对历史的兴趣。更富平民色彩的活动繁荣起来，比如 1805 年和 1808 年在因特拉肯成功举办的民间活动“牧羊人节”，其特色就是摔跤、掷旗和唱岳得尔调(yodelling)。来自《瑞士家庭鲁滨逊》(*The Swiss Family Robinson*)作者家族的约翰-鲁道夫・威(Johan-Rodolf Wyss)，创作了《祖国，请你召唤》的歌曲，采用的是“天佑吾王”的旋律。它很多年以来都是瑞士的国歌。民族情感明显渗透了社会各个阶层，而不仅仅是精英群体。

来自法国的压力也给这个时期蒙上了阴影。瑞士不得不接受法国

征兵,征兵也不总是受人欢迎的。大约 3.05 万名瑞士士兵在拿破仑"大军"中服役,有些甚至作为海军登上了特拉法加(trafalgar)的战舰,有些在俄罗斯战役的前线作战,生还者寥寥。中立立场无人顾及,瑞士的独立依然有风险,因为拿破仑在考虑将其吞并。但是这并没有发生,而纳沙泰尔被划分为拿破仑的参谋长贝尔蒂埃(Berthier)的侯国,瓦莱变成了驻守辛普朗关隘的法国部门,而提契诺在 1810 年被法国占领。这些损失进一步验证了政权不会赢得广泛的支持,哪怕是拿破仑将权力交付给的联邦党人。最终,调停政府依赖的是法国的军事力量。1813 年 10 月 16 到 19 日拿破仑在莱比锡遭受重大失败后,这个政府开始衰落,国家级别和州级别的权力都是如此,而之前休眠的政治企图又再次开始显现。在国家的层面上,议会大张旗鼓地重申主权,派代表 144
团到拿破仑那里,正告他瑞士从此将保持中立。拿破仑此时倒是欢迎,因为这为他的西南侧翼提供了保证。议会还征召 1 万兵士驻守莱茵河。但是,它重申中立的尝试却受到了国内反动分子的抵制。反动派期望得到同盟的援助,奥地利将军布勃纳(Bubna)和他的 13 万人的大军却置之不理。这支军队开进瑞士,从阿尔高行至日内瓦,并于 12 月解放了日内瓦。讽刺的是,布勃纳利用自己的影响力,防止伯尔尼镇压阿尔高和沃州,防止日内瓦回到 1770 年代的制度。他比老派的寡头更加清楚,这种行动炮制着新的内战。

1813 年 12 月 29 日,邦联议会宣布调停政府瓦解,并开始着手召开新的会议。保守主义的州起初反对这个举动,因为它们想要重新召开旧制度的议会。这些抵抗显示,旧贵族政权又死灰复燃,攫取了权力,重申他们旧有的特权。抵抗运动开始于 12 月的伯尔尼,并在弗里堡、卢塞恩、沙夫豪森和瓦莱持续。1814 年 2 月中旬,卢塞恩还发生了一次武装政变。这些事件表明,调停政府虽然给瑞士带来一些好处,人们只是被强迫才接受它。瑞士人依然心向旧秩序。但是,复辟的反革命势力激怒了图尔高的惊惶的农民,他们在弗劳恩费尔德游行,要求保留新近获得的权利。这个国家事实上又到了内战的边缘。由于国外的压力,保守派才极为艰难地被劝服,于 4 月到苏黎世参加了后人所称的“长议会”[1]。

外国强权，尤其是俄国大使科博·迪斯特里尔(Capo d'Istria)，意在让邦联议会制定一个新的宪法，但保守派觉得没有必要。神圣同盟[2]却坚持要保留法国在从前的附属领地和联盟中创立的新州，并且增加了日内瓦、纳沙泰尔和瓦莱三个州。2 月，宪法草案得到批准，但后来又在维也纳会议上由神圣同盟修订。事实上，同盟施加了相当大的压力，才将一个新的折中政权强加给瑞士人，但仍有很多瑞士人想要回归旧制度。

145 瑞士派到同盟的代表团关于边界问题的谈判进行得很艰难。军队想要大幅延长边界线，以建立可防御的边疆，但是在法国的封锁下，大多都不成功。相应的，瓦尔特林纳也没有归还格劳宾登州。作为“领土”损失的补偿，伯尔尼获得了前巴塞尔主教区在汝拉的土地。最终这桩交易在 1815 年 3 月通过，使瑞士的国土比从前略微扩大了一点，也更强大了一些。邦联议会正式投票接受日内瓦、纳沙泰尔和瓦莱州的地位，表明瑞士人愿意接受革命的结果和新的民族愿望，此后 1814 年 9 月 7 日神圣同盟通过了新宪章。

这些进展都没有被拿破仑的“百日复兴”扰乱，尽管他的复位迫使邦联议会显示更大的决心，仓促宣战。冯·贝克曼(Von Bachman)将军率领 2 万名将士进军弗朗什-孔泰(Franche Comté)，把守边疆，支持瑞士对汝拉的所有权。不幸的是，这被证明是瑞士军事史上最不光彩的一页，很多士兵因供给不足而哗变，拒绝在瑞士境外服役。而准备侵略法国的奥地利军队对此毫不理睬，还是穿越瑞士国境。尽管如此，1815 年 8 月中旬，行将解散的“长议会”颁布了新宪章。此前的 6 月 9 日，皮克蒂·德·西什蒙(Pictet de Rochemont)，日内瓦的一个高级代表，说服了同盟承认瑞士的中立于欧洲整体利益有利。1815 年 11 月

① 长议会(Long Diet)，于 1814 年 4 月召开，19 个州都派来代表，商讨宪法的更替。于 1815 年 8 月解散。——译者注

② 神圣同盟，由普鲁士、奥地利和俄罗斯组成。三个帝国负责监督在维也纳制定的欧洲和平秩序是否得到遵守。本章中的“同盟”都作此解。——译者注

20日,同盟颁布声明,正式确认瑞士中立。

新宪章本质上是一个主权州间的和约。各州相互保障他们自身的安全和制度——常具保守倾向——并在严格的授权下向议会派驻代表。宪章没有设立州政府主席、国家立法机构或权力分立,但还是超越了《调停法令》,向一个瑞士联邦迈进了一步,瑞士联邦[1]这个名词也是第一次正式使用。新宪章向一个共同的祖国作出承诺,赋予联邦新的权力。重要的是,议会能够通过三分之二的多数作出具有约束力的决定。各州禁止在内部建立联盟,议会有责任维持联邦决定,这是一个新 146
的权力。议会同样要维护贸易、外交和防御等。瑞士历史上第一次建立了一支国家军队,即使它只是由州军团组成的。

复辟、自由主义和"革新":1815—1831

可惜的是,这个方案无法终止关于谁应掌控新政权的争端。这将是接下来50年左右的主题之一,因为革命时期的事件对于进步的舆论具有持久的影响,产生了新的爱国和反保守主义运动。变革的支持者发展了新的自由主义信条,最终在1829年至1831年打破了反抗势力,终结了那些想要恢复旧制度者的希望。而反革命的复辟在1814年至1815年似乎还是有可能的,由于贵族在动荡时期获利,得以重新取得不少旧有的控制权。事实上,弗里堡只是重新任命了1789年后依然存在的总委员会的75名成员。老派精英也重新获得了雇佣军合同的控制权。提倡新意识形态的哈勒在他的1816年《国家政治学的复辟》(*Restauration der Staatswissens-chaften*)中为其背书,他声称政权的合法性只由历史特权和共同体的自由决定。强权们已经参与了修订新宪章,但还是没有停止干涉瑞士内政,他们认为这是中立所允许的。瑞士首先被迫在1817年表达了一种对"神圣同盟"模糊的依附。六年之后,它又通过了"新闻媒体和难民的封锁令"。这些措施反映了同盟对于瑞士包容新闻自由和政治难民的厌恶,并导致了更多的审查和驱逐。

① 参见词汇表的名字解释。——译者注

在实践中，很多州通常选择回避引渡的请求。

新的形势挑战着那些从海尔维第和调停政权中获益的人：知识分子，乡村和小镇的中产阶级和农民。共同体、领土和大公司的旧权力的恢复让他们付出了昂贵的代价，也与他们正在显现的意识形态互相冲突。新的自由主义（正如后来为人所知的那样）强调权力、代议制政府
147 和教育，在沃州人邦雅曼·贡斯当（Benjamin Constant）的著作中找到了焦点，贡斯当那时是法国下议院的成员。他在1816年出版的《古代人的自由与现代人的自由》（*The Liberty of the Ancients Compared with that of the Moderns*）一书中提出，欧洲应该追随英国的先驱。尽管自由主义开始无法影响复辟的政权，但它使瑞士在政治和思想争议中的分歧一直持续到19世纪。

矛盾通常是由同时代的经济问题导致的。短暂的战后繁荣期过后，是1816年到1818年的严重的经济低谷，部分是因为英国纺织业的竞争又回来了，严重地打击了手工工人。但是瑞士也遭受了它迄今为止的最后一次农业歉收，造成了饥荒和大量外出移民。他们移往并不成功的位于巴西的殖民地新弗里堡。阿劳的印刷工人创立了自己的疾病和伤残救助体系。一些企业家发家致富，比如乌伊蒂孔第（Utikon）一家化工厂的创建者。可是，政府却显得十分无助。当复辟政权开始恢复行会和国内关税时，情况更加恶化。大约400家收费站强迫商旅从驮马身上卸货检查、重装，给贸易造成巨大的阻碍。州中还拒绝赋予来自其他州的瑞士人自由定居权。那些因此而受苦的人们发起抗议，1820年沙夫豪森的反税罢工就是一例。

1821年的欧洲革命进一步刺激了新一批志愿团体的出现，最终为自由主义的民族运动奠定了基础。这些团体包括学生社团，比如1819年的祖芬根社团，1821年历史主题的森帕赫社团，还有1824年的“神枪手”协会。复兴的海尔维第协会也起到日益重要的政治作用。历史思考持续影响着政治运动，卢塞恩的狮子纪念碑就是为了纪念1792年在杜伊勒里宫被杀害的瑞士雇佣兵而设计的。新联邦的主要成就也增强了民族情感，如军队施行新规定后的发展，以及1818年用海关收入

征税所资助的图恩的职业培训学校。在 1820 年代,军队在纪尧姆-亨
利 · 杜富尔(Henri Dufour)的带领下——在帮助建立军事学院以前, 148
他是在拿破仑的军队中服役的士兵和工程师——开始绘制具有开创性
的瑞士地图。这被视为 1848 年前少有的瑞士项目之一。

自由主义和有政治态度的报纸的出现互为因果,如 1821 年创立的《阿劳报》和恢复的《新苏黎世报》(*Neue Zürcher Zeitung*),还有七年以后的《阿彭策尔报》(*Appenzeller Zeitung*)。在西部,由希腊反抗土耳其而激发起来的"亲希腊主义",对瑞士的民族情感有重大影响。当权者对瑞士政治的控制也被宗教界的"觉醒"运动削弱。这一运动通过重新强调圣经文本、个人信仰和系统化的宗教仪式,挑战着根深蒂固的新教教会,尤其是在日内瓦和沃。同时,天主教会也受到光明会教义和神秘主义的影响,还有受到耶稣会的呼召、对其主教区及其与国家关系重组的影响。

在 1820 年代晚期,经济大幅增长,对战后政权的反对也增强了。人口上升,到 1830 年已增至 210 万。越来越多的农民拥有田产,种植谷物,使得内地成为推动着瑞士农业发展的动力。即使如此,瑞士的粮食还是不能自给自足,需要通过向东欧出口工业产品来创收,以购买粮食。这保证了瑞士一直支持自由贸易,尽管在 1822 年只有山地州阻止了对法国保护主义的报复。随着机械化的发展,瑞士已占到所有机械化棉纺织品生产的 23%,并向全球出口纺织品。对很多从事这些行业的人来说,复辟政权的限制和羞辱变得愈发难以忍受。事实上,对机械化纺织的反对导致了 1832 年乌斯特(Uster)一家备受憎恨的先锋工厂被破坏。这是由当时正在滋长的要求政治变革的运动所激发的。

不断滋生的不满在自由主义的社会运动中有明显的表现,如在伯
尔尼的汝拉地区和下瓦莱立起了自由树。沙夫豪森和卢塞恩的宪法更
改强化了议会,并给予农村人口更多权重,而日内瓦也在一系列请愿后
作出程序上的谨慎更改。即使沃州和瓦莱州拒绝了类似的请愿要求,
社会压力明显变得越来越难以抵挡。1828 年,格拉鲁斯废除了审查制 149
度,反映了一个需求自由媒体的市场的兴起。1829 年联邦议会也如法

炮制,正式废止了新闻的“封锁令”。同年,自由主义继续发酵,体现在阿尔高对某些官员任期过长的抗议风潮中,还有巴塞尔和苏黎世的农村手工业者抗议经济限制。在内阿彭策尔也发生了激烈的冲突,迫使联邦议会出面干预,导致体制变革,限制了操纵体制欲恢复旧制度的老派家族的权力。在沃州,要求改革的大规模请愿令恐慌的政府先行一步,修改了宪法,却发现有限的条款更加剧了民众的不满。

那时,提契诺的事件已经导致了第一次真正的体制突破。1829 年 5 月,精英阶层中的个人竞争对手让前州政府主席麦吉(Maggi)提议改革,将选举权赋予边远地区。尽管地方独裁者吉安·巴蒂斯塔·考德里(Gian Battista Quadri)断然拒绝,这个建议还是得到了巨大的支持,尤其是在年轻的知识分子教师斯蒂法诺·弗兰奇尼(Stefano Franscini)于 1830 年 1 月在《提契尼宪法改革》(*Della Riforma della Costituzione Ticinese*)的小册子里宣传之后。这些对精英统治阶层施加了足够的压力,迫使他们断绝与考德里的关系,在 6 月末通过了一个改革方案,并在 7 月 4 日进行全民公决中一致通过这个决议。这比巴黎七月革命还早得多,到现在都被称为“提契诺人民的初恋”。

因此,可以说 7 月的空气里弥漫着暴风雨的气息,来自巴黎的消息——瑞士雇佣兵因之被迅速撤回——加速了瑞士全国范围内正在发生的请愿和抗议的进程。虽然 9 月 22 日的首府州建议人民冷静,并抵制变革,但已为时太晚。那时,在阿尔高拖延改革的手段已经引发了选民罢工,还有阿劳的公众游行的威胁。10 月,图尔高和苏黎世都经历着要求变革的巨大压力,在小册子作者托马斯·波恩豪瑟(Thomas Bornhauser)牧师和流亡德国的路德维希·斯内尔(Ludwig Snell)的鼓励和号召下,上千人进行集会。这些迫使召开制宪大会,目的是制定新的宪法。在阿尔高、弗里堡、卢塞恩和沃,州首府的公众游行引发了类
150 似的变革。面对着全民动员,联邦议会改变了心意,于 12 月 27 日承认了各州更改宪法的主权;巴塞尔、伯尔尼、卢塞恩、沙夫豪森、索洛图恩和圣加仑的州政府都让步了。就连日内瓦和纳沙泰尔这样未被运动直接影响的州,也认为作出调整是明智之举。只有核心联盟州、格劳宾登

和瓦莱这几个州还逆潮流而动,这潮流就是历史学家随斯内尔称之为"革新"的大多数州进行的自由主义宪法改革。

"革新"对于农民和小城镇的中产阶级而言是明确的胜利,他们长久以来在州首府的手中受尽歧视。这为他们带来了新的社会、政治和个体权力。首先,封建特权和1815年重启的经济限制被取消了。有趣的是,城墙在这段时期也被推倒,首府城市向围绕它们的乡村开放了。"革新"还改组了机构,尤其是赋予州议会更多权力,使它们更具有代表性。比如在苏黎世,农村在改组后的州议会中得到了三分之二的议席。改革也加强了权力分立,限制了官员任期,创立了合议制政府。多数宪法需要公众投票通过,并且成为一种常规,改革还引入了新的直接选举权,比如在圣加仑和巴塞尔乡村州建立的公众否决权,或是挑战新立法的权力。即使是在没有新宪法的地方,很多州也施行了局部的修订。"革新"终结了审查制度,极大地促进了新闻出版和教育事业。这些变化给任何残存的回归旧制度的希望画上了句号,因而创立了一种新的政治。

自由主义和民族主义的失败

同之前的1815年方案一样,自由主义在1830年左右的胜利也并未结束争论。事实上,它还常常激化了矛盾,部分是因为州宪法虽已经过现代化的变革,但被证明无法将现代化更进一步,也无法将"革新"转 151
移到国家的层面上来。很多自由主义者满足于现状,不想看到社会变化或是建立更加统一的联邦,因为那样可能会挫伤他们新近获得的自决权。部分也因为不是所有的州都愿意以"革新"的方式来重新调整领地不均。于是在1830年代初期的巴塞尔,农村居民在年轻律师斯蒂芬・古茨维勒(Stefan Gutzwiller)的领导下,感到必须推动"革新"后的州总委员会的公平代表份额,并推动城市市场的自由进入。当他们在元旦日的要求没有被立刻接受时,农村居民在利斯塔尔(Liestal)成立了他们自己的临时统治机构,被州军事武装镇压下去了。农村对此的回应是,拒绝接受修订过的宪法——它只提供了代表权均等——并继续煽动反抗。1831 年 8 月,城市武装又袭击了利斯塔尔,却被耻辱地击退,留下了 13 具尸体。联邦议会不得不派出 4 000 人的军队来隔离双方,并由此允许建立了一个新的巴塞尔乡村半州。城市拒绝放弃,在 1832 年 4 月 6 日至 7 日发动夜袭,结果又在盖特金登(Gelterkinden)被打败。最终,联邦议会默许了分裂,于 1832 年秋天撤回了它的军队。但是城市依然固执,发起最后的军事打击,企图保留所有的领地和特权,1833 年 8 月初却在普拉特恩(Pratteln)和利斯塔尔被击退,损失了 65 名民兵。此后,所有各方接受了两个半州的不可避免的结果,城市开始相应地修订它的宪法。

地域歧视在施维茨变得更为体制化,所谓的外区在总委员会中只允许占有三分之一的席位。在巴塞尔前例的鼓励下,施维茨外区建立了自己的州民大会,创建了自己的政治实体,被联邦议会承认为半州。1833 年 7 月,施维茨内区的武装占领了屈斯纳赫特(Küssnacht),联邦议会出面干涉,派 8 000 人的军队来阻止他们。这个行动,加上对于分裂州的普遍厌恶,导致施维茨原有领地作出妥协。由于在州中最大的
152 地主阿罗伊・艾伯・伊伯格(Alois Ab Yberg)的领导下,保守派仍然掌权,冲突一直持续了整个 1830 年代。这两次抵制改革的尝试导致七个改革州在 1832 年 5 月成立了一个防御同盟,即所谓的“锡伯那协定”(Sarnerbund)。作为回应,11 月 6 日,五个保守主义的州成立了它们自己的“萨尔嫩联盟”以示反对,因为他们觉得半州不符合宪法,可能也不符合信仰。但是巴塞尔和施维茨的保守派失败以后,联邦议会解散了这些特别的联盟。尽管如此,自由主义和保守主义两个阵营之间的敌意仍在持续。

153 此外,同时期在“革新”运动的支持者中出现了一种新的分裂,取决于他们将这些变化视为改革的开始还是终结。很多新的自由主义派当政者倾向于守着他们的桂冠,相信专制主义已经作出了足够的让步。他们觉得任何进一步的变化都应该是渐进的,不应由政府来干预经济或提供社会援助。自由主义分子中有很多将进一步的民主化视为威胁。另外一部分自由主义者谋求通过直接民主、男性普选权、提高生活

图 5.3　1832 年 11 月乌斯特的大火。画中被烧毁的建筑是苏黎世州奥伯如斯特(Oberuster)的一个机械化的纺织厂,由科罗迪(Corrodi)和普费思特(Pfister)两人所有,是当地第一个修建的这类工厂。当地纺织业机械化的反对者放火,表现了革新背后的社会压力。民众的愤怒也同当时盛行的改革主义风潮有关。大火和接下来的剥夺权利都不能阻止机械化纺织业在这一地区发展,到 1850 年,苏黎世已有瑞士密度最高的纺织厂。

水平的经济手段和更多的世俗教育来实现政治进步。这些人被称作
“进步的自由主义者”、自由思想者或更为人们熟知的“激进派”,他们的 154
运动采取了有限的组织形式。它借用了 1831 年创立的类军事化的“射击协会”(Schütenzen-verein)的组织形式。这个协会是从海尔维第协会分离出来的。它还借用了 1835 年成立的“国民协会”(National Association)的组织形式。他们的教育理念与天主教州发生了具体的冲突,那里由教会控制学校,保守派迅速建立起自己的防御组织来捍卫天主教的利益。

这些冲突也滋长了关于新联邦本质的争议。民族情感也受到了

图 5.4 1831 年，斯蒂芬·古茨维勒(Stephan Gutzwiller)主持巴塞尔乡村半州制宪会议。会议在户外一群热情的会众中召开，因为新成立的半州没有办公场所。古茨维勒是来自特维尔的一位 30 岁的律师，他是巴塞尔“革新”运动的领袖之一，他对平等权利的支持推动了突发的乡村地区分裂。直到 1840 年代，他一直是改革派领袖，后来又领导保守派抵制 1860 年代的民主浪潮，那时改革派的支持者们已经分化为激进派和温和派。

“革新”的鼓舞。早前，图尔高在联邦议会的代表要求建立更加强大的政府和司法制度。1832 年 7 月，这一建议被提交给流亡的意大利学者佩莱格里诺·罗西(Pellegrino Rossi)领导的委员会。报告提出温和的改革步骤，即创建一个拥有更多资源和强大权力的政府，但州主权保持不变。这对保守派还是过于极端了，就连沃州这样“革新”过的自由主义政府也感觉如此，而在激进派看来，又过于谨慎。只有九个州支持这些提案，但到 1833 年 10 月，提案都正式作废了。然而，建立更强大的政府的和更强硬地抵御外国干预的欲望远没有消亡。

关于外国干预瑞士内政的担忧反映了这一事实：虽然军队已经改革、纪尧姆-亨利·杜富尔(Guillaume-Henri Dufour)被任命为参谋长，但瑞士仍然受到新的外部势力的威胁。比如,1834 年 2 月,马志尼(Mazzini)对萨伏伊发动全面侵略的失败,导致了对提契尼的封锁。1830 年代后期,当瑞士拒绝按照奥尔良君主的要求驱逐路易-拿破仑(Louis-Napoleon,那时是图尔高的民兵军官)时,又产生了对于法国侵略的恐惧。在以奥地利首相梅特涅(Metternich)为中心的保守势力的挑动下,外国政府也要求实施更严格的审查制度,并驱逐受到保守派镇压的流亡者。对这种压力的不满可以解释 1833 年瑞士军官协会成立的缘由,也为进一步的军事改革提供了动力。为了发扬民族情感,1832 年和 1843 年成立了国家体操协会和歌唱协会。1841 年,来自乌里的作曲家阿尔贝里克·茨威西格(Alberik Zwyssig)创作了《瑞士诗篇》(*Swiss hymn*),最终取代了威斯的作品成为瑞士国歌。但是这些进展 155
并不能开创一条建立新民族新国家的坦途。充分吸取 1830 年代自由主义和爱国主义的失败的教训,还需要新的因素。

宗教、激进主义和内战

事实上,从 1830 年代开始,所有这些冲突就像围绕政治改革的问题一样,越来越和宗教问题纠缠不清。面对激进主义和爱国主义愈发强大的势力,保守派越来越关注的是捍卫复兴天主教的权力,而不再是旧制度的复辟。由于各方都不惜使用暴力来推动他们的事业,天主教的反抗起初使国家陷入内战。而 1847 年它的失败为将瑞士建成真正的联邦国家,而不是一个松散的联邦扫清了道路。

宗教问题最初露出头角是在 1834 年:六个革新州同意签署《巴登条款》(*the Articles of Baden*)——讽刺的是也包括自由主义派领导的天主教州。这一条款为了谋求一个自治的瑞士天主教会,对神学院、婚姻和节日事务制定了新规则。尽管修订的条款与其他很多天主教国家的相似,还是在瑞士遭到了强烈反对,保守的瑞士天主教及其爱好宣教的神职人员的活动益发激烈和政治化,与这些条款无法相容。1836 年,西奥多·艾伯·伊伯格(Theodor Ab Yberg)将耶稣会会士和罗马教廷使节召回施维茨,就是上述问题的表现。

三年后，在信仰新教的苏黎世爆发了一场更为激烈的宗教冲突。农民抱着“宗教面临危险”的信念在首府游行。这是对政府委任大卫·施特劳斯(David Strauss)为神学教授的回应。施特劳斯是一位德国神学家，因对基督神性的怀疑而出名。在游行中有 14 人死亡，导致了政府下台，并由约翰·卡斯帕·布朗奇里(Johann Caspar Bluntschli)领
156 导的一个坚决反对激进的政府取代。施特劳斯事件也增强了天主教对于国家路线的关注。在卢塞恩，艾伯索(Ebersoll)的约瑟夫·刘(Joseph Leu)，一个狂热而富有煽动力的天主教信徒，领导天主教活动分子推动《巴登条款》的废除，以及对耶稣会会士的召回。他成立了一个天主教兄弟会来捍卫教会对教育的控制。在他的影响下，卢塞恩 1841 年通过新的州宪法禁止信仰新教。在瓦莱和提契诺，天主教保守派也反对激进的改革。卢塞恩的一小拨人在约瑟夫·游提克·考普(Joseph Eutych Kopp)的著作的鼓励下，甚至开始怀疑退尔故事的合法性，因为退尔以奥地利为敌，而他们眼下却希望得到奥地利的支持。不过总体而言，双方依然将自己描绘为退尔的接班人。

1840 年代的经济低潮由于法国的保护主义和德国关税同盟的成立，在瑞士更为严重，也给近在眼前的对抗带来额外的问题。到 1843 年，150 家企业拥有 75 万个纱锭，机械化生产扩大到绸带、手表和奶酪业。纺织业也刺激了化学药品和机床制造的发展。这些工业集中在沙夫豪森和苏黎世，而纺织业主导了阿尔高、阿彭策尔和格劳宾登之间的三角地区。农业发展和技校的建立也促进了更多精密制造业。四分之一的人口从事工业，约翰·宝宁[1]在他 1838 年的《议会报告》中对瑞士的成就表示相当的钦佩。随着财富的增长，储蓄银行和保险公司也开始增多。1840 年代的经济低潮对棉纺织品出口的打击很大，导致了贫困和其他社会问题，接下来又刺激了第一批合作社和类工会组织的产生，比如 1838 年的格吕特里教育团体。经济衰退也强化了干涉主义的

① 约翰·宝宁(John Bowring，1792—1872)，曾为英国国会议员，也是英国政府驻香港的第四任总督。——译者注

激进思想,甚至早期的社会主义思想。经济问题还刺激了企业考虑建立自己的关税同盟和一个能够执行适当的铁路政策的政府。1848 年,从苏黎世到巴登只有一条铁路线(所谓的“西班牙面包卷铁路”),它将新鲜软和的面包从巴登的面包师那里飞快地运送给苏黎世的顾客。

尽管经济压力起到重要的作用,但是宗教问题驱动了政治争议并
最终促使国家统一。1847 年至 1848 年关键事件的导火索来自奥古斯 157
丁・凯勒(Augustin Keller)——来自阿尔高的一个自由主义的天主教徒。他相信一个从属于梵蒂冈的天主教会是不得自由的。1841 年,他和州政府重修了州宪法,从而以某种方式激化了弗赖阿姆特(Freiamt)和其他地方天主教徒居于少数地位的问题。他们为此组织了在首府阿劳的农民游行,被州政府在维尔摩根强制封锁。作为反击,政府下令关闭州中的八个修道院,因为他们怀疑修道院在酝酿谋反,虽然它们是在 1815 年宪章中享受特别保障的。修士遭到驱逐,财产被州没收,这些导致了抗议也就不难理解了。尽管联邦议会协助重建了四个女修道院,但有些天主教领袖开始谈论脱离联邦。事实上,1843 年 9 月,天主教领导层在会谈中商讨在军事上武装自己,并脱离像阿尔高这样的违背宪章的州。刘这样的极端主义者还利用这个时机来推动耶稣会在卢塞恩的复兴。

此种天主教派的行动就像是激进主义的公牛眼前那块红布,特别是在一场公民斗争后,瓦莱的保守派施行了新的宪法,将说法语的居民排除在权力之外,还禁止信仰新教。紧接着,激进分子的大动员开始了,在很多州都有新政权上台。1845 年,亨利・德瑞(Henri Druey),国民协会的会长,狂热的政治煽动者,和激进主义分子一起推翻了自由主义的沃州政权,因为后者在耶稣会的问题上过于软弱。在提契诺,激进派击退了保守主义的进攻,引入了一个限制教会权力的新宪法。在苏黎世和伯尔尼,保守派政权也被投票罢免,更多激进派的政权上台,后者在 1846 年 7 月施行了新宪法。日内瓦也经受了詹姆斯・法齐(James Fazy)的“3 月 3 日运动”的压力,运动将耶稣会问题作为杠杆。当阿尔高政府要求联邦议会禁止耶稣会的时候,整个国家分裂了。

激进派也试图从内部推翻保守政权,但是失败了。结果,他们和他
们的同盟诉诸暴力:来自阿尔高、巴塞尔乡村州和索洛图恩的 1 000 名
志愿兵向卢塞恩进军。他们无法得到更多援助,只好撤退,虽然他们已
158 经打败了一支前来阻止他们的联邦武装。1845 年 3 月末在伯尔尼,乌
尔利希·奥赫辛本(Ulrich Ochsenbein)领导的 3 500 名志愿兵的第二
次进攻更不成功,他们被政府镇压,导致 100 人死亡,1800 人入狱。诉
诸暴力的结果适得其反,因为教皇极权主义者在卢塞恩的选举中上台,
宗教问题只会更严重。

159 四个月以后,可能是受激进派挑唆,一名前志愿兵谋杀了刘。这引起了天主教界的恐慌。不仅圣加仑的加鲁斯·鲍姆加特纳(Gallus Baumgartner)成立了一个天主教协会,声称要捍卫 1815 年宪章,而且在 12 月,七个州——弗里堡、卢塞恩、施维茨、翁特瓦尔登、乌里、瓦莱和楚格——签订了一个安全协定,成立战争委员会并与友善的列强签订合同。他们还暗中支持西戈瓦特·穆勒(Siegwart-Müller)为(扩大的)天主教州构建新的既定多数地位的提议。这个所谓的“特别同盟”(Sonderbund)的存在于来年 6 月在弗里堡的审批辩论中被披露出来。

在它公之于众后不久,十个州要求解散特别同盟。这在联邦议会中还未达到所需的州的多数,但是 1847 年 5 月,法齐推翻了日内瓦的自由主义政权,圣加仑这个“天命之州”出乎意料地选举通过了激进派的立法,实现了联邦议会的多数地位。7 月 5 日,联邦议会再次召开,时任议会主席的前志愿兵领袖奥赫辛本,明确指出激进派一心要求更加强大的瑞士国家及对列强更加强硬的抵制。7 月 20 日,议会正式宣告解散特别同盟和驱逐耶稣会,并成立了一个委员会来监管此事。议会还决定修订宪章。

特别同盟没有接受这个后果,而是着手组织备战,任命了犹豫不决的约翰-乌尔利希·冯·赛利斯-索格里(Johann-Ulrich Von Salis-Soglio)为指挥官,他是格劳宾登的一个新教教徒。不幸的是,法国和意大利为他们提供的武器被拦截了,而奥地利撤回了它的援兵,英国则是支持联邦议会的。和平谈判的几次尝试都失败了,1847 年 10 月 24

图 5.5 1845 年 3 月 31 日，卢塞恩的第二次“自由团体突袭”被击败：在伯尔尼的乌尔利希·奥赫辛本的带领下，3 500 名反神职人员的“自由团体”活动分子从祖芬根和胡特维尔出发，虽然在埃门布鲁克(Emmenbrücke)被阻止，仍然兵临卢塞恩城下。但是他们未能推进并夺取城市，而是被地方武装击败，损失惨重。这场进攻激化了激进派和保守派的关系，激起天主教徒对武装反抗作出改变。

日，议会决定用武力解散特别同盟，下令调兵 5 万，由杜富尔率领。实际上，虽有一些天主教士兵哗变，仍有 10 万人集合在旗下。杜富尔严密掌控着战略，而特别同盟手下的士兵比他少一半多，后者让战争委员会凌驾于赛利斯-索格里，并发起两次反攻：11 月 12 日在弗赖阿姆特被迅速击败，而在哥达山关未能乘胜追击，部分因为天主教徒的士兵不愿意在自己的州以外作战。

杜富尔不顾这些干扰，先进攻弗里堡，11 月 14 日在几次小规模战 160

斗后，弗里堡投降。他接着进攻楚格，11 月 21 日楚格沦陷。这样他就能集中攻打特别同盟的中心——卢塞恩。虽然卢塞恩的武装在吉斯里康(Gislikon)和迈尔斯加珀(Meierskappell)打败了杜富尔的队伍，但最终被他的炮兵队伍摧毁，卢塞恩陷入了包围。特别同盟就这样垮台了。和弗里堡一样，楚格、卢塞恩和瓦莱也成立了激进派的新政府。在所有这些战事中，有约 130 人战死，300 人受伤。值得注意的是，战事在强权试图干涉或“调停”之前就结束了。强权只在 1848 年 1 月要求联邦议会遵守宪章，但是英国的势力以及那年春天巴黎、维也纳和柏林革命的爆发阻止了进一步的干涉。纳沙泰尔的共和主义者利用别处的动乱，得以在 1848 年 3 月初驱逐了他们的普鲁士统治者。

联邦议会令缔结特别同盟的州支付战争耗费的 2 000 万法郎，并继续推动内战时期搁置了的宪法修订。议会拒绝仅仅修订宪章，而是回到罗西的草案，准备另起炉灶。委员会的亨利·德瑞和约翰·康拉德·科恩(Johann Konrad Kern)是图尔高的政治领袖，他们起草了法文和德文的文本，进展迅速，并于 4 月出台了草案。接下来几个星期议会对草案作了修订，6 月 27 日通过，只有三个半州不同意。议会制定的方案本质上是军事胜利的结果，它是一部真正确立联邦制国家的宪法，虽然它使用的是邦联[①]一词。这部新宪法的中心是一个有效力的民族政府的创建，尽管两院制实行立法机关和重要选举的双重多决权，意在调和国家的理想和州主权及天主教州的担忧。

大多数州通过全民公决通过了新的方案，到 9 月末，15 个半州批准，六个半州否决：选票的计数是 14.6 万票对 54.3 万票。这一差距比表面上的还要小，因为弃权票有时算作赞成票。联邦议会继续选举第一届政府，然后自行解散。新宪法对于激进派而言是明显的胜利，也标
161 志着一次真正的革命的顶峰。即使如此，瑞士也许是欧洲唯一一个 1848 年革命导致激进民主国家成功建立的地方，但瑞士人依然面临着很多挑战，包括如何处理天主教的问题和它所卷入的新式斗争。

① 参见词汇表的名词解释。——译者注

第六章 铸造新民族（1848—1914）

1848 年刚过，新瑞士似乎就给梅特涅和其他保守派政治家带来了新的威胁。瑞士提供政治庇护的倾向，和有时对君主专政的对手的支持，都令他们惊惶，被他们看作与欧洲其他地方的事件紧密相连的“革命的转盘”。现实则多少不同，因为激进派虽然主宰了新的国家，但是他们不那么极端了，在开始铸造一个民主而克制的新国家时，预期中的做法比欧陆强权更加谨慎。内部的反对派也愿意使用新创建的民主程序，也让激进派倾向温和，这逐渐成为瑞士的特点。但是在 1860 年代，州内部的一股新的民主动力最终导致了修订后的更加中央集权的宪法。这使得瑞士在遭遇经济低潮时能够应对社会和宗教的困难问题。事实上，瑞士的国家和政党制度比以前都有了更大的发展。在这个世纪末，发生了新的保守主义的转向，使与 1848 年国家建设同步的民族身份认同得到巩固并有了新的方向。基于政治意志、直接民主的关键机构、联邦制和中立，新的国家领导得以铸造一个新民族。 162

创建新国家

虽然特别同盟战争导致了一个国家的创立，但是宪法只是提供了它的大纲。在内部，仍需施行立法制度来填充这个大纲，并确保怀疑者

图 6.1　1848 年 11 月 16 日选举出的第一届瑞士联邦议会。这是很多此类画作之一，上面的人物是：最上：威廉·马蒂亚斯·那弗(Wilhelm Matthias Naeff，圣加仑)；中(从左至右)：乌尔利希·奥赫辛本(伯尔尼)；约瑟夫·富勒尔(苏黎世)；亨利·德瑞(沃)；最下：马丁·约瑟夫·孟辛格(Martin Josef Munzinger，索洛图恩)；斯蒂法诺·弗兰奇尼(提契诺)；弗利德里克·弗雷·西罗斯(Friedrich Frey-Herosé，阿尔高)。第一任总统富勒尔那较为低调的站位，强调了政府的合议制性质。

也参与进来。在外部,瑞士的新形势意味着必须勇敢地面对可疑的强
邻,制定更加积极的中立政策。1847 年刚刚过去,这些任务就落在了 163
激进派政党头上。他们极为强烈地反对特别同盟,并主宰了新政府和 164
议会的政党。这让他们得以启动新的宪法,建立一个受宪法限制但有效运作的国家。即将解散的联邦议会任命了七名激进党成员组建政府,由约纳斯·富勒尔(Jonas Furrer)领导。他是苏黎世的反自由主义势力的领袖,也是新宪法的缔造者之一,激进派的统治就从这时开始了。由于一部分选区划分不公,激进党在国民院的 111 个席位中占据 95 席,在联邦院的 44 席中占据 38 席。其余的席位为天主教保守党所占,党派领袖是卢塞恩的菲利普·塞格瑟(Philip Segesser)。他是记者、州行政管理者,瑞士天主教界最举足轻重的角色之一。

但是激进党派实际上更像是一个家族,或是美国“茶党”(Tea Party)那样的一个运动,而非统一的势力。他们因共同支持新的统一国家、自由主义体制和自由经济而结合在一起,又因个性、地域和意识形态倾向的不同而分裂。其右翼是阿尔弗雷德·埃舍尔(Alfred
Escher)领导的自由贸易主义者,中间则是像奥赫辛本这样说法语的联 165
邦制拥护者和温和派。奥赫辛本在联邦院的位置被他的伯尔尼同乡雅各布·斯坦弗里(Jakob Stämpfli)在 1854 年取代。后者与《新苏黎世报》和德瑞这样希望发展国家铁路系统、支持别国解放运动的政治家一道,代表了激进运动中的左翼。对德瑞来说,在贵族和平民的斗争中保持中立是不可能的。但是,埃舍尔成功地组织了近 50 名议员,通常戏称为“联邦巨头”,通过施加他们的影响来削弱左翼的影响力。大多数新议员不是来自企业家阶层就是州行政官员阶层,常常在很长时间内拥有席位。鉴于此,联邦议会最终施加了谨慎而非极端的国家控制。

因为这种日益增长的克制,对特别同盟的支持者的肃清并没有真正发生。新政府只是采取措施反对耶稣会和少数特别同盟的领袖,从而给人以这样的印象:战争是外部人士的阴谋所致,信仰天主教的国民整体上没有参与。由于这种调和的努力,除了在弗里堡和提契诺,天主教势力对新秩序鲜有激烈的反抗。联邦政府废除了选举,帮助激进

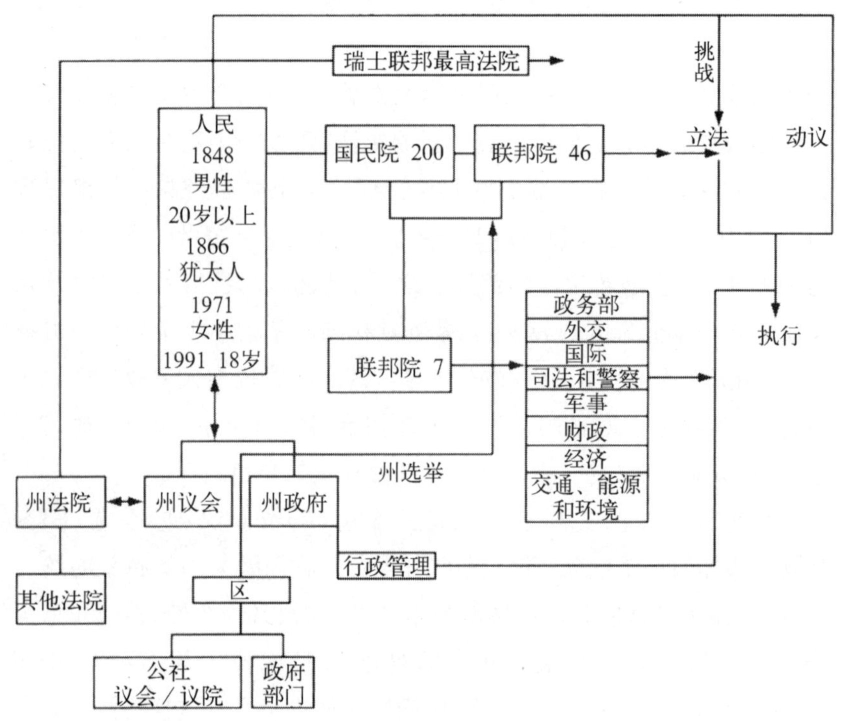

表格 6.1 现代瑞士政治程序

派把持了大权。天主教徒或者务实地参与新秩序,或者撤回缺乏政治活力的社区,以 1857 年成立的"派乌斯协会"(Piusverein)之类组织来守卫自己的地位。他们没有什么欲望去推翻 1847 年和 1848 年之交的裁决,或与外国势力密谋反抗新政权。他们的领袖也面临着使用"国家的"一词的压力,虽然核心联盟的几个州回避了庆祝活动,如 1857 年苏黎世加入瑞士旧邦联 500 周年纪念。尽管如此,各路保守主义分子还是不得不接受州的现代化,特别是在格劳宾登,通过联盟表现的共同体自治的原则受到了压制,因为它对新政府来说显得太不开通、也太过时了。类似的情况还有:施维茨和楚格废止了州民大会。

新政府小心地处理着州中对新规则时常的拒绝,派出专员以撤销补贴相威胁。此外,尽管政府投入很多精力来建设新国家的机构,却在教育和文化政策的发展方面止步不前,这迫使天主教保守势力奋起反

抗。不管怎样,保守派在1850年代初期重新上台了,特别是在伯尔尼 166
和弗里堡。在弗里堡,反对提包客(外来政客)政权的武装起义为其1856年12月的竞选失败铺平了道路。那时,保守派已在日内瓦、提契诺和瓦莱巩固了地位。所有这些使新政府更难采取极端政治手段,而且那样也并不明智。

因此,作为有限的中央集权政策的一部分,新政府让州手中留下了相当多的收入,尽管那时已经能够抽取关税来资助政府活动。重要的是,新政府发行了自己的货币。到1852年,由多达八个官方发行的约6 500万枚正在流通的钱币被收回,代之以与法国法郎等值的新瑞郎,而非如某些人期望的那样与南德盾等值。政府也接管了边境安保、火药、邮政和电报,以及度量衡。宪法还允许创立一所国有大学,但是语言方面的恐惧和一些州的敌对势力阻碍了进展,结果只在苏黎世创建了一所理工大学。国防成了政府一个更为重要的功能。1850年5月,一项新法设置了三级民兵组织,以普遍的在州军团的男性义务服役为基础。军队是联邦的主要支出。

相反地,通过一场以国家该扮演何种角色为焦点的激烈辩论,铁路建设大部分归于私人利益。这反映了各州不愿中央政权进一步扩大的欲望。再者,埃舍尔及其派系的势力认为国有铁路就像斯坦弗里和德瑞所预想的那样是社会主义的、不符合共和主义的。尽管1856年在苏黎世成立了瑞士信用银行,目的在于对抗那里出现的德国银行,并投资新铁路的兴建,但是铁路政策减缓了经济发展,导致财政困难。瑞士信用银行最终使苏黎世,而不是巴塞尔,成为瑞士最富裕的城市。两个城市之间的竞争还体现在埃舍尔的东北铁路和巴塞尔的中央铁路的主要矛盾中。

尽管如此,新政府通过废除贸易关税和其他壁垒,成功地复兴经济,并在商业公司采用自由机制,以创造一个真正的国内货物和劳动力
市场。新政府还签署了包括瑞士与英国在内的第一批自由贸易协定。 167
这是一个重要的举措,因为国内市场还很小。政府鼓励工业化发展,包括水力发电和食品业的试验。1866年在楚格的卡姆(Cham)开设了第

一家炼乳厂，一年后，雀巢公司的前身成立。工业发展证明其能够吸纳自然的人口增长以及针对奶制品、畜牧和制酒业的农业重组后遗留的农民。比起谷物，所有这些行业都是非劳动密集型的。因此，移民并未出现大幅增长，不过都市化发展很快。这些经济变化带来了深刻的社会影响，1850 年代末，第一批工会出现了。1857 年成立的高山俱乐部也显示了登山和旅游业日益增长的重要作用。

外部事件也给新政府提出了进一步的警告，因为强权依然将瑞士视为一个革命的国家。这是可以理解的，因为瑞士对很多民族解放运动表示同情。事实上，瑞士为德国革命者袭击巴登大公国，以及为卷入 1849 年意大利战争的提契尼人提供了基地。1852 年，圣方济会托钵僧被驱逐出州境，导致了一次极具破坏性的封锁，包括 6 000 名在伦巴第工作的提契尼人也被驱逐出境。然而，尽管瑞士接收了约 9 000 名外籍难民，在埃舍尔派系的鼓励下，政府仍谋求维持中立政策。

这种中立在 1856 年尤其难以维系。共和主义者的武装驱逐了一群亲普鲁士的保皇主义者，后者夺取了纳沙泰尔城的堡垒，企图将公国的全面统治交还给普鲁士。作为回应，普鲁士动员了莱茵河沿岸 16 万兵士，威胁推翻瑞士。尽管军队人数还不足对方的五分之一，但是瑞士政府拒绝让步。抵抗为拿破仑三世争取了时间，得以与普鲁士国王议和，后者放弃了他的要求，允许纳沙泰尔成为瑞士的一个完整的州。同时，政府与英国签署了友好协议，由英国为瑞士的独立和中立提供支持。

169 1859 年到 1860 年，因意大利的独立问题，法国陷入了与奥地利的战争，瑞士国内激进势力企图乘机入侵萨伏伊，但被政府阻止。政府还拒绝了拿破仑三世之后欲将沙布莱和法西尼(Faucigny)卖给瑞士的提议。政府既害怕无法负担吸收大量天主教徒产生的成本，又担心它所带来的宗教平衡问题。同样，政府拒绝接受斯坦弗里提出的入侵萨伏伊，以免它落入法国之手的想法。但是，政府确保建立了日内瓦周围的关税自由区，也对汝拉地区引起争议的达普山谷作了令人满意的划分。为了强调瑞士的中立，最后一个驻意大利的雇佣军团被正式解散，只留下梵蒂冈的卫兵。

168

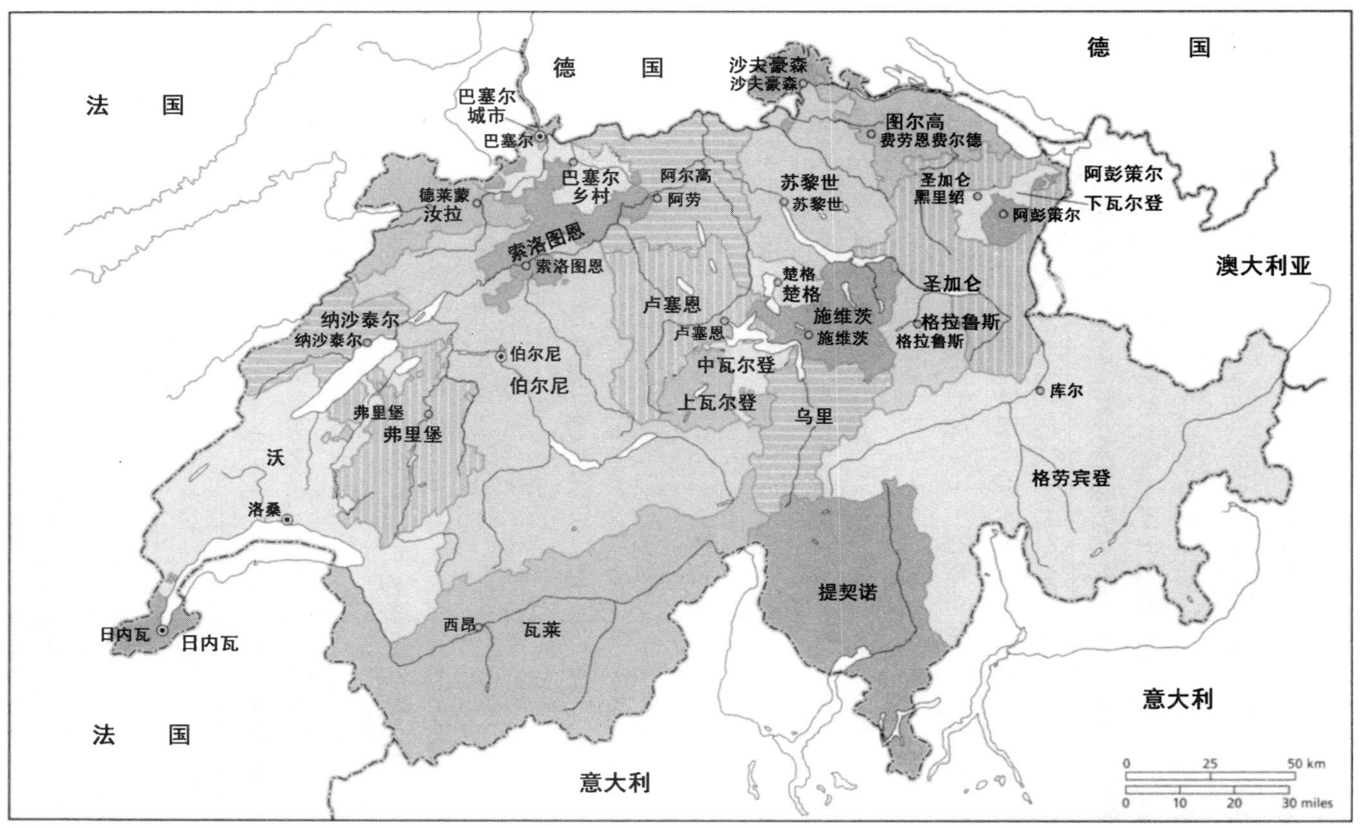

地图 6.1　现代 26 州瑞士地图

瑞士在1850年代的克制为它在1860年代“海尔维第仲裁者”的新角色铺平了道路。红十字会创立初期采取了一项重要的举措,其中杜富尔和亨利·杜南(Henri Dunant)参与了很多。调停成为瑞士外交政策的一个手段,促使其他国家更加严肃地对待瑞士的中立立场。这体现在了1870年到1871年间的普法战争之后,瑞士为一些德国城邦提供很好的帮助,还给被包围的斯特拉斯堡送去福利救济。更值得注意的是,在布尔巴基(Bourbaki)将军领导的东部法国军队仓皇穿越汝拉山地,撤退至瑞士后,瑞士军队负责解除其8.7万人的武装并将其扣押。这个国家渐渐被视作一个无威胁的庇护之地,同时它也提供符合欧洲利益的服务,比如说,美国内战期间,南方邦联的私掠舰“阿拉巴马”(Alabama)号在伯肯海德(Birkenhead)非法装配,1872年英美两国就此事造成的破坏进行和谈,瑞士就进行了调停。到这一时期,外国对于瑞士威胁的恐惧已经消失。这进一步巩固了新国家的地位。

民主化和宪法改革

这样的处境是幸运的,因为1860年代国内也兴起了一股新的激进主义浪潮,导致了民主化和宪法改革,先是州一级的,然后是国家层面
170 的。宪法的修订使瑞士转变成为一个发达的联邦制国家。这些发展本有可能引起国际的警惕,尤其是它们和天主教权威及团体发生了新摩擦,但那时瑞士已证明自身不再对欧洲构成威胁。可是,从1860年代开始,政府的谨慎策略面临着国内的挑战,因为它与1840年代引发的更加激进的民主诉求发生了矛盾。很多支持变革的人反对激进党“联邦巨头”的傲慢统治,开始发起反对他们的运动,要求在州政府和议会中拥有更多参与和控制权。他们也怨恨外围地区一直处于经济劣势的地位,1850年代的移民潮就是由此产生的。这些势力以直接民主作为武器,并以1850年代J. J. 特莱希勒(J. J. Treichler)发起的一个项目为靠山。特莱希勒是苏黎世的一名记者,他是支持合作社的狂热分子。苏黎世采用了立法动议,纳沙泰尔则采取了财政公投,即大笔资金花费需要全民公投决定。在这种民主的压力下,施维茨也废除了对外部地

区实行的不公待遇。

1860年代是沸腾的民主运动时期,以反对伯尔尼的铁路政策及法齐在日内瓦的专制统治为开端。但是,真正的开拓者是新成立的巴塞尔乡村半州。利斯塔尔的一位名叫克利斯朵夫·罗勒(Christoph Rolle)的教师发起激烈的政治运动,要求召开制宪大会,起草新的民主宪法。经过一些波折之后,这一目标最终实现。新的州宪法规定所有立法必须接受全民挑战,并允许超过1 500名公民就能提议新立法。此外,还引入了行政和司法人员的直接选举(和否决)。民主运动从巴塞尔延及阿尔高、伯尔尼、卢塞恩、索洛图恩。最重要的是延及埃舍尔在苏黎世的封地,在那里,基于温特图尔的一场以直接民主对抗议会统治的运动开始了。一系列的群众会议之后,1867年12月新宪法修订通过,并于1869年生效。新宪法采取立法和宪法动议,针对所有大额
支出举行强制公投,削减总委员会的权力,推行政府直接选举,还建立 171
了州银行和累进税制。政治上,这意味着埃舍尔势力的终结,不仅仅在苏黎世,更是在整个国家的范围。

民主化的势头越过苏黎世继续前进,进步的宪法改革在其多个州推进。这种地方改革使得各州开发出一种新动力。这将有助于在19世纪后期平衡中央集权的大趋势。此外,为女性争取政治权力的呼声首次出现,国际妇女运动得以在日内瓦创建。运动背后的社会压力也引发了1860年代的重要的社会性立法。州民大会在格拉鲁斯推进了七十二小时法和工厂法,还有其他州的类似立法。州银行广泛地建立,行会规则赋予行业自由,破产法被修改,间接税减少。这些都是帮助深受剥削的手工业者、农民、店主和少数职业人士的措施。1864年,工会在全国合法化,随后一年就出现了罢工。

虽然没有出现一个新的民主党派,民主化进程依然影响了联邦的层面。1864年教皇颁布了《谬说要录》(*Syllabus of Errors*),不假思索地谴责大部分现代观念,清教徒和自由主义人士对此的回应引发了对群众权利这一议题的共鸣。作为回应,伯尔尼当局在汝拉地区对天主教组织采取新的限制。1864年瑞士与法国签署贸易协定,

给予法裔犹太人的权利比瑞士裔犹太人还多，这也引发了天主教徒的不满。此时需要通过一条宪法修正案来消除歧视，给予全国所有地方的瑞士公民完全的政治权利，尽管这样触碰到了瑞士社会中一股反犹太人的潜流。只有新的平等条款和度量体系被接受了，这说明，尽管处于民主化的进程中，或者是因为民主化，瑞士选民对变革仍心存疑虑。

172 1870 年代初期，群众显然非常抵制新政。在此之前，战争的经历显示国家的军事机构不适合搞长期的动员，因为军事动员依赖的是州军团。埃米尔·韦尔蒂(Emil Welti)是阿尔高的一名激进党人，也是1867 年后该党的主要领袖。在他的率领下，联邦院决定将军队改革包含在更大的宪法改革方案中，以中央的控制和供给替代州军团，即所谓的“一个法律，一支军队”。这个动议针对 1848 年操作不当的法律，以及中央制定包括婚姻和更大范围的新政的权力，提出了 50 项中央集权式的变革。这些修订包括，5 万选民可发起群众对立法的挑战，包括可以提议和否决立法。总体来说，宪法修订提供了更简明扼要的文本，比前面的文本更少顾及各州的权力。

这些变化对很多人来说无法承受。雅各布·杜布斯(Jokob Dubs)是一名温和派的联邦院议员，在 1867 年韦尔蒂当选之前，是政府的中流砥柱，他辞职以示对变革的抗争。另一位议员让-雅克·夏雷-维尔内(Jean-Jacques Challet-Vernet)，后来被投票出局，当选的是一位已知的改革支持者。激进的反修订派在塞格瑟的带领下，利用天主教徒的反对来抵制婚姻法、教会法和州权力的变化。对于集权化以及立法和军事统一所产生的后果，传统的自由主义者也不高兴。瑞士法语区州害怕在一个更紧密的联邦中法语区的人将被德语区的州统治。这标志着自 1799 年旧邦联扩张吸纳了非德语州以来，语言首次作为明显的政治分歧显露出来。在接下来的一百年乃至更长时间，语言问题将会更加重要。在 1872 年 5 月的公民投票中，宪法修订案以微弱的劣势(九个州的 25.6 万票对 13 个州的 26 万票)未能通过，日内瓦、沃和核心联盟三个州的反对票是尤为重要的。

图 6.2　1874 年庆祝联邦宪法成功改革的几幅版画之一。版画以各州的盾徽镶边，上面画着的海尔维亚立在一个标出支持和反对票数细节的底座上。事实上，反对票有将近 20 万票来自德语区的瑞士核心联盟州，显示了新共和国和天主教保守派异见分子持续的矛盾。但是，围绕着海尔维亚的标语记录了新联邦的主要成就，包括统一的法律、对工人和儿童的保护、自由体制、联邦对婚姻和思想自由的保护。

但是,韦尔蒂和政府中进步的激进党派并未放弃,而是继续为宪政
174 改革奋斗,并声称“修正已死,修正永存”。他们现在通过回应法语区和忽视天主教的问题来分裂和统治反对派,使得自身与天主教派的关系愈发恶化。就像他们所说的:“我们需要 Welsche”(Welsche 是瑞士东部说法语的人的绰号)。宪法修订方案重新设计时,减少了司法和军事变革,并恢复了一些州的权力。立法动议被取消了,但是发起挑战所需的签名数被减少到 3 万。草案也比它的前身更明确地反教权主义,禁止建立新的主教区,禁止采用新的宗教仪式。激进党的策略成功了,赢得了杜布斯这样的人心。1874 年 5 月,方案以 34 万票(14 个半州)支持、19.8 万票(7 个半州)反对顺利通过。结果,在一个显见得惊人持久的宪法治下,瑞士变成了一个越来越纯粹的联邦制国家,愈发强大而合法。

新宪法的反天主教基调是 1870 年初期宗教矛盾复发的一个方面。这种现象被称为“文化斗争”。分歧的根源在于第一次梵蒂冈大公会议和 1871 年宣告教宗无误论之后自由主义派对滋长中的教皇绝对权力主义论的反应。很多天主教徒对这些变动表示不快,很多新教教徒更是无比恐慌。1872 年,巴塞尔的拉沙(Lachat)主教不顾同僚的意见,不仅颁布了教令,而且开除了伯尔尼汝拉区反对教令的神职人员的教籍,愤怒之情迅速席卷非天主教信仰的瑞士地区。当大多数汝拉的神职人员表示支持主教时,伯尔尼当局大力干预,动用军队关闭教会并逮捕教士,并以外来的神职人员取而代之。政府还支持一群具有自由主义倾向的天主教异见教士。他们脱离教会,建立了一个新的基督教天主教教会,拒绝接受梵蒂冈的教令。教皇派乌斯四世谴责“文化斗争”,且不经过任何协商,任命了教皇绝对权力主义派的加斯帕德·梅尔米约(Gaspard Mermillod)为日内瓦代牧区的名誉主教,这进一步激化了矛盾。联邦院的回应是驱逐梅尔米约和教廷使节,并与梵蒂冈解除了外交关系。此外,当民主运动和新宪法重新引发潜在的分歧时,其他重要问题也开始压迫国家的情势。

压力和萧条的时代

事实上,继任的激进派政府和天主教教会的分歧在1873年开始的 175
经济低迷中更为复杂化了,从而导致了其他社会不安定因素的出现。最值得注意的是,经济危机促生了工会和社会主义。它们不仅对激进党,也对天主教势力构成威胁。天主教派将其视为自身信仰和地位的切实威胁,因而被迫与新政府靠近。这样,他们就能够利用直接民主的新手段,去阻挡他们不赞成的立法。结果,他们强化了正在显露的国家身份认同和统一感。

1860年代,经济增长和机械化进程在持续,特别是在棉纺织、手表和机械工具行业。在某种程度上,经济增长是由铁路业繁荣带来的,尽管很多铁路线还在负债。经济上行的周期也促生了新的金融机构,如1863年的瑞士再保险公司(Swiss Reinsurance Company)和1869年的瑞士人民银行(the Swiss People's Bank)。同时,旅游业也在发展:托马斯·库克(Thomas Cook)在1863年组织了第一个旅行团。同年,爱德华·温珀(Edward Whymper)令人瞩目地成功登顶马特洪峰(the Matterhorn)。接下来几年,冬季运动开始流行,部分是由铁路旅行和莱斯利·斯蒂芬(Leslie Stephen)1871年的名作《欧洲的运动场》(*The Playground of Europe*)激发的。

很长时间以来,农业是三个部门中发展最慢的。1873年后,借助铁路和冷藏船的运输,来自北美和东欧的粮食和肉类涌入西欧市场,更使农业成为薄弱的环节。小型农场无法竞争,即使有州银行的帮助也不行,很多农民离开土地——无论去向城市还是阿根廷、澳大利亚特别是美国——留下像提契诺这样几乎无人居住的山区。1880年到1885年间,外出新移民潮达到顶峰,尤其是说雷托-罗曼斯语的人口降到了最低点,尽管格劳宾登的医疗和运动旅游都在增长。农业劳动力迅速减少,特别是在1870年代和1880年代。在1888年经济衰落的最低点,从事制造业的人比从事农业的还多。农耕居非优势行业的欧洲国家只有六个,瑞士就是其中之一。总体上,农业劳动力在1850年到

176 1910年间数目减半,尽管1872年美极(Maggi)公司的创立开启了现代食品工业。

其他行业也遭遇了经济低迷。事实上,1876年的世界贸易博览会表明瑞士制表业比起自动化的美国制造落后太多。制表业的现代化发展虽然迅速,纺织业却不是这样,它受到很大冲击,失去了三分之一的劳动力。格拉鲁斯的棉布和圣加仑的刺绣遭受的冲击尤为严重。相反,冶金和化学药品发展不错(化学药品是在纺织业的废墟上兴起的)。1884年创建了最大的瑞士工程公司布朗-勃法瑞(Brown Boveri)。两年后,山德士(Sandoz)化工公司成立。渐渐地,生产都以工厂为基地,尤其是在瑞士德语区:索洛图恩的百利(Bally)时装公司就是一个显著的例子。1879年后,水力发电和其他形式的电力开始发展,两年后安装了第一条电话线路。城市化和商业化刺激了零售业的发展,1880年代出现了第一家耶尔莫丽(Jelmoli)这样的大型百货商场,通常为女性提供新的就业前景。银行业也在逐渐现代化,更加集中,并从简单的地方银行转为州银行,甚至是影响更广的大银行。经济压力也刺激了1880年代以后针对小储户的储蓄银行的创立,比如来富埃森(Raiffeisen)。

瑞士的工业结构和财富在这个时期的转型对社会和政治都有影响。工人们常骚动不安,寻求保障。这催生了新形式的工联主义,导致了1880年代"瑞士工会联盟"①的成立。这是一个伞状组织,尽管开始只占劳动力的9%。罢工也变得更为平常,值得关注的是1886年苏黎世的锁匠罢工。在接下来的十年中,工厂委员会成立了,还有全女性工会。工人代表也开始呼吁政府就失业和其他社会问题采取行动。社会民主党(Social Democratic Party, SPS)不仅在1888年成立了,而且两年后有了本党的第一位议员——资历深厚的J. J.特莱希勒(J. J. Treichler)。他那时已成为一名极端左翼人士。这场运动虽还单薄,但在瑞士德语区比在法语区势力更为强大,也更统一,而法语区的社会主

① 索引中缩写为SGB。——译者注

义党派更限于州的范围内。同一时期,5 月 1 日成为工人的劳动节,左 177
翼势力开始组织第一次公投挑战。群众基础广泛的工人参与到新的国家民主进程,为瑞士政治添加了新元素。相反,1886 年在苏黎世发起的一场女性选举权的请愿却没有结果。

社会主义在瑞士发展的方式对于瑞士的国务和政治天主教主义都产生了影响。仍在韦尔蒂领导下的激进党政府必须决定怎样来应付工人运动的兴起,如果这个政党依然将自己视为所有瑞士人民的代表(也需要保住工人的选票)的话。首先,政府于 1877 年通过了《工厂法案》,规定每天工作 11 小时神圣不可侵犯;十年后,成立了工人秘书处,以此来平衡 1870 年成立的雇主组织“瑞士工商会”和 1879 年的“中小企业联合会”的共同影响。

社会主义的崛起惊动了许多天主教徒,因为他们依从教皇的《谬说要录》,将其视为无神论和颠覆性的。但是,与之对抗需要新的手段。新一代的教会领袖意识到他们不能仅仅依靠“法座”(ex cathedra)的谴责,这是鉴于教皇统治对“文化斗争”的怀疑。天主教需要新的同盟和更多的政治影响,这意味着它要在主流瑞士政治中扮演更加积极合作的角色。利奥十三世继任教皇为这些行动的达成减少了困难。他通过撤除梅尔米约代牧区名誉主教的位置,将拉沙主教调到提契诺,从而减缓了瑞士的“文化斗争”。作为回应,瑞士国内对牧师的迫害也开始缓和,很多还获准恢复了原先的职位。

在政治阵地,天主教保守党未能为卢塞恩的一位重要议员——约瑟夫·曾普(Josef Zemp)赢得 1875 年联邦院的一席之地。但是,他们更为成功地使用新挑战权,以阻止他们不认可的立法。1877 年,他们阻止《工厂法案》的努力失败了,1882 年却成功地否决了设立督学的提案。督学被他们戏称为“地方长官”,就好像是当代的盖斯勒们。当然,这种督学会削弱教会在教育界的地位。军事税收、专利改革、劳动条件和宪法修订的提案也被否决了。事实上,1884 年 5 月,通过公共选举
提出的所有四项政府提案都被否决了,这使得人们认识到了政治天主 178
教主义的力量。

就像1881年到1882年间的“保守联盟”那样，曾普和其他人也谋求创建一个国家政党，但一直受到塞格瑟和所谓的“州政府主席”(旧有的山区天主教州领袖)的阻挠。虽然如此，1884年，曾普和他的伙伴们发布了一项宣言，号召天主教徒们在国家政治中起到更具建设性的作用，并提议对宪法进行显著的修改。渐渐地，非天主教州中的天主教徒，即所谓的“流散者”(diaspora)的利益，也变得益发重要。对于在像巴塞尔这种地方工作的年轻的天主教徒来说，将他们的生活局限在集中的天主教徒聚居区，不与主流的瑞士人生活融合是不可能的。他们欢迎曾普关于社会和联邦主义的变革方案，特别是伴随着以“自由国家的自由教会”为口号的对教会的捍卫。在融入国家主流的行动中，他们也愿意必要时与新教的保守主义势力合作。天主教徒也开始建立他们自己的工会。但是，各州的特殊主义传统和语言分歧的现实都是难以克服的困难。直到1880年代末，才出现一个联合的天主教议程，第一所由天主教州开办的大学在弗里堡成立了。1891年的“新事通谕”(De Rerum Novarum)进一步缓解了紧张关系，尽管基督教天主教教会并未恢复服从罗马教皇的权威。

左翼的兴起和天主教势力利用新体制谋求自身利益的方式给激进党造成了真正的问题，特别是自1878年他们在选举中遭到遏制之后。在对左翼所持的态度和语言问题上，激进党党内的分歧日益扩大，因为讲法语的成员们对很多激进党的方案都保持距离，尤其是1872年的宪法改革。重组政党势在必行：1878年，在埃米尔·弗雷(Emil Frey)——巴塞尔的记者和美国内战中南方邦联的前囚徒——的领导下，激进党创建了他们的第一个议员团来增强统一和凝聚力。基于1870年代晚期在瑞士德语区的行动，弗雷还号召创建一个适合的政党，但是没有成功。1881年，埃米尔·韦尔蒂势力犹在的激进党政府最终没有选择塞格瑟，而是说服路易·卢彻涅特(Louis Ruchonnet)——沃州的联邦主义激
179 进党领袖——加入联邦院。这一举动意味着，瑞士法语区继1872年以来的政治冷淡后，又被拉回了政治队伍。相反，政府试图左转，将社会主义者重新置于激进党的爱国主义和进步的羽翼之下。这一努力遭到

了激进派右翼的抵制。激进派右翼,即“中间党”控制了政府,一直到1880年代晚期苏黎世民主主义者瓦特·豪瑟(Walter Hauser)当选。这为1890年弗雷被选为联邦院议员开辟了道路。而且到那时,经济危机及其产生的社会和政治压力已经开始减弱,为缔造国家和民族的新发展铺平了道路。

国家和党派的发展

事实上在此之前,激进党政府在1874年宪法改革的作用下,已经开始改变。与天主教派和左翼的矛盾促使其在州级别采用比例代表制,进而又迫使国家承担新的任务,将全国主要的政治势力组建为政党。于是在1880年代,新一轮的国家现代化开始了,包括新的直接民主工具的发展和一个更加多元的政党结构。在国内,激进党政府提倡国家公民的概念,开始对初级教育和军队予以更多投入,并启动了林业这样的新政策领域。福利保障甚至也在考虑之列。对外,因为经济低潮,1880年代中期开始,政府从自由贸易转向温和的保护主义。在贸易政策上,瑞士变得更为好斗,要求其他国家开放市场,作为进入瑞士市场的回报。在1880年代末与邻国签署的一小批新贸易协约十分明显地反映了这些趋势。除了变得更为积极活跃,政府也力求变得更为高效而专业。因此,努马·德罗茨(Numa Droz),一个来自纳沙泰尔的激进派记者,于1875年其32岁时当选为有史以来联邦院最年轻的成员。他因而终结了政治部(或外交部)领导与联邦院议长轮流坐庄的传统。他在职多年,成为瑞士第一任正式的外交部部长。虽然如此,一些 180
部长依然觉得新式国家的总统责任是一种真正的挑战。来自图尔高的弗里多林·安德尔韦尔特(Fridolin Anderwert)在1880年的圣诞节这天自杀,原因是媒体的抨击和他对国家通往真正的联邦制路线的恐惧。结果是州在外交事务中的分量更轻。1894年,将所有关税收入交给各州的提案在一次公投中被否定。

在外交方面,瑞士作为永久中立国的地位越来越为国际所接受,它的革命岁月已成为遥远的往昔。因此,1874年到1875年,万国邮政联盟和国际度量衡局都选择将总部设在瑞士。很多瑞士人仍然感觉到外部压力日益对国家构成威胁,如法国关于1871年革命的怨恨,统一的意大利炫耀力量的方式,尤其是德国日渐强大的势力。1889年,政府不得不将沃尔格穆特(Wohlgemuth)驱逐出境,他是俾斯麦派来监视流亡的社会主义党人的间谍之一。这些恐惧引发了军事上的变革,包括国防委员会的成立、新型武器的引用,以及步兵长期重组为四个团的举措。虽然如此,选民在接受真正的外交政策时仍然犹豫,他们否决了1884年出资在华盛顿设立大使馆,还在1895年否决了更多立法。德罗茨在政治部的试验也在他1892年退休后逆转。类似的,关于关税保护的公众压力迫使政府在1890年代采取强硬的立场,从而导致了1893年到1895年同法国的关税战。

瑞士选民虽然保守,但国内政治很快就要产生剧烈的变化。1890年,提契诺的激进党发动了瑞士历史上的最后一次政变,起因是最高票者当选的制度使天主教保守党不公平地赢得了绝大多数席位,尽管他们的票数只比激进党多出一点。联邦不得不采取军事干预。为了避免进一步的冲突,联邦规定这个州必须采用比例代表制。比例代表制自1840年代以来就被谈论,但在1889年纳沙泰尔采用之后才真正开始推行。提契诺强制实行比例代表制后,日内瓦、楚格、索洛图恩和施维茨也在它们自己的选举中采用了这个制度。1890年代末启动了一项在国家级别采取比例代表制的动议。

181 此时提出一项国家级别动议是可能取得成功的,因为1891年,政府关于允许发起宪法部分修正的动议和重修宪法的方案都得到了公众支持。这项改革允许5万公民就宪法具体的、常涉及政策的修订提出动议。1880年代,大批国民公投挑战新出的法案,其中只有三分之一由政府赢得。人们嫌这还不够民主,由此激发了人民应能自己更改宪法的要求。1891年,他们真正获得的并不是正式的州级别立法动议,而是一种部分的宪法修订机制,作用也差不多,因为它允许少数派将自己的想法诉诸政治议程。这个问题在当时并未激起多少公众兴趣,但在接下来的十年中,它将重新塑造瑞士的政治。经过反复的部分修订,宪法变成了一个普遍原则和高度具体元素的奇特混合体。

新的动议程序也推动了政治运动的组织,因为运动需要有效的机制。激进派最终在埃米尔·弗雷领导的单个组织下联合起来,创建了激进民主党。弗雷现在是联邦院中的主要角色,他和其他人认识到,由于被天主教和兴起的社会主义者左右夹攻,激进派无法再承受纪律涣散或是对民主投票的公然反对。他们也需要同盟:此时埃米尔·韦尔蒂在选民拒绝接受他的建议,并否决了政府对中央铁路的购买之后,退出了政府,而约瑟夫·曾普被邀请加入联邦院,因而打破了激进党的垄断。这只是对保守派作出让步的部分举措,即便曾普在赢得民众对铁路国有化的支持上,证明是相当成功的。

讽刺的是,分化的天主教派比激进派还难统一。一方面,法语区的圈子和联盟与德语区的想向西发展的"男性工人协会"之间存在摩擦;另一方面,工业城市中具有社会意识的流散天主教徒和天主教山地核心区的老派保守教徒之间也有矛盾。虽然天主教议员们,比如流散天主教徒的领袖,号召成立有组织的政党,在 1894 年的奥尔滕(Olten)会议之后,也出现了一个类似天主教政党的组织,但它显然缺乏效力。更 182
有甚者,它的一些领袖有亲耶稣会的立场,威胁要给天主教和新教保守势力的联合制造新的障碍。尽管如此,天主教保守派抓住机遇加入了实体政治,也因此加入了支持新国家和瑞士民族身份的建设。到这个世纪末,特别同盟时期的问题大部分已经解决了:天主教保守党在政府中拥有代表,也依然能够运用民主化手段反对激进党。而且很多天主教徒也开始认识到自由主义的国家是抵制极端左翼势力滋长的有效保护。因此,瑞士的保守主义开始转向不同的方向。它更关注民族和社会统一,而不是宗派问题和反对新国家。事实上,后者和瑞士民族一起,日益得到认可。

当左翼在议会中谋求代表的同时,它也在谋求宪法关于工伤保险和铁路国有化的条款修订,铁路国有化的危机在 1897 年和 1898 年之交的一场罢工中有所体现,还谋求宪法关于"工作权力"的提案。1894 年,最后这个提案被公投中 80%的人断然否决,因为农民建立了他们自己的游说集团,与瑞士工商会和瑞士中小企业联合会一同对抗左翼。尽管反对女性参政的意见仍很激烈,但是政治确实变得日益多元化。政治也越发具有国有化的倾向,1880 年代晚期和 1890 年代有进一步一体化的举措:法制统一,民事婚姻,军队改革,采用公制,国家垄断货币,外国人入籍,对旅店、专利权和水电的控制等。不过,国有化的规模并没有太大的扩张,虽然 1893 年成立了卫生局,并设立了一项资金帮助铁路建设脱离困境。联邦政府最终也被许可资助初级教育,继续着国家和政党体制的发展。

一个保守的工业国

在第一次世界大战前的岁月里,既有延续也有变化。国家的角色随着工业化的加速而持续演变,而政府因为与瑞士周边的强权关系愈
183 发紧张,也采取了保护主义和防御的立场。这也反映了在使用更多历史典故的激发下,民族意识和情感增强了。政党制度更加多元化,政府和国家都经历了一次保守主义的转折,这从一个反左翼的“资产阶级集团”的出现可见一斑。后者将成为瑞士政治史的一个持久特点。

持续变化的路线反映了在 1890 年代初期经济低潮结束后,瑞士经济增长的速度越来越快。随着国家向电力化转型,新的工业浪潮出现了。它有时被视为第二次工业革命。电力成为一个主要的投资领域,拥有真正的国内市场和公司。化学药品和工程也在扩张,1896 年出现
184 了像霍夫曼-罗氏(Hoffman La Roche)这样的公司,而铁路里程在 1880 年到 1910 年间翻了一倍。铁路对于旅游业的价值随着山区铁路的建设而越来越受到青睐。比如说 1888 年所建的通向布尔根斯托克酒店的铁路,十年后,更是被电气化了。到 1900 年为止,45%的劳动人口从事制造业(包括外籍工人),只有 31%的人口务农。服务业解决的就业人口所占的比例从 16%提高到 24%。这很大程度上归功于旅游业、银行业和铁路业的发展。人均出口量一直很高:1905 年创立的雀巢公司进入了日本市场;纺织品和钟表在国外销路很好,尽管 1890 年代纺织品在出口总量中的份额急剧下降了。

图 6.3　圣哥达隧道的修建场景。这张在隧道开通前十年拍摄的照片显示,全部车辆整装待发,准备继续掘进。隧道使圣哥达铁路贯穿卢塞恩和基亚索(Chiasso)。它将提契诺州和联邦的主体联结起来,将成为发展中的铁路网的主干线,在 19 世纪晚期的瑞士经济、社会和政治中起到极为重要的作用。

结果,瑞士变成了一个重要的经济强国,在人均 GDP 上几乎与英国持平。人均出口和对外投资也增长了,对外投资超过了英国。经济增长体现在城镇的迅速发展上,以及城镇中图书馆、剧院和学校等新设施的修建上。经济增长也促进了人口增长,1890 年到 1913 年,平均每年人口增长 1.2%,到 1900 年瑞士人口总数已超过 330 万,到 1914 年超过 380 万。随着人口的增长,农业的收缩为新的工厂释放出了更多的劳动力,包括 1880 年后迅速减少的外出移民。但是,仍有更多工作需要劳动力,越来越多的位置为外籍工人所占有,特别是来自意大利和德国的移民。瑞士从一个输出移民的国家转型为输入移民的国家:到 1900 年瑞士共有 38 万外来人口。可是工作条件常常是艰苦的,因为物价超过薪水,工人们还面临着居住条件恶劣、酗酒和负债等主要问题。因此罢工的次数开始增加,部分与工会罢工报酬资金的创立有关。

对经济增长和社会动荡——“社会问题”——的关注导致了通过国家事故保险提供国家社会福利的初步尝试。尽管工人和一些工业家(他们希望将成本转移给国家)支持这些举措,但是 1900 年 5 月,一个由私人保险公司、农民和天主教徒组成的同盟成功地挑战了所谓的《弗
185 雷法案》[①]。国家还是在其他方面改变了经济政策。保护主义更加强化,1903 年设立了更高的关税。这为与欧洲国家签署一系列新的贸易协定铺平了道路。在 20 世纪初期,司法变革也使经济干预变得更为容易。

国家角色最显著的变化是铁路的国有化。尽管一直都有反对,多变的政治态度和铁路公司越来越多的财政问题让国有化赢得了公众的支持。1897 年的一次群众选举打开了国有化的大门。在随后的 20 年里,主要铁路公司成为成立于 1902 年的新的瑞士联邦铁路系统的一部分。那时候铁路已经开始发展电气化线路。这种“由反社会主义者向国家社会主义的转移”又增加了国有企业雇员的数量,但是,选民在 1897 年否决了创立国有银行的提案,这表明老派的保守态度仍继续存在。直到 1905 年,这一倾向于更现代化、更强大、更集权的国家的政策才最终被通过。

到 19 世纪末,在一个新联邦制国家的卵翼下,瑞士出现了更为统一的民族身份,促使公众更能接受国家扮演更多角色及其所需的税收。小说家戈特弗里德·凯勒(Gottfried Keller)这样的知识分子在 1870 年代呼吁为了弘扬民族情感而创立国家节日。初级教育和读写能力的发展,铁路和军役的影响,节日的创立,都有助于发展一种更加广泛的民族认同。1883 年,苏黎世举办了第一届国家展览会,吸引了 170 万参观者。此外,邻国民族主义的意识抬头,也引发了政府和很多国民思考:在一个更加艰险的环境中,怎样通过克服内部分歧来重新诠释和维持瑞士民族身份。对瑞士而言,这样一种身份显然无法建立在语言

---

① 《弗雷法案》(*Lex Forrer*)是由路德维希·弗雷(Ludwig Forrer)起草的疾病与事故保险法。——译者注

或种族的基础上。卡尔·希尔蒂(Carl Hilty)这样的思想家转而强调瑞士人是作为一个“意志国家”[1]的人民居住在一起的。这种对公民民族主义的强调,是瑞士的历史根源,它及对于共同的宪法原则和程序的长久坚持,创造了一个民族,一个国家,尽管它缺乏共同的语言和宗教。

于是,在定义了瑞士人的诸多混合因素中,历史就这样扮演了越来
越关键的角色。它超越了 1798 年和 1848 年的事件(并未广泛庆祝), 186
弘扬了瑞士人长期的统一。19 世纪末人们目睹了更多的历史性节日和展览、历史剧的繁荣,还有在苏黎世和伯尔尼创建的历史博物馆。在伯尔尼市中心,定位于瑞士民族的国家图书馆和标志性的联邦国会大厦也在这一时期建成。

同时,学者们也在重构瑞士历史叙事,借助重新发现的 1291 年宪章,以此取代了与威廉·退尔、反奥地利宣誓和解放传奇相关联的 1307 年的传统日期,但在瑞士小学中依然还讲授解放传奇。新一代的历史学家如丹德莱克(Dändliker)、奥切斯利(Oechsli)和迪劳尔(Dierauer),在 1887 年开始出版大量历史著作,其中去除了 1307 年传说中的反抗行动,采用了一种瑞士是长久以来自发形成的历史叙述。奥切斯利将退尔归在传说的类别。这种倾向体现在 1891 年的国庆活动中,庆祝的是瑞士联邦建立六百周年;还有将 8 月 1 日作为一个关键的国家节日,庆祝的是旧瑞士邦联的成立,这一纪念日现在已有书面证据支持。这种精英的倾向并未取代旧有的依赖传统故事的观点。后者在草根阶层依然有深厚的基础,如 1895 年在阿尔特多夫(Altdorf)竖立退尔纪念牌,1897 年霍德勒(Hodler)所绘的富有英雄气概的退尔肖像画,都是证明。为新的瑞士民族身份作出贡献的另一种因素来自布伦奇利(Bluntschli)这样的学者,他将目光投向了地理和景观。他响应席勒,认为阿尔卑斯山象征着瑞士人的质朴、纯洁、诚实、解放和美德。这种阿尔卑斯气质的构想激发了保护国家遗产的呼声,最终促成 1904 年在恩加丁创立第一个国家公园,以及 1905 年成立瑞士家园保护

① 参见词汇表的名词解释。——译者注

联盟。

这种文化上的民族构建具有一定的负面性,即很多瑞士人开始觉得他们的国家和身份被周围太多外国人的存在,即“过度移民”所威胁。这种情绪在1893年开始显露,仪式宰杀动物(也具有某种反犹色彩)的禁令被投票通过就是一例。1900年后,“过度移民”成为公众普遍关注的问题。不论是民族意识强烈的激进党议员,还是担忧失去产
187 业工作的社会民主党,他们尤其针对到瑞士来寻找工作的日益增多的意大利人。这些恐惧反映的事实是:瑞士拥有的外籍居民人数是欧洲平均数字的7倍之多,外国人占有全国劳动力总数的14.7%,在苏黎世这个比例则上升到21%。

还有很多移民是德国人,他们通常从事敏感的专业性工作,在1890年代引起专业界的担忧,虽然瑞士德语区对德意志帝国怀有崇敬。因为很多德国人是为了躲避俾斯麦对社会民主党人的攻击而来到瑞士的,而且瑞士民族主义者有意将外国人涂抹成对社会秩序产生威胁的左翼形象。结果,1890年代末虽然有为吸收移民而增加入籍比例的举措,到了新世纪,对这种政策的抗拒却变强了。当右翼势力提出外国人本身即构成威胁时,联邦政府没有采取行动。在伯尔尼和苏黎世爆发的仇外骚乱通常针对意大利工人。这些事件使气氛更加紧张,结果民族认同变得更为情绪化,如果不完全是种族化的话。

基于种族的欧洲民族主义的激化在瑞士也出现了对等的情况,即新的基于语言的分化。在德语区出现了捍卫德语的行动,比如1898年雅各布·亨齐克(Jakob Hunziker)的著作《瑞士的德意志之争》(*Kampf um das Deutschtum in der Schweiz*)和1904年为推广德语而成立的德语语言协会。当1909年与德国和意大利签署的《圣哥达协议》的条款公布后,瑞士法语区发起了一场大规模的请愿运动,要求废除协议,不仅仅因为它作出了太多的让步,而且因为它实际上代表着德国接管瑞士。在沃州,人们收集签名,准备提出一个动议,要求未来的和约签订需经过非强制的全民公投。

另一种是社会分化。社会主义运动的兴起和罢工数量的增长

(1900 年到 1914 年超过 1 800 次,包括 1907 年日内瓦和洛桑,特别是 1912 年苏黎世的大罢工)引起雇主、中产阶级和农民的严重恐慌。1907 年,军队被派来应付大罢工,伯尔尼和苏黎世很快通过了不得罢
工的法律。1901 年,社会民主党与成立已久的格吕特里运动合并,成 188
员增加了很多。他们倡导市政社会主义,在议会中开始赢得更多席位,到 1911 年已增至 15 个,让其他群体更为担忧。政党也开始左倾,在 1908 年采纳了马克思主义和基于阶级斗争的纲领。

这些发展不仅使激进党从他们早期的“全国”立场偏离,开始右倾;而且 1914 年前他们还成立了一个“资产阶级集团”。它是一个资产阶级阵营,一个独立自主的政治经济阵营,由瑞士工商会、瑞士中小企业联盟和农民联盟领导,激进党和天主教保守党都在其中,所有成员都相信国家与左翼阵营是冲突的。1911 年,这个同盟将一部关于疾病和事故保险的新法削减到只剩框架。成立于 1913 年的旨在帮助就业的全国社会保险办公室,由于中产阶级和农民的保守主义,发展也非常迟缓。

这种正在显现的新型保守主义也明显体现在对民主程序的态度上。因此,虽然比例代表制在更多的州里得到采纳,包括巴塞尔乡村州,全国选民却在 1905 年到 1910 年间三次否决了这个制度,即使只是险胜。显然,瑞士选民虽然分歧日益增长,还是愿意包容激进派霸权主义的延续。类似的,1900 年联邦院的直接选举也被否决。而将协约的签署交由公投的想法最早于 1897 年提出,却一直没有进展,尽管是围绕《圣哥达协定》而起的风暴促生了这个想法。毫不奇怪的是,1893 年女工联合会和 1904 年社会民主党推动的女性选举权运动,也一直被忽视;教育和健康部门中吸收女性代表的要求也是如此。现实是,1907 年新的民法对女性还很不利。

激进党虽然依旧主宰议会,却面临着新的离心力。1896 年到 1905 年之间,它失去了左翼,左翼转而形成了民主党。在 1904 年到 1913 年间,它还失去了更多的保守分子。这些保守分子成立了一个新的自由党。而农民和福音派的因素也开始变得不稳定。农民觉得他们的债务

问题未能得到有效的回应,而政党和备受猜疑的社会主义分子关系过
189 于密切。主流新教教徒对政党的不适最终导致了他们于 1917 年脱离队伍,成立了福音派人民党。虽然激进党在发展组织机构,但它其实是在衰落,即使其与大财团结为了更加密切的联盟。1912 年苏黎世的大罢工突出了这两种趋势,也使政党更加接近仇外势力,包括由贵族右翼保守主义者冈扎格·雷诺(Gonzague de Reynold)领导的新右派。后者呼应宣扬复辟的“法兰西行动”,也在谋求复辟旧制度和传统的海尔维第主义。

保守势力也越来越倚赖天主教的支持。虽然 1894 年的天主教党夭折了,但是统一天主教的呼声越来越高,背后因素有 1903 年后举行的全瑞士天主教徒节日,以学生群体为甚的外部压力,还有对无神论社会主义的恐惧。尽管遭到了弗里堡和其他地区的老派天主教的寡头的抵制,新的天主教保守党最终于 1912 年 4 月在卢塞恩成立,使得瑞士天主教徒代表资产阶级一方向政治体制中的全面参与迈进了一步。

社会分化的扩大当然也是瑞士经济持续增长的一种体现。瑞士经济在世纪之交短期的过热之后,又继续扩张。到 1914 年第一次世界大战爆发之前,瑞士虽然只占欧洲总人口的 1%,但它为欧洲提供了 3% 的出口(其中五分之四是制造产品)和 5.7%的股本。瑞士拥有的大规模的公司也比其他很多国家多。繁荣的旅游业和商业带来了 2 200 万人次过夜入住旅馆,直到 1945 年后这个数额才被赶上。

工业化的加剧将 50 万工人带进了 8 000 家工厂。这些工厂通常是电力操作的,有的分布在山区,因为水电发展了。在政治上,经济增长意味着拥有强壮、受到良好教育、有时是外籍的劳动大军。这么多工人集中在大型城镇的事实表明,瑞士的农村中有很多人认为工业化令人恐惧,尽管瑞士社会普遍具有分散化的性质,或者也正是因为这一点。主要城市人口从 1900 年增长 11.6%到 1914 年增长 16%。大型
190 城镇获得了在 1888 年后创造的所有新工作的三分之一。由于农业没有扩大,乡村的恐惧心态也是容易理解的。

对于那些经营新工厂和银行的业主来说,工人的激进好斗成为最

大的问题。有趣的是,第一次世界大战前夕银行业大发展,建立了 45 个新银行,还有 30 次重要的合并。1896 年成立的总部在巴塞尔的瑞士银行(SBC)和 1912 年在苏黎世成立的联合银行集团(UBS)都是合并的结果。1912 年还成立了瑞士银行家协会。这些大规模的通用银行采取了德国和法国开创的模式。瑞士银行很快开始向富裕的外籍人士出售服务,部分是通过推销它们的谨慎和保密性,以此应对法国和其他地方越来越高的税收。这有助于招揽生意,与更大国家中的对手竞争。银行家普遍对社会主义抱有敌意,从而加深了社会分化。

尽管在 1914 年之前,瑞士人增进了对中立原则的尊重,但是外部事态的发展使正在扩大的语言分歧更为严重。1907 年,签订了新的关于海战的《日内瓦公约》,同年采纳了涉及中立和战争法的海牙第二公约,瑞士也参与了公约的谈判。瑞士在 1905 年到 1906 年的阿尔赫西拉斯(Algeciras)事件中继续担任仲裁的角色,后来又在 1912 年为土耳其-巴尔干和谈提供了地点,结果是《洛桑条约》的签订。但是,瑞士政府未能如愿在伯尔尼建立一个国际条约代表处,而瑞士庇护大量阿尔巴尼亚、土耳其和俄罗斯的异见人士则引起了国外的不满。

瑞士对其地缘政治情势感到忧虑,因此对军队问题更加关注,慢慢地为其配备了连发步枪和机枪。1907 年和 1911 年的改组将军队扩大为 20 万士兵,并改变了军队的管理、训练和兵役制度。军事成本很快占到预算的三分之二。军队体制的多方面变革在 1907 年公投获得通过。这引发了社会主义分子的挑战,但军队改革在国外颇受钦佩。

不幸的是,当局的忧惧是错误的,他们以为法国为了“复仇”,会穿
越瑞士去进攻德国。因此,1910 年,瑞士军队主动提出与德国共享军 191
事信息。两年后,威廉二世对瑞士进行了十分公开而有争议性的访问,表面上是观摩年度军演,实际上他是想确保瑞士在战争爆发后,能够掩护德国的南部侧翼抵挡法国。圣哥达铁路的股份出售给德国和意大利早已激起了反对,更别说还有罗马的公使佩特拉奇尼(Minister Pedrazzini)发出的民族统一的呼声。威廉二世的这次访问更让讲法语的人民感到自己的国家跟同盟国过于接近了。德语区瑞士人对新德国

图 6.4 1912 年 9 月，威廉二世和拜尔斯(Beyers)将军(第二次布尔战争中布尔一方的将军)观摩瑞士军事演习。照片中心是瑞士军官，右侧是其他德国人。鉴于欧洲分化的军事阵营，这次访问的政治意义重大。虽然表面上目的是以友好邻国的身份会见瑞士军事和政治家，威廉二世(左起第三)和他的手下也需要确定，如有战争，瑞士军队将能够穿越瑞士，阻挡法国对南德的任何进攻。这次访问也使人们意识到军队领袖和德国关系过于密切，让法语区的人民感到担心。一个布尔人的将军的在场格外加深了这种感受。

的同情也引发了奥地利-瑞士同盟的流言，从而引起了英国的关注。

192 虽然如此，到 1913 年为止，瑞士人已经锻造了一个坚固、富裕和自知的国家，有着高度创新的民主程序和真正的联邦制政府。国家政治比从前更有组织也更多元，尽管它已经抛弃了 1840 年代和 1850 年代的革命冲动，将极端主义排除在外，并将反对的少数派纳入体制，同时锻造了一种新的强大的民族和历史认同。然而，瑞士在变得更加民主的同时，也在发展一种日趋保守的倾向，从而难以应付新工人阶级的要求。因此，很多瑞士人对于变革感到不适和抵制。部分的结果是，这个国家很快就发现自己面对着新的内部分化，还有强大的外部挑战。

第七章　战争的冲击（1914—1950）

1914 年的瑞士是欧洲的国家体系中一个自信且相对民主的一员。 193
但是，两次世界大战与经济萧条交织的影响将要考验瑞士的凝聚力和繁荣。第一次世界大战给瑞士中立施加了严峻的压力，特别是在语言统一及经济保障方面。由此产生的冲突导致了战争末期的一次爆发，让国家的内政和外交都转向了新的政治方向。两次大战的间隔带来了更加极端的经济问题，连带着剧烈的社会分化，又常常受到外部的刺激。

面对着 1930 年代愈发紧张的欧洲局势，瑞士人开始未雨绸缪，准备防御外敌。它比 1914 年时更加团结，准备更加充分，还制定了被称为“阿尔卑斯山中防御工事”的防守战略。即使如此，他们还是无法避免被卷入德国的战时经济，以及 1944 年开始的和同盟国的纠葛。瑞士人民通过强化自己的民主统一和资源，从第二次世界大战的困境中自豪地复兴，但也更加孤立、失去了外界的信任。事实上，瑞士在欧洲大战及其他事件中所遭受的苦难比很多外界人士意识到的更多。

压力之下的中立与社会

第一次世界大战对瑞士人提出了重大军事行动的要求。当这些行

194 动牵涉到军事动员和保卫边疆时都还顺利，但在应对保持中立所付出的社会和经济成本时就不那么成功了。此外，沿着危险的语言界线，战争导致的分化给国家带来了严峻的考验。

但是，很少有人能预见到这些问题给中立原则和社会带来的考验。事实上，第一次世界大战爆发的时候，由于刚在伯尔尼成功地举办了第三届国家展览会和建立了新海尔维第学会，瑞士举国情绪昂扬。(1914年)6月28日，弗朗茨·费迪南(Franz Ferdinand)大公在萨拉热窝遇刺后，政府对随之而来的危机作出了迅速的反应，于8月3日派出22万人大军，主要驻扎在位于瑞法边境的波朗特伊(Porrentruy)的汝拉地区。议会在同一天投票赋予政府全权，并选举一名军事统帅，都是在战时有效。军事统帅的人选落在了乌尔利希·维勒(Ulrich Wille)的
195 头上，他是一位66岁的职业军人，母亲是一个英国诗人，还在普鲁士有亲戚。这个具有争议的选择是由阿瑟·霍夫曼总统推动的，部分目的是为了安抚德国人。考虑到军队人所共知的弱点，霍夫曼认为这是很有必要的。第二天，瑞士正式宣告中立。

武装中立在战争期间非常有效，因此瑞士的领土完整从未受到真正的威胁，尽管战争比预期的漫长得多。中立也有助于缓和德语和拉丁语社群之间的分歧，这种分歧由貌似亲德派的维勒当选军事统帅而引发。与此同时，中立给瑞士社会施加了巨大的压力，激化了中产阶级保守派和有组织的工人阶级之间的分歧。虽然保持中立，但瑞士很难在经济上抵御参战国的控制。结果是，在战争结束之时，瑞士处于非常分裂且一触即发的状态。

战争中第一批士兵的死亡据说发生于8月2日在靠近瑞士边境的地方，当时法德两国巡逻兵在波朗特伊以北发生了冲突，但是实际的战争从未对瑞士领土产生严重威胁。法国起初对阿尔萨斯的入侵被迅速击退，两方沿着孚日山脉的峰顶挖建战壕。战壕的南端比弗兰德斯平静得多，尽管瑞士士兵仍能听到枪炮声。而且，双方挖好战壕以后，瑞士就遣散了很多士兵，只留下5万。重新动员开始于1915年4月底意大利参战之后，军队被派至格劳宾登和南部。1916年到1917年，军队

图 7.1　为第一次世界大战作军事动员。照片展示了战争爆发时动员的瑞士军队的规模。成千上万的士兵在瑞士各地的广场上集结,包括楚格这个属于特别同盟的州。这张照片拍摄的是 1914 年 8 月 5 日,步兵第 48 营正在宣誓,时间晚于其他的一些地方,但士兵们全副武装。尽管他们已准备好被派去驻守国家的不同地方,但很少人会意识到这是一场漫长而痛苦的军役的开始。

再次被召集,只是因为担心参战国可能穿越瑞士去攻击它们的敌人。重大的侵犯并未发生,但在战争期间共有大约 1 000 次边境进犯。这些进犯包括格劳宾登的误发炮火,而其中五分之四是空中进犯,比如法国飞机试图飞越瑞士国土去轰炸腓特烈港的齐柏林(Zeppelin)基地,或是德国人在 1916 年轰炸波朗特伊。正因如此,瑞士到战争结束前组建了 120 架飞机的空军力量,尽管它们并没有派上什么用场,也没有真正的防空武器支持。

瑞士的中立部分有赖于参战国在外交和军事上的双重支持。一方 196
面,德国在摧毁鲁汶(Louvain)以后努力消解瑞士人的愤怒,算作对他们中立的大力支持。同盟国也同样尊重瑞士的中立。政府因此更加大胆,在 1914 年 11 月就早早地支持发起和平动议,并开花结果。另一方面，瑞士人也试图加强军事防御，与参战国进行谈判，预先阻止瑞士领土被用于任何进攻的可能性，比如1915年到1916年，因为担忧德国穿越瑞士进攻贝尔福而与法国的谈判。谈判一直拖延下去，到1918年结束时只达成一个口头的谅解。当法国人在1915年到1916年欲通过制订H计划而穿越瑞士向阿尔萨斯推进时，瑞士可能也认真考虑过和德国进行类似的交易。然而，法国人在凡尔登刚遭到进攻时，就放弃了上述计划。意大利人也计划在提契诺采取防御，以防德国人越过瑞士对他们发起攻击。

政府也发现保持中立相当艰难。在1916年12月和1917年2月，它两次调停的努力都失败了。接着是1917年5月末，外交部部长霍夫曼发给当时在俄国的社会民主党议员罗伯特·格林(Robert Grimm)的急件被法国人截获，然后被转发给俄国政府和瑞典媒体。急件中表明霍夫曼为了保护瑞士经济，正考虑进行一个单独的德俄和谈，而政府其余成员对此并不知情。这不仅激起了联邦委员会和同盟国的愤慨，也激怒了瑞士法语区的人民，他们举行了反霍夫曼的示威游行。霍夫曼随即辞职，以平息法语区和那些怀疑瑞士中立人士的怒火。取而代之的是72岁的红十字主席古斯塔夫·阿多尔(Gustave Ador)，在他的推动下，红十字会在改善战俘待遇方面取得了一定的成就。

中立也在国内受到了考验，如不同语言区之间出现的“鸿沟”。战前潜在的冲突被战争迅速激化。总体而言，德语区的国民同情同盟国，
197 这是由于德国移民的影响以及对德国强大的军事和文化的崇拜——有些人设想了瑞士德语的终结。很多人认为法国在分崩离析，德国一定会赢得战争，站在胜利的一方才是明智的。说法语的人和后来说意大利语的国民对协约国更为同情，有7 000名瑞士军人在法国军旗下作战。他们也对德国统治下欧洲将会发生的事情表示担忧，特别是比利时的屠杀之后。战争期间，关于“文化斗争”时期德国镇压汝拉的记忆也在那里激发了一场分裂运动。

1914年8月以后发生的所有事情都是由这些潜在的偏见诠释的。因此，维勒的当选被视为对协约国的蓄意冒犯。尽管有时冲突是有形

的,如 1916 年德国人在洛桑街上被攻击,但语言“鸿沟”本质上是一场语言的战争。参战国鼓动着语言的派系之争,尤其是同盟国,他们起初更擅长游说。外部因素常常为媒体提供资金,因为这种战斗是通过报纸、书籍、杂志、小册子和漫画进行的,更不用说流言蜚语。来自另一语言群体的谣言、对莫须有的残暴行径的谴责和对背叛的指控大量存在,还有对外国阴谋的笃信。双方都发展了一些组织来捍卫自己的利益,比如 1904 年成立的由爱德华・布劳赫(Eduard Blocher)主持的瑞士德语协会,和 1916 年的爱国法语联盟。

讽刺的是,某些瑞士人比他们的资助者还要极端。罗曼・罗兰发现瑞士籍德国人的扩张主义比德国皇帝还要严重,而克列孟梭有时宣称有些事是他不能做的,因为瑞士的法语报纸会无法忍受。在 1915 年这一年实行了新闻审查,然而军官对此处理得极为失当,以致政府不得不成立有记者参与的混合委员会来接管。

争议变得如此激烈,1914 年 8 月就产生了平息事态的诉求。到 11 月,政府觉得有必要发出全国团结的号召。12 月,家喻户晓的诗人卡尔・斯皮特勒(Carl Spittler)作了著名演讲“我们瑞士人的立场”,呼吁国人不要偏向任何一方,而是要牢记他们都是兄弟姐妹,应当统一起来 198
保持瑞士的中立国家立场。瑞士籍法裔历史学家保罗・赛珀尔(Paul Seippel)也作了类似的发言。这些干预似乎产生了一定效果,事态在 1915 年有所缓和,但在 1916 年争议再次爆发,还有围绕着“上校事件”的示威游行险些引发动乱。总参谋部的艾格里(Egli)和瓦滕维尔上校因将瑞士情报汇总泄露给德国军事专员而被捕。维勒对他们温和的判决在法语区激起愤慨,《威韦邮报》(*Courrier de Vevey*)谴责政府准备让德国军队穿越瑞士以便攻打贝尔福。

战争也激化了社会压力。战争期间,士兵必须服满平均 608 天的兵役,此间需服从严苛的军纪和训练,却长期缺乏头盔、防毒面具或机枪等配备。军队对边界守卫的枯燥生活补偿很少,只有偶尔的偷猎者才会打破他们的宁静。最重要的是,士兵只能得到一些零花钱,他们的家庭失去了养家糊口的主力却没有得到补偿。在一个物价上涨是收入两倍的年代,没有津贴使很多家庭陷入穷困潦倒的境地。战争赋税是另外一个负担。到1917年为止,全国400万人口中有大约70万人身陷贫困,出生率和婚姻比率都降低了。1916年到1917年,无限制潜艇战削减了食物进口,结果爆发了缺粮暴动。同时,一些公司和农场却在赚取大量利润。因此,出现逃兵,或是约5 000被征入伍的士兵加入士兵工会,都不足为奇。政府却不明智地对需要帮困的人员及其家庭不闻不问,因此,它限制协会的权力,否决工厂立法,很晚才采取配给制。直到1916、1917年,配给制才广为采用。结果是,随着军人阶层的怨愤增多,阶级对抗也在战争期间加大。

事实上,也许是交战国的经济政策给中立和瑞士社会施加了最大
199 的压力。双方都想确保他们运往瑞士的物资不会被送给另一方——双方也都不信任交给瑞士运输。1915年8月,同盟国创建了一个总部在瑞士的代理处来控制瑞士的进出口贸易,即瑞士经济监管协会。大部分进出口货物取道地中海的塞得港。这些条件限制很多,维勒甚至认为瑞士可能被迫参与同盟国一方作战,以保持独立。同盟国却如法炮制地建立了瑞士信托公司。交战国互相矛盾的要求很难调和,特别是双方都知道瑞士会付出高价来维持它的供应和中立。瑞士的煤和制造产品依靠德国进口,食品和殖民货物则依靠同盟国。煤的短缺迫使政府停止周日的火车班次,然后对铁路实行直接控制。同时,物资危机意味着瑞士不得不与同盟国有更多贸易往来,这也给它的中立立场带来问题。

就这样,战争成为瑞士经济的主要挑战。原材料进口额下降,使出口更加艰难,在1916年的一个好年景之后,压力剧增,尤其是纺织业。出口减少意味着在没有国家失业补助时期会有很多裁员。旅游业损失也很惨重,就连银行都面临困境,虽然它们抵制了国家意欲对泄露施以新的控制和规则。一些大规模的农场主因物价上涨而获利,但小型农户出售的产品更少,因而在税收、通货膨胀和劳动力短缺方面遭受了更大的打击。战争的花费是另一个经济负担。借贷使得国债从1913年的1.46亿瑞郎猛增至1919年的18.17亿瑞郎。瑞郎在这种形势下也

承受着重压。国家不得不通过战争税、一种利润税和更高的印花税来增加税收,所有这些赋税都使社会问题更加严重,在战争即将结束之时将会一齐爆发。

战后的社会政治危机

政府在战争期间执政失当,部分是因为其内在的与大部分主流社会所共有的保守主义。对俄国革命产生的"布尔什维主义"的恐慌更加剧了这种倾向。所有这些都产生了直接的政治后果,甚至在一段时期 200
内产生了更严重的影响。恶化的阶级分裂和经济压力在 1918 年爆发,引起了重大的社会动荡。保守主义势力设法解决大罢工,但不得不就比例代表制作出让步,从而开始了政治关系的新时期。同时,国家通过成为国际联盟的一员,改变了绝对中立的立场。这些发展将在未来的多年成为这个国家的标志。

不过刚开始的时候,政府的缺陷——包括霍夫曼事件——主要影响了 1917 年 10 月的选举。在这次选举中,社会民主党、天主教保守党和民主党从自由党和激进党手中赢得了席位。当更年轻的势力开始要求对经济采取干预性更强的措施时,激进党的地位被进一步削弱。激进党的乡村盟友也对社会主义感到愈发不安和忧虑,工会势力的增强、罢工次数的增多,都体现了社会主义的影响。同时,在列宁的领导下,瑞士左翼被一个新的共产主义运动所占据,1915 年和 1916 年分别在齐美尔瓦尔德(Zimmer Wald)和昆塔尔(Kienthal)召开会议,号召工人阶级发动内战夺取政权。虽然瑞士工人阶级对此并未留意,社会民主党却开始攻击瑞士的国防政策、财政以及缺乏民主的问题。

到了 1917 年,列宁显然相信瑞士和美国一样,革命的时机已经成熟。当权者、当权的维勒和中产阶级社会的大部分成员也因为明显的布尔什维克的威胁而惊慌。左翼的狂热和资产阶级的恐惧都激化了对外国人的怀疑,后者越来越成为政治极端分子的同义词。因此,1917 年联邦院从各州接手了外国人的管理政策,即使外国人的数量已从 1914 年的 60 万(占人口的 14.7%)降到了 1920 年的 40.2 万(占人口的

10.4%)。

事实上,瑞士在战争末期确实经历着一场社会和政治问题的爆发——不是由外国煽动者挑起的,而是战争引起的人民生活水平的灾难性下降导致的社会压力,还有政府错位的激进主义。1918 年初,政
201 府决定施行一种新的为期一个月的义务民役,重点是做公共设施工程。工人阶级背负的额外负担迫使社会民主党和工会联合起来,组建了奥尔滕(Olten)委员会,开始计划工团主义思想主宰下的大罢工。那一年的 9 月 30 日,要求增加薪水的罢工在苏黎世的银行职员中爆发,得到了工人阶级的支持。俄国十月革命加深了这种冲突,导致了 10 月 17 日苏黎世的声援游行。游行变成了一场暴动,有一名警察被杀。维勒和其他人试图立刻停止令人恐惧的革命,在自身没有军事力量的苏黎世当局的请求下,派军队进驻城市,由亲德派的桑德雷格
202 (Sonderegger)上校率领。11 月 10 日,桑德雷格的士兵向游行者开枪,使三人受伤;奥尔滕委员会 11 月 12 日号召罢工,并发布一个九点改革方案。铁路业和德语区冶金业的约 25 万工人响应了号召。虽然罢工几乎是完全和平的,维勒还是从乡村州和天主教州动员了 10 万人,占领苏黎世。面对这种形势,奥尔滕委员会下令复工,平息了罢工。

虽然如此,但是罢工与战争的影响同比例代表制的实行结合起来,依然戏剧性地改变了瑞士政治。首先,新的选举制度——很快在更多州推广——给激进党带来了自 1848 年以来最糟糕的选举结果。他们失去了一半的席位——包括很多温和派——只余下 60 个,仅仅比社会民主党和天主教保守党加在一起的席位多出 19 个。这个结果既是一场真正的政治地震,也是瑞士政治历史上的分水岭,它使国家从多数代表制转型为高度的比例代表制和多元政治文化。

但是在 1919 年,右翼依然占大多数,这是由于天主教徒们持有激烈的反社会主义立场,他们的主教公开反对社会主义;在伯尔尼和苏黎世出现的农民政党也反对社会主义,他们占有 30 个席位,1921 年合并成为“农民、手工业者和市民党”。实际上,这次选举创造了一个新的资产阶级、民族主义者和农民组成的集团,他们用罢工作为托词,来消除

图 7.2　部署军队镇压 1918 年 11 月中旬的大罢工。爆发罢工的驱动因素有社会困苦、精英的顽固不化以及军事侵略。罢工使得维勒和军队领导层害怕国家正面临一场布尔什维克革命。他们因此从乡村州和天主教州动员军队,包括这张照片上所示的面露凶光的骑兵,兵淹苏黎世。在如此规模的武装面前,罢工领袖退缩了,留下的是对社会和政治不满所引发的惨痛后果。

左翼的担忧。反对左翼还采取了一种愈发激进的形式,如建立好战的国民警卫组织。尤金·比歇尔(Eugen Bircher),一个亲德派军医,创建了反犹主义的"爱国联合会"。他的这种行动反映出瑞士社会日益增长的仇外情绪,一直延续到 1920 年代中期,导致了 1921 年严苛的新入籍法的出台,以及 1925 年联邦对外国人事务的完全管控。1925 年,比歇尔的势力演变为一个更加危险的新组织"保安团"(the Heimatwehr)。不过选民在 1922 年否决了一项新的安全法,这个所谓的"哈勃林法"(Lex Häberlin)赋予政府更多的监管权。

政治方向整体右倾,进一步强化了先前的右倾趋势。这意味着社 203
会民主党虽然拥有新的选举力量,却被排挤在政治权力迷人的圈子之外。他们对军队在战时的阶级偏见和镇压罢工的行动颇为怨愤,使他们受到更多排挤。这种形势,加上战后严重的两极分化,表明社会民主党不可能在政府中拥有一席之地。现实是,1919 年议会选择了第二个强烈反对社会主义的政治家、天主教徒、来自弗里堡的让-马里·缪希(Jean-Marie Musy)任联邦委员会委员。他们的排挤导致社会民主党更多地利用直接民主动议制度来推进他们的观念,可是选民持续的保守主义意味着他们所得甚少。比如,1921 年社会民主党的一个征收财富税的提案遭到了惨重失败。

国际事态的发展也激化了正在扩大的内部分裂。1919 年,奥地利的福拉尔贝格(Voralberg)省几乎全民表决通过,想要成为瑞士的一部分,但被瑞士当局拒绝。当局害怕这会扰乱国家的宗教和语言局面的平衡,并给中立和防御制造问题。更加重大的是关于国际联盟的辩论。凡尔赛和谈大部分时候都跟瑞士无关,因国联对中立并不赞同,但最终瑞士依照 435 号条款保住了特殊地位,免于参与国联的军事行动。加入国联得到了像独立保守派部长阿多尔这类人的大力支持,他将国联视为共产主义的一个屏障。但是,国联也有它的问题,因为它预想实施经济制裁,这意味着瑞士将会被迫采取区别化的中立。因此,瑞士加入国联遭到了右翼势力的激烈反对,其中包括爱德华·布劳赫领导的“瑞士独立大众联盟”[①]。尽管绝非必要,瑞士还是将加入国联的问题交由公投表决,结果 1920 年 5 月 16 日险些没有通过。如果阿彭策尔的几张选票换一个方向,加入国联的提案就不会获得州的大多数选票。八个月后,选民制定了一条规则,即长期协约的签订必须经由投票表决通过。与此同时,政府拒绝让维和部队穿越瑞士前往维尔纽斯,令国联十
204 分不快。国联对中立的承认也结束了萨伏伊和日内瓦周边自由区的非军事化。1923 年来自大众的抵制阻止了一项新的交易,使这些自由区的制度彻底失效。但是,舆论坚定地支持瑞士拒绝与苏联建立外交关系。

① 名称对应的原文为:the Volksbund Für die Unabhängigkeit der Schweiz,即 Popular League for the Independence of Switzerland。

对国联和社会改革所持的不安态度部分是缘于对经济气候恶化的忧虑。战争末期,出口大幅增长,曾有一个短暂的繁荣时期。但是1922年,欧洲在经受赔款危机的冲击时,瑞士也开始了新的经济危机。在一个高通货膨胀和瑞士的征税使出口货物价格昂贵之际,它的老竞争对手们,通常是高度的保护主义者,又回归市场,严重影响了瑞士所持的股份。纺织品和钟表出口量急剧下降,而失业率上升至10万人之多。保守派对任何补救措施的抵制更是雪上加霜。这足以证明,经济危机并未打破之前存在的政治平衡。

大萧条与意识形态矛盾

实际上,对外国人和崛起的左翼势力的恐惧不仅在持续,而且越来越强烈、激进,尽管1920年代中期是瑞士经济发展较好的时期。1929年开始的大萧条残酷地逆转了复兴的经济增长,导致了真正的困难,特别是在实行了严厉的经济政策后,社会分化更加严重了。虽然在危机深重的时候政府以更多的干预取代了这些政策,但是大萧条实际的降临促使很多瑞士人像欧洲其他地区的人民一样,开始寻求解决他们问题的新的极端的答案,间或对1848年后的国家成就表示怀疑,有时还是强烈的怀疑。最后,国家大体上压倒了极权主义的威胁,并遏制了崛起的左翼势力。

1920年代,德国的恶性通货膨胀一被抑制,瑞士经济又开始繁荣。
在1920年代的下半叶,经济蓬勃发展,不仅在增长,也在重组,农业被 205
服务业尤其是被银行业和旅游业夺去了更多阵地。零售业也随着戈特利布·杜德威勒(Gottlieb Duttweiler)开创性的移动食品杂货卡车的方式而改变了,传统商店的店主强烈地抵制这种新方式,消费者却很欢迎。制造业继续从纺织品向金属、化学药品和食品转变,雀巢公司变得愈发重要。国家收入和工资都在增长。经济增长也许可以解释为什么选民在1925年5月否决了一个创立养老金和事故保险的提案,并在同年12月投票通过了政府的一个与之对立的方案。

但是在政治上,天主教徒、农民和有闲阶级依然对共产主义革命充满恐惧。因此,他们在思想上和行动上都更向右转。法国的“法兰西行动”和意大利的法西斯主义对法语区的冈扎格·雷诺(Gonzague de Reynold)和乔治·奥特雷迈尔(Georges Oltremare)这样的作家影响很深。法西斯组织成立了。维勒在 1923 年主持了一个由阿道夫·希特勒发表的演讲。到 1920 年代末,这种倾向进一步加强。沃州的一个激进党人马塞尔·皮莱-戈拉茨(Marcel Pilet-Golaz)入选联邦委员会,后来则是农民、手工业者和市民党的鲁道夫·明格(Rudolf Minger),他所属的党派也许是当时反自由主义和反社会主义最激烈的。明格的入选意味着直接拒绝了应该允许社会民主党进入政府的呼吁,后者正开始缓和他们的立场。天主教保守党也在 1928 年的大选中有所斩获,虽然外交关系这时候已经不太紧张了。“瑞士独立大众联盟”继续反对瑞士参与国际联盟中,政府也在犹豫是否不再鼓励国际仲裁,并扮演国际仲裁优质办公地点的角色。当在法国外籍兵团的服役最终被禁止时,中立的地位得到了巩固。然而就在同时,多尼尔公司绕开凡尔赛和约对德国重新武装的禁令,被允许在瑞士开办工厂;而长期任职的外交部部长朱塞佩·莫达和缪希明确实行极端反布尔什维克的外交政策。到 1930 年为止,外国人的数量虽然已经降到人口的 8.7%,1931 年仍然通过了一项针对外国人的严苛的新法。

彼时,瑞士已经受到 1929 年华尔街股灾的灾难性影响,并于 1932
年后陷入艰难的经济低谷,其后果到 1939 年战争再次爆发时也没有完
206 全消除。GDP 和资产值急剧下跌,收支盈余的平衡几乎被外国保护主义完全破坏,资本开始从国内流出。尽管想要减少开支,政府却不得不下手拯救一些银行。商业界企图阻止杜德威勒的米格罗公司开设新店,使得他开始出售自己的品牌(预先包装的便宜的生活必需品)的特许经营权。1935 年,他的业务范围扩大到 HotelPlan 旅游集团,让服务业有了双重发展。工业受到的打击尤其严重,制表业损失了三分之一的劳动力,致使失业人数达到 12.4 万,占全国劳动力的 6.5%。农业也遭遇了价格下跌。

经济大萧条给瑞士造成了严重的社会问题,最值得注意的是因削

减工资和有限的失业补助而导致的贫困。很多家庭被迫接受赈济。工作的短缺使女性解放更加不可能,所有州的相关提案都被断然否决。罢工也变得更为普遍,特别是在 1930 年到 1932 年之间,社会民主党又开始赢回阵地。到 1936 年,他们已经成为最大的党派,从其他三个右翼政党手中夺回席位。右翼政党对于帮助失业者的社会措施缺乏热情,同时更倾向于设立更高的间接税和其他紧缩通货的手段。社会民主党呼吁设定最低工资、控制价格和其他处理危机的手段,但这些提案都被否决。此外,实行养老金和事故险的提案也被阻止,阻挡了瑞士进入欧洲福利制度主流的脚步。然而,选民否决了主要是针对民役的结构性工资削减。1932 年 11 月,当未经训练的应征新兵向一个左翼的抗议游行队伍开火,致使 13 人死亡、63 人受伤时,工人阶级和右翼多数派的分化达到顶峰。这一事件成为全国的耻辱,损害了军队的名誉。

恶化的经济使左翼能为其反危机的动议收集到 33.4 万个签名,作为回应,政府被迫采取了有限的、通常是混乱的干涉手段。它开始是想通过创立一个新的股份公司,即瑞士钟表工业公司,以及禁止创立任何新的制表公司,来挽救制表业。接下来,政府被迫收购经营失败的银行股份。为了使这种政策合理化,政府在 1934 年出台了一个新的银行法提案,将泄露银行秘密定为刑事犯罪。这是针对法国和魏玛共和国的政府,后两者企图阻止战败国支付的赔款流入瑞士。1934 年,政府通 208
过了一揽子扶助农民的特殊措施,即便这些动议使得它的成本逐步上升。比尔的地方政府也说服通用汽车公司在那里开设一个工厂。财政部长缪希力图让政府在 1934 年进一步紧缩财政,并在自己的努力失败后辞职了。这为 1936 年 9 月瑞郎贬值 30%铺平了道路。

政府无力采取更多手段,激发了极右派运动的兴起,他们开始推动瑞士体制的剧烈变化。1930 年代初期,约 40 个仿效德国和意大利模式的所谓"阵线"出现了。这些阵线常有交叉,令人迷惑,有些是从内部产生的,有些则是由外国支持的,比如"提契诺民族联盟"和前上校阿瑟·方亚拉茨(Arthur Fonjallaz)的"瑞士法西斯阵线",这两个组织都得到了墨索里尼的资助。德国支持"联盟阵线"和威赫姆·古斯特洛夫

207

图 7.3　一幅选举时期的漫画，讽刺了 1930 年代初期右翼阵线的激增。在画中，各个阵线的名字非常相似，狂热的宣传者们争夺着一个矮小而困惑的选民。前景中两个台子的后部明确地标志出这一事实，即很多这样的右翼组织是由外国鼓励并资助的。漫画家也注意到这些运动的脆弱性，在画中表现出了这些阵线的迅速衰亡。

(Wilhelm Gustloff)领导的德国纳粹党的瑞士分支。规模最大的是“国民阵线”,还有瑞士法语区由奥特雷迈尔(Oltremare)领导的“民族联合”。这些阵线组织通常在城市建立,尤其是伯尔尼、苏黎世和沙夫豪森,在大学和青年运动中很有基础。他们相信瑞士已经堕落,需要重建,采取的立场是反民主、反自由主义和反犹主义的。他们理想中的瑞士是倾向社团主义而非资本主义,更具有国家安全意识,拥有更明确的领导者。这些立场使他们远远游离于瑞士保守主义主流之外。

阵线运动的第一次成功是在1933年初,他们在苏黎世和日内瓦赢得了很多席位,即后来所称的阵线之春。但是,和都特维勒反当权派、反极端主义的新党“独立联盟党”[①]相比,他们得到的票数少得多。此后,阵线组织专注于发起宪法大幅度修改的动议,这是一个对很多选民有吸引力的简单目标。他们为此征集了7.8万个签名,也得到了桑德雷格这样的名流支持,但在1935年9月的投票中,阵线的动议只得到了19.6万张选票,遭到全面失败,一同遭遇挫败的是更为强硬的内部安全法的提议。

选举失败使阵线组织走向没落。在瑞士领土上发生的一桩盖世太 209
保的绑架案件,极端派和温和派之间的内部分歧,以及政府行动,都削弱了他们的力量。联邦委员会虽然允许德国大使馆的一个委员继续维系阵线组织,但要求终结瑞士纳粹党组织,并最终于1937年完全禁止阵线组织。经济复苏也有助于减少瑞士对法西斯主义的支持。瑞郎的贬值和德国市场的重新开放刺激了出口贸易和旅游业的复兴,新的工作机会和股票价格也随之增长。上述增长则为新的消费品繁荣铺平了道路,如电饭煲、电话和收音机等。然而,形势依然险恶,也迫使瑞士在将向极右偏转视作警报之际,决定如何面对这个正在增长的威胁。

应对危机

因此,1930年代末的政治气氛改变了。虽然本地法西斯主义运动

---

① 独立联盟党,对应的德语名为Der Landesring der Unabhängigen,瑞士政党,成立于1936年,1999年解散。——译者注

的势头已被遏制,但它的出现以及周边极权主义政权越发强烈的武力恫吓,都令人忧虑。这使得瑞士对自身在欧洲的位置愈发敏感,也引发了政府和左翼两方对瑞士文化和政治身份的反省。因为极权主义的威胁,社会民主党偏离了他们反军事化的立场,向主流政治靠拢。这些变化共同推动政府和人民从国际合作转向对自身资源的更多依靠。尽管国家依然对外国人持有戒心,但也开始发展一种明显有别于法西斯思想的新意识形态。最终,国家也开始重新思考它的军事和政治地位,首先是重新武装备战,接着,在纳粹猛攻欧洲西部之后,打造了一个防守严密的阿尔卑斯要塞,即“山中防御工事”。

农民、手工业者和市民党的联邦委员明格相信战争会在 1939 年到
210 来,并致力于重整先前被忽视的军队。1936 年,他保住了更多的预算,并创立了战争贷款。接着,他启动了一项新的战略规则,以更多、更小、装备更强的师的编制为基础,还将新兵训练延长到三个月。最后,他在 1937 年创立了一个战时经济基层组织,以求做好社会备战。这个组织旨在支持士兵的家属,并鼓励国家和家庭储备生活必需品:两个月的食品,家庭还应储备其他必需品。外交政策则陷在过去的惯性中,起初是保守主义的中立,除了对苏联的态度(瑞士甚至阻挡苏联加入国联)。政府在埃塞俄比亚战争中采取了极端的立场,甚至不允许海尔塞拉西去自己位于威韦的别墅居住。1939 年,瑞士在西班牙内战结束之前,也非常认可佛朗哥的政权,尽管有 800 瑞士志愿兵为共和党而战,其中 300 名失去了生命。

在 1930 年代中期,瑞士就中立作出妥协,体现在对待纳粹德国的难民问题上。很多难民都是被迫离开德国,或迫于压力来到瑞士的。难民潮在一些瑞士人中引发了“国家正被犹太人化”的情绪,虽然相关的人数比两次大战之间的年代还有所下降。希特勒在 1938 年吞并了奥地利,又导致了新一轮的移民潮,而联邦警政部的领导,保守的反犹人士海因里希·罗斯蒙德(Heinrich Rothmund),试图预先阻止大量不可能被遣返德国的犹太难民的进入。强迫所有奥地利人办理签证可能会让德国人不满,于是罗斯蒙德接受了纳粹政权的建议,即犹太公民

应在护照上加印一个字母J。这项措施为忧虑的瑞士人解决了一个短期问题,却给瑞士的国家名誉造成永久的损害。在这一时期,所有外国人的登记规则变得更加严格。在柏林方面抱怨瑞士媒体对纳粹运动的批判性报道之后,新闻控制也开始了。

对极权主义的威胁左派比政府还要恐惧得多,因此想要进一步向 211
主流靠拢。社会民主党修订了他们的政策,同时抛弃了无产阶级的“独裁主义”和他们对国防的反对。1936年,该党的代表投票赞同战争贷款,将他们变成了一个正统的政党,而不再是反主流文化群体。尽管保守派依然觉得社会主义是不爱国的,但实际上左翼已经认同了国家防御和身份的观念。因此,1937年7月19日,恩斯特·杜比(Ernst Dübi)领导下的工会作出重大决定,与冯·罗尔(Von Roll)公司的康拉德·伊尔格(Konrad Ilg)领导的主要雇主签署了一个不罢工/不停工协定,即所谓的“劳动和平协议”。这项方案反映出左派认识到劳资双方的分裂是怎样为德国纳粹所利用的,他们希望在瑞士不要发生这种情况。社会民主党的节制并未阻挡州政府禁止组建共产党,缪希的反布尔什维克民族协会驱策了后者的行为。这种节制也没有令其他党派信服到将一个该党成员选入联邦委员会,因为他们仍对该党潜在的革命和反军事化倾向心存恐惧。不过政府确实作出许诺,新的经济政策将更能为左派所接受。

劳动和平协议结果成为向更加自力更生的整体政策转型过程的关键因素,产生了所谓的“刺猬综合征”。当外交部部长莫达使瑞士退出国联时,瑞士恢复到1938年的完全中立状态。同年,当墨索里尼就提契诺州的“意大利气质”和格劳宾登州的意大利语区发出分裂的威胁时,全民公决通过了将罗曼斯语作为官方语言,作为给他发出的不干涉信号。瑞士德语越来越广泛地公开使用进一步加强了瑞士的语言统一,也强化了它跟纳粹德国的区别。1938年,一个支持瑞士德语的新组织因此得以成立。对瑞士身份的公开宣扬随着1937年施维茨建立联邦宪章博物馆而继续。另外,针对德国质疑者,像卡尔·梅耶这样的历史学家捍卫了退尔。1939年苏黎世举办的全国博览会也是很好的例证。

此外,政府以"精神国防运动"(Geistige Landesvertei-digung)为旗号,大力增进各种动议及全民族在道德和思想上的凝聚力。这个术语
212 由 1929 年一个激进党的议员在猛烈抨击过度移民时提出,后被媒体,包括一些阵线组织的记者使用。然而,将它真正带到公众视野的是新的天主教保守党部长菲利普·艾特尔(Philip Etter)。他在著名的 1938 年 12 月政府演讲中着意使用这个术语,以号召国民捍卫瑞士文化。"精神国防运动"被证明是深受大众欢迎的,它以邮票、儿童书籍和官方出版物为宣传媒介,通过强调英雄主义理想、集体主义和阿尔卑斯山要塞,鼓励一种对瑞士及其历史和身份的新的"常识化"思考,这种思考有别于纳粹的民粹主义。这种概念因而促进了国家统一,为瑞士备战和幸免于即将来临的大战发挥了积极作用。

由于轴心国的种族主义和极权主义,及其对瑞士领土完整的明显威胁,第二次世界大战给瑞士施加了一系列新的压力。和第一次世界大战相比,第二次世界大战引发的内部分裂较少一些,但它产生了新的道德问题和实际挑战。当战争最终爆发的时候,起初通过了一轮顺利的动员过程:投票通过赋予政府全权,宣告中立,选出一位将军。议会在 1939 年的选择比 1914 年的少了很多争议,61 岁的亨利·吉桑(Henry Guisan)被选为最高统帅。他本来是法语区的农夫,后成为职业军人,是一位语言交际能力很强的保守派,他将成为第二次世界大战中的国家英雄。到 1939 年 9 月初,他旗下已有 43 万士兵武装备战,尽管当第二次世界大战宣战之后并未导致西欧的战事,而是所谓的"假战"时,很多士兵很快就回家了。当局趁战事的空档期做好备战,吉桑成立了一个叫作"家中军队"的机构,以振奋感到无聊的士兵的士气,也向平民宣扬瑞士精神。值得注意的是,席勒的戏剧《威廉·退尔》在苏黎世剧院上演,此时大受欢迎。还成立了一个正式的"妇女补充服务"组织招募女性志愿者。1939 年 12 月设立的"被动员士兵补偿金"保障了士兵收入,其中 4% 由公司和工薪阶层支付。秋天来临时,面粉、大米和糖等产品开始实行配给制,物价、房租和服务业也受到控制,因为政府需要确保能够应付战争中不可避免的艰难时期。政府也试图解决

与交战国的经济关系问题,因为交战双方都想控制瑞士贸易——不论 213
是德国想阻止原材料进入同盟国,还是同盟国想确保瑞士武器的持续供应。与同盟国的谈判结果比与德国的交易还要困难。

吉桑非常清楚瑞士军队也许过于脆弱,无法抵挡德国对瑞士的任何进犯。于是他向法国试探,一旦纳粹进攻瑞士,法国是否能在军队左翼给予援助。但当德意志国防军于1940年5月开始闪电战时,这些计划即不复存在。瑞士重新动员更大规模的军队,却没能避免大众在5月15日到16日德国对巴塞尔和沙夫豪森之间的地区发起佯攻时的恐慌。佯攻将吉桑的军队置于利马特防线的错误位置,古德里安(Guderian)的装甲车在他们的侧翼和后部。6月16日,古德里安的军队开进法国,但是瑞士依然腹背受敌,因为那时意大利也已参战,这意味着瑞士被轴心国完全包围。德国人发现了瑞士参谋与法国谈话的证据。证据是在卢瓦河畔拉沙里泰(La Charité)的一列火车上找到的。因为瑞士并未与德意志国防军进行相应的谈话,这些文件使瑞士的中立受到了质疑。瑞士陷入深重的险境,入侵似乎也真的可能发生。的确,德国总参谋部在制订一项号称"圣诞树行动"(Operation Tannenbaum)的侵略计划,将于6月末到10月17日实行。瑞士空军不得不击退纳粹德国空军频繁的侵犯,他们的成功惹恼了戈林,他派去的意欲扰乱瑞士拦截机的破坏分子却失败了。

应对威胁引发了分裂性的国内危机。6月20日,马塞尔·皮莱-戈拉茨和艾特尔两位部长在电台演讲中呼吁瑞士人适应新的形势,接受联邦委员会的"可靠领导"。这个讲话反映出保守派对于瑞士政治体制效率缓慢缺乏耐心。他们深信,要有更强大的专制统治来确保瑞士的独立。但是他们雄心勃勃的声明却激起了与预期截然不同的反应。遣散部分军队和为空中冲突而道歉引得很多军人害怕政府不再想抵抗
德国的进攻。他们也为阵线组织的复苏而忧虑,后者的行动让中立受 215
到了质疑。尤其是一些阵线领导在9月10日被皮莱-戈拉茨正式接纳。一群军官甚至计划暴动,结果被短暂收监。不过,军队的担忧依然致使一个开放的全国抵抗联合会得以成立,而同时德·鲁日蒙(De Rougemont)和其他人创建了圣哥达联盟来组织平民抵制纳粹主义。

214

图 7.4　吉桑在吕特利(Rütli)。照片摄于 1940 年 7 月 25 日,亨利·吉桑,当时的军队统帅,在高踞琉森湖之上的著名的吕特利草甸,召集了几乎整个军官团的会议。吕特利草甸据说是旧邦联的三个创始成员宣誓成立解放联盟的地点。在被称为“报告”的讲话中,吉桑——最靠近湖边的那个人——向他的军官们保证他计划抵抗德国的任何进攻,哪怕法国覆灭,并向他们说明日后将要执行的“阿尔卑斯山中防御工事”战略。他的倡议成功了,这次会议本身也成了传奇。他将复制的签名照片先后送给儿子小亨利和一个陆军中尉的事实,表明他自己也很清楚这个事件具有历史意义。

在这一时期,吉桑考虑的是在军事上如何应对“闪电战”和瑞士遭到的新围困。1939 年的战役使他确信,一个机动的瑞士军队也许可能保住防御的位置。6 月 13 日制定了参谋报告,但是吉桑仍然不够确定,到了 7 月 9 日他才决定用阶梯式防御,最后一道防线是筑有防御工事的阿尔卑斯山。采取这一战略的目的不仅仅是令敌人放弃进攻的计划,也是为万一遭到入侵后的反击提供基地。两周后,他采取了一个惊人而冒险的步骤,即将其所有的第一线军官召到可远眺琉森湖的吕特利草甸这一具有历史意义的地点,向他们解释自己抵抗的意愿和“阿尔卑斯山中防御工事”的战略。会议极大地振作了军队士气,柏林方面则很恼火。瑞士民众要花更长时间才会被这一战略打动。

结果,部分军队开始退守阿尔卑斯山,开始修建新的防御工事:系列爆破点、伪装的炮位、反坦克障碍和隐藏的机场,营房、商店和服务全都配套。一半的军队很快进入战壕,最终有 36 万军人驻守在阿尔卑斯山中防御工事,耗费约 9 亿瑞郎。经济防御的加强则是通过鼓励人们进行所谓的“田野战”——也被宣传者称为“沃伦计划”(Wahlen Plan)——来增加用于种植庄稼的土地。通过利用足球场,甚至是国会大厦前的草坪,种植庄稼的土地面积增加了一倍。还建立了一支商船队来运送急需物资。尽管战争初期的危机就这样克服了,但是挑战和问题远远没有结束。

被围困的刺猬 216

实际上,战争对国家的压迫部分是因为它四面都被轴心国包围的地理位置,部分是因为它自身的经济需要。因此瑞士一直承受着来自轴心国的尴尬的压力,唯恐遭到入侵和被迫与之进行更多的经济合作,尤其是纳粹对苏联的侵略使德国愈发垂涎瑞士的工业。整体而言,国家的刺猬战略和身份对纳粹意识形态构成持续的抵制,也促进了国内的社会和政治凝聚力以及左倾主义改革。同时,瑞士的恐惧也导致了其对难民和人道主义义务方面更严苛的态度。

在战争初期,尽管瑞士更加自力更生,而且仍旧恐惧德国的进攻,却发现自己还是被拉入了德国的经济怀抱。假如德国纳粹空军在不列颠之战中获胜,或是巴巴罗萨(Barbarossa)侵苏行动没有在1940年12月开始,那么“圣诞树行动”很可能会实施。希特勒也许以为,包围以及外部宣传和内部同情的结合会使瑞士不战而屈服,加入轴心国阵营。实际上,一些商人还有其他人士,其中很多都与“瑞士独立大众联盟”有关系,他们在1940年11月向政府提交了所谓的“200人请愿”,要求对媒体实行严格控制,而军队领导层中的小乌尔利希·维勒和他的同盟古斯塔夫·丹尼克(Gustav Däniker)抨击吉桑处理战争的方式,呼吁采取更加亲德的立场。政府没有让步,部分是因为“农民、手工业者和市民党”的强硬路线者爱德华·冯·斯泰格(Eduard Von Steiger)的加入,还有左倾的激进党人瓦特·斯坦弗里(Walter Stämpfli),他对战时经济的处理赢得了民众的赞赏。

经济方面,瑞士对德国原材料和制造产品市场的双重依赖使它很难抵挡德国的压力。因此,1940年8月,政府同意为德国提供大笔贷款。为此提供的资金和战争给人们造成深重的负担,摆在他们面前的
217 有战争利润税、牺牲税、国防税、对富裕难民征收的税,还有1941年7月开始的消费税。配给制也更加严格,还有对经济活动的新控制——增至1800条规定——目的是降低通胀、创造就业和调整工资以适应物价,但并不总是成功。政府的这些手段表明,战前关于政府及其功能的观念已有了重大变化。

1941年6月22日发动的巴巴罗萨侵苏计划,迫使德国实行战时经济,进而使纳粹政权万分垂涎瑞士的军事生产。柏林的试探性侵略计划重被提及,还委任了一个长官来管理希特勒预想中的新附属国。此外,纳粹国防军入侵“布尔什维克”,激发了瑞士人对纳粹的某种程度的认可,尤金·比歇尔甚至在1941年10月到1942年6月之间组织了三次医疗服务去东欧前线。但是,当巴巴罗萨计划陷入困境时,德国入侵瑞士的计划再次被搁置。当丹尼克在散发一个出访德国的报告、竭力主张瑞士人加入新的纳粹秩序时,他被吉桑下令逮捕入狱。到了这个时候,吉桑的举措和公众观点一致。尽管有新闻审查和德国人的不

断抱怨,媒体几乎一致反对纳粹。民众也更倾向于观看《库尔热奈的吉尔伯特》(*Gilberte de Courgenay*)这种爱国电影,或是庆祝联邦建立650周年(大量利用了退尔传说),而不是支持极权主义。各界力量,包括教会和讽刺作家,都在鼓动民众对纳粹运动不断增加的敌意。社会民主党提出"一个新瑞士",强调从整体上扭转纳粹模式的政策,包括一个关于养老金的动议,也得到了激进党的支持。但是,保守的当权派仍然抵制让一个社会民主党人进入政府的主张。

鉴于缺乏民众的支持,德国转向以经济杠杆调节的手段。能够采取这种手段,是因为瑞士需要军事市场来取代消失中的平民秩序,以及提供急需的就业。1942年9月,人们的注意力集中到了施泰嫩(Steinen)因食物短缺爆发的动乱。无论是政府还是民众,对瑞士公司在德国的所作所为并不热心追究,即使有些公司采用种族主义语言,并 218 使用强制劳动。瑞士铁路业也给德国人提供折扣,包括将急需的燃煤运输至瑞士。对纳粹态度的担忧也影响了瑞士的难民政策,对外国人根深蒂固的保守态度更加强化。当局继续采取一种刺猬的姿态,将难民视为威胁,部分因为他们意识到接收太多难民会引起柏林方面的反感。甚至在大屠杀的消息传到瑞士一年以后,警察局长罗斯蒙德还下令关闭边境,将非法移民驱逐出境,冯·斯泰格部长发出"船已满员"的可耻声明来为这个政策辩护。政府的行动受到了很多领域人士的激烈抨击,包括神学家卡尔·巴特(Karl Barth)。作为回应,政府在某种程度上放宽了限制。但是,尽管这项政策很大程度上由"国家理性"决定,但是由于深入人心的反犹主义,它得到了瑞士爱国联盟和青年激进党的热烈支持。一些人提出,因为犹太人和本土瑞士人没有共同的宗教联系,不接纳他们并没有违背国家的安全庇护传统。这些人还指出,德裔犹太人并不是政治难民,瑞士对他们没有义务。对于那些持有这种观点的人,难民问题也是一个经济问题,因为他们给本已困难的经济带来了进一步的负担。警察局强烈地否认对其非人道对待难民的指控,尽管最终允许进入瑞士的那些难民遭受了严重的折磨。1942年12月,纳粹占领了维希法国,逃亡的难民人数增加以后,政策又进一步收紧了。热心公益的个人,像圣加仑的警察保罗·格吕宁根(Paul Grüninger),因为帮助难民而付出了高昂的代价。

战争确实带来了其他紧迫的经济压力,不过不是因为难民。国家收入和人均 GDP 都降至低水平,债务也增长了,因为政府预算的 80%都用于军事,军队的食品也是优先供应。随着配给制越发严格,物价超过工资,黑市出现了。在这样艰难的条件下,妇女尤为受苦,虽然战时的生育率和结婚率还上升了。战争也使瑞士经济越来越依赖德国,到 1943 年和 1944 年之交时,德国已经吸收了瑞士出口量的 50%,因此避免了失业,并为瑞士提供了 65%的进口。但是,德国却无法为此买单,
219 伯尔尼被迫在 1941 年 7 月又向德国提供 5 亿瑞郎的贷款,美国冻结了 20 亿瑞郎的瑞士资产,迫使瑞士银行重建储备。瑞士银行还想让别人停止购买黄金,好将黄金用于购买瑞郎,提高通胀。

即使战争的形势正在开始变化,对德国占领的恐惧依然真切地存在。在 1942 年 12 月臭名昭著的柏林万湖会议上,纳粹领袖仍然以为瑞士的犹太人也在“最终解决方案”之内。最后,瑞士国家银行从德国购入 17 亿瑞郎,包括纳粹政权从受害者手里攫取的黄金;从同盟国那里也购入价值近 30 亿瑞郎的黄金。同盟国向瑞士施加压力,令其中止和德国的贸易,并实行“安全港计划”——这样必须中止瑞士仍在从事的财产转移,但是瑞士和德国政权的交易仍在进行。

瑞士政府通过秘密的“露西间谍网”①很好地掌握了德国军队的思维,但是,和吉桑相左的政府没有充分认识到德国的地位被削弱了多少。事实上,皮莱-戈拉茨在 1942 年还在考虑充当调解人。他自愿如此,结果被自己的情报部门在 1943 年 2 月指控为意欲单独签订和平协议。但是将皮莱-戈拉茨除名的尝试失败了,12 月他又再次当选。经济需要和对德国入侵的持续恐惧依然驱动着政府的战略。这种恐惧从 1942 年后期一直持续到 1943 年。事实上,1943 年 4 月,在吉桑和党卫

① 露西间谍网,原文是 Lucy espinage network,也作 Lucy spy ring,是第二次世界大战期间一个反纳粹的间谍组织,总部设在瑞士,在不少国家有分支。——译者注

军将军瓦尔特·舒伦堡(Walter Schellenberg)的秘密谈话之后,产生了对德国发动进攻的真正预期。舒伦堡声称侵略计划一直在进行,是他努力将其废止。这也许是一种编造,部分为了促成舒伦堡在纳粹德国的自身利益,部分为了在北非同盟国取得胜利之时维持对瑞士的经济压力。吉桑利用这次谈话充分表明瑞士将抵御任何进攻的决心,瑞士高射炮和反坦克炮数量激增,以及从 200 架增至 530 架飞机的空军
阵容,使其反抗立场更为可信。支撑吉桑决心的是一个当时人们公开 221
讨论的、功能完备的"阿尔卑斯山中防御工事",以及调动 58 万训练有素的士兵的能力。联邦委员会却对这些谈话感到不悦,并阻止了后续的交易。联邦委员会也开始逮捕和处决纳粹间谍。

由于配给制的收缩及其引起的贫困和社会不满,民众的态度超越了政府的谨慎,开始左倾。1943 年的选举并没有像英国的选举那样因战争而延迟。这一次,社会民主党赢得了史无前例的 11 个席位,再次成为最大的党派。胜利也帮助他们的议员厄尼斯特·诺布斯(Ernst Nobs)首次取得了联邦委员会的座席。诺布斯是苏黎世州的州行政官和苏黎世市长。工会要求更高工资,劳动和平党复兴,而斯坦弗里承认"养老及幸存者抚恤金制度"的创立,这些发展让瑞士走上了现代福利国家和更加共识型的政府的道路。1944 年,共产党人甚至重新组建了工党。但是,无论是联邦委员的直接选举,还是联邦委员会的席位从七席扩大到九席,社会民主党这一次都没有成功。

1943 年墨索里尼倒台后,德国对瑞士又产生了疑虑。它怀疑瑞士与同盟国的关系,而瑞士的高山能够防御同盟国势力在南面发起的进攻。1944 年夏天,从布达佩斯的 Swiss Viking link 传出流言,德国入侵即将开始。但是,6 月 6 日盟军登陆诺曼底,德国入侵不可能再发生了,政府甚至拒绝让吉桑进行新的动员。战争情势虽然已经改变,却还是给瑞士带来了新的问题,这些问题将在战后延续。

与同盟国的矛盾

来自德国的持续压力使瑞士难以应对新的战略形势,与同盟国的

图 7.5 “阿尔卑斯山中防御工事”内部的 26 处主要炮兵掩体之一。这个工事不是一个单独的结构，而是阿尔卑斯山四围经过伪装的防线体系，包括藏在旧谷仓里的大炮、反坦克障碍、地雷、碉堡和路障。还包括地下飞机库、物资贮备和配套设施，比如为 1941 年到 1943 年驻扎在那里的 38.5 万士兵预备的医院。这个山中防御工事战后还在修建，但是渐渐过时，变得多余，2011 年它的遗留部分被拆分出售。

关系更难处理。事实上,瑞士面临着来自同盟国的日益棘手的问题。
在同盟国眼中,瑞士在自身利益的驱使下,对中立进行一种严格的诠
释,这是他们所不喜欢的。于是,随着盟军不断胜利,他们对瑞士提出
了更多的要求。双方关系的疏远预示了 1945 年后的情况——瑞士幸 222
免于战争的喜悦之情与同盟国的批判挑剔无法调和。这使国家无法在
新的国际局面中充分发挥作用。比如,因为联合国不愿承认中立,瑞士
没有加入联合国。同盟国更多的批评也意味着国内的改革派开始
低落。

早在 1944 年,同盟国就比德国给瑞士造成的困难还多,他们呼吁
瑞士和纳粹帝国终止所有关系,并在八个月的中断向瑞士供应物资之
后,又于 1944 年强行和它进行新的贸易和黄金交易。事实上,瑞士并
未与德国签署任何额外的协议,德国很难向瑞士提供其急需的煤炭。
当盟军胜利的可能性越来越大,政府甚至试图与苏联重新签订合同。
但是斯大林的敌意仍在继续,他拒绝了皮莱-戈拉茨的提议,最终迫使
他在 1944 年辞职。但是,最让瑞士恼火的还是盟军的轰炸机经常飞越
其领空。特别是 1944 年 4 月 1 日,美国显然是误炸了沙夫豪森,炸死
40 人,伤者更多。

1944 年夏末,因盟军靠近瑞士边境,迫使执行阿尔卑斯山中防御的
军人转移到北面和西面的前线,瑞士周边的情势剧变。虽然斯大林也有
可能入侵,利用瑞士对德国发起进一步的进攻,但盟军进入瑞士是毫无
疑问的了。即使如此,盟军又加大了政治压力:1945 年初,罗斯福要求
瑞士加入盟军征伐纳粹,并针对艺术品销售展开了艰难的谈判。起初瑞
士拒绝了这种要求,不过还是开放了一点边境,接受更多难民。1945 年 2
月 16 日,德国在瑞士的股份终于被封锁。但到了 3 月,为右翼所推动的
政府仍拒绝与纳粹德国终止贸易,理由是这将违背中立。确实,瑞士银行
到 1945 年 5 月 3 日还在与纳粹德国银行进行交易,而就在同时,瑞士
军人正在意大利协助结束战争,难民又大量涌入瑞士。瑞士不愿意改
变它有利可图的、生意照常的政策,部分体现了一种对主权的坚持,部 223
分由于意识到德国即使战败,也依然是瑞士重要的贸易伙伴。战争结

束的时候,瑞士与纳粹德国的关系才最终叫停。5 月 8 日,教堂的钟声响起,联邦委员会向全国人民发表电台演说,庆祝军队确保国家幸免于战争。伯尔尼最后进行了一次阅兵式之后,兵役于 8 月 20 日结束了。

瑞士在第二次世界大战中大概只有 84 位公民失去生命,260 人受伤,但是战争耗费了 23 亿瑞郎的资产,飞越领空的事件造成了价值7 000万瑞郎的战争破坏。长远来看,瑞士战时的对德政策将会付出更为高昂的政治代价。第二次世界大战结束时,瑞士面对着“怨恨的国际猜疑”。在外界看来,瑞士联邦与纳粹德国的经济关系不是求得生存的必要妥协,而是从与邪恶势力的合作中获利。除了丘吉尔的赞许,同盟国普遍不认可中立,尤其是美国人,他们认为犹太人大屠杀的遗留资产——瑞士人在此问题上回避同盟国的控制和要求——是另一个重大的问题。同盟国要求瑞士国家银行持有的所有黄金应该退还,因为是偷来的。虽然这个要求激起了瑞士人的愤怒,政府不得不进行谈判,以求他们自己的资产不被冻结。他们发现,“被掠夺资产法庭”的成立、1945 年 12 月通过的这类资产的处理条款和 1945 年 3 月的《柯利协议》(*Currie agreement*),还不足以让同盟国满意。

最终,经过非常艰难的谈判,瑞士政府接受了 1946 年 5 月 25 日签订的《华盛顿协议》,同意变卖德国资产,并将所得 2.5 亿瑞郎的一半付给同盟国。这一行动满足了同盟国的所有要求,他们不再冻结瑞士资产。赢得英国和法国的同意,部分是因为瑞士政府提供慷慨的贷款,帮助他们战后重建。这些都不能阻止有关方案实施和使用汇率的争议。瑞士还承诺要确定瑞士银行被弃的账户持有人,但并未付出真正的努力。此外,瑞士没有可能加入联合国,因为联合国宪章没有中立的规
224 定,国内对加入联合国的支持也很少。但是,瑞士成了观察员,允许联合国使用日内瓦的国联旧楼。瑞士也没有加入联合国善后救济总署,关税及贸易总协定和布雷顿森林货币体系,因为后者的成立章程中批评了与轴心国贸易往来的中立国。后来瑞士才加入了欧洲经济合作组织、国际法庭和联合国教科文组织。

当瑞士的反共主义在日益扩大的冷战分歧中找到了新的方向时,

战后初期的僵局开始好转。冷战也为中立提供了一个新的机会,几年之内,瑞士就接受了朝鲜战争中的一个调停角色。瑞士甚至还得到了马歇尔计划的少量援助。政府的这种立场体现了"中立和团结"的新政策。这个政策是接替皮莱-戈拉茨任外交部部长的麦克斯·佩提皮埃 225
尔(Max Petitpierre)在 1947 年概括出来的。因为联合国不愿承认瑞士的中立,佩提皮埃尔通过强调中立的人道主义和普世价值元素,为此政策寻求一种新的角度。在他的引导下,尽管国内有一些保留,瑞士还是加入了联合国儿童基金会这样的组织,并与苏联、以色列和中国建立了外交关系。

图 7.6　1946 年 9 月 19 日,丘吉尔在苏黎世。他从苏黎世大学接受了一个荣誉学位。令人惊奇的是,中立的瑞士人成千上万地出现在街头和圣母大教堂庭院,热烈欢迎丘吉尔的到来,就像这张照片上,丘吉尔的车队正驶过雨中苏黎世的街道。他在大学校园里作了题为"让欧罗巴崛起"的演讲,呼吁法国和德国冰释前嫌,建立一个欧罗巴合众国。这即便不是瑞士历史上的,也是西欧历史上的一个转折点。

瑞士对欧洲一体化的态度暧昧不明。1946 年,瑞士人对丘吉尔关于法德和好的观点给予热烈的欢迎,并发布了他们自己的"赫滕斯坦宣言"(Hertenstein Declaration),支持建立欧洲联盟。丹尼斯·德·鲁日蒙等瑞士知识分子在早期的联盟运动中表现积极,但是政府的态度要保守得多。出于对凌驾于国家之上的政治野心的忧惧,瑞士并未加入1949年成立的欧洲理事会。类似的,在得到保证能够退出它不赞同的决议时,瑞士才加入了欧洲支付联盟。在对瑞士战时角色的批评声音中,对麦克斯·伍尔夫(Max Wolff)法官的批评最为激烈。瑞士对此置之不理,并采取了更加防卫的姿态。肃清军队的呼声被忽略了,对1947年吉桑的"战时军役报告"的正式回应从未发布。这个报告加强了很多瑞士人对他们自身经验的感受,并开始赋予第二次世界大战一种神秘的地位。在此基础上,瑞士人将在接下来的40年的建设中强调"战时军役",并低调处理了与德国关系的意义。

在此之前,第二次世界大战尾声时充满敌意的氛围和艰难的谈判对国内政治产生了影响,削弱了社会团结和改革主义。但是,1945年12月通过了家庭津贴方案,1948年1月养老/伤残保险法案开始实行,并挫败了民众对此发起的挑战。涵盖协商和政府经济权力的《经济条款》得以通过,从而将国家转向福利社会的新政合法化。但是一项"工作权利动议"未能成功。1947年,社会民主党失去了席位。"紧急立法"挑战权的恢复只是勉强通过。在伯尔尼的汝拉地区,重要的交通部门职务由一位说法语的人士当选,说德语的民众阻挠了选举,民族团结面临着分离主义的爆发。和从前一样,提契诺人要求特殊待遇。

226 很多普通瑞士人也感到他们在战争期间的牺牲没有得到认可,虽然他们通过军队反对纳粹,保持了独立和中立,也为难民提供了庇护,保持了内部团结。他们无法理解外部的批判,更不用说接受。民众的角度强调的是国家维持了统一,克服了语言和社会分歧,而瑞士政府开始偏离早期的保守主义,扮演更具干预性的角色。在瑞士人看来,他们的体制使瑞士能够置身于两次大战之外,即使这些战争和一次重大的经济危机削弱了国家的实力。因此,战后国外的批评和国内的冲突结合起来,鼓励了刺猬心态的延续,以及在迅速变化的世界保持瑞士独特性的价值,特别是在保守的区域。很多瑞士人依赖刺猬式的战时经验熬过了经济危机和战争,这也成为发展新的自信凭靠的重要基础。瑞士的自信基于这样一种信念,即瑞士变成了一个“特例”[①],哪怕外界观点与瑞士的看法大相径庭。

① 参见词汇表的名词解释。

第八章　“特例”的年代（1950—1990）

227 如果说，瑞士人在1945年以后发现自己头上乌云密布，但是由于历史在此之后加速运转，他们很快就能得到补偿。事实上，战后的岁月可能是瑞士有史以来经历过的经济和社会变化最重大也最迅速的时期。这一点，再加上瑞士人战争期间的努力，让他们自己和一些外国人都将这个国家视为“特例的瑞士”，一个别具一格的国家：更富裕、更和谐、更民主、更自立，更善于解决问题，也比大多数国家都更有道德。瑞士的例外主义可归结为它独特的体制，如中立、联邦主义和直接民主，还有瑞士人在一个民族国家内部处理他们的社会、宗教和语言分歧的方式。一位外国政要由此将瑞士称为一个“融合的范例”。换句话说，瑞士人觉得是他们自己，加上一个善意的造物主，亲手打造了他们的成功。

他们的根据是这样一个事实：战争结束后的30年之内，瑞士成为一个非常富裕的国家。它还为自己塑造了一个新的成功的国际角色，并且克服了一系列挑战。语言分歧、反对外国人的右翼势力复兴、环境保护主义，到1968年后的新左翼，这些对瑞士前进的方向和国家自信背后的新自我形象都构成了挑战。但是，就像1970年代的经济衰退一样，这些挑战起初能被克服，即使国家又一次向右翼偏移。而到了

图 8.1 瑞士的跨国公司。瑞士战后的经济奇迹主要是由规模大得惊人的跨国公司驱动的。最早的一家跨国公司是雀巢食品公司。图中是雀巢公司的总部。它设在法语州沃州的莱芒湖畔的威韦。而这只是公司的头脑所在,它的身体,即制造和销售,大部分都在瑞士境外。

1980 年代晚期,“特例主义”开始出现裂缝,关于联合国的争议、环境和 228
国家安全的问题挑战着瑞士,最终颠覆了整个“特例”范式背后的自我满足。

一个非常富裕的社会

在这种“特例”的战时思维中,第一个元素是为国家迅速崛起变得富裕而自豪,这种自豪将对社会和政治行为产生可观的影响。事实上,
1950 年代早期开始的经济飞跃,是转变瑞士以及看待瑞士的方式的主 229
导因素。因为瑞士工业在战争中未遭破坏,能够召集一批受过良好教育的新鲜劳动力,所以立刻就能应对德国和其他战后重建国家的需要,以更大的规模提供消费品和生产资料。工业生产力大幅增长,这是由

从农业到日趋高效的制造业和服务业的大批就业转移促成的。制造业逐步集中于新的产业。1960 年到 1974 年，总产量增长了 3 倍，GDP 增长率一度高达 12%。增长的模式也很一致，只在 1960 年代中期有过小的波折。直到 1970 年代，瑞士经济的上升势头都没有受到任何阻碍。

瑞士增长的产出中很大一部分供出口，且越来越多出口到欧洲其他地方。到 1974 年为止，欧洲吸收了瑞士出口量的三分之二，出口额持续上升。瑞士构成了“蓝香蕉”地区的一部分——一个从伦敦向南延伸至伦巴第的地带，推动着欧洲经济的发展。经济增长促进了大型跨国公司的建立，如雀巢和布朗-勃法瑞，还有霍夫曼和汽巴精化这样的化工公司。到 1970 年，瑞士的人口虽然只占世界人口的 0.15%，他们却主导了全球贸易份额的 2%。燃料和原材料进口的支出造成的贸易逆差得到了繁荣的旅游业和其他无形出口带来的收入之补偿。服务业因此而扩展，瑞士的银行尤其吸引着外界人士。1950 年代中期，英国首相哈罗德・威尔逊已经觉得有必要抨击“苏黎世的地精”[①]的英镑投机。关于瑞士的经济和金融帝国的书出现了，作者既有国内的，也有 T. R. 菲伦巴赫这样的外国人，他于 1966 年出版的书中仔细研究了瑞士的银行家及其强大的力量。换句话说，经济增长为“特例”瑞士提供了第一个新支柱，也从整体上为瑞士的形象增色。因此，对于瑞士人而言，确实是“从未有过这么好的日子”。

社会变化也增进了繁荣。瑞士社会变得规模更大、更有流动性、更加富裕，也更有文化。1970 年，人口增至 630 万，主要是因为外国劳工
230 的涌入，维持高水平经济增长需要这些劳力。值得注意的是，很多瑞士人不再像德国人那样称其为“客工”[②]，而是“外籍劳工”，听起来对他们没有那么欢迎了。到 1970 年，外来居民的人数超过 100 万，占总人口的 17.2%。人口增长加速了城市化和人口密度的增加，人们的流动性也增强了。随着农业领域的收缩，在 1940 年到 1980 年之间有 10 万个

① 苏黎世的地精，原文 gnomes of Zurich，这一俚语指代的是瑞士银行家。——译者注

② “客工”一词原文为 Gastarbeiter，即 guest worker。后面提到的“外籍劳工”对应的是德语词 Fremdarbeiter，即 foreign worker。——译者注

农场消失了,很多人从山区迁出。另外一些人则从过于拥挤的城市中心搬到了新的郊区。机动化使通勤更加方便,一些工业也因此可以迁到更偏远的农村。社会流动性的第二种形式是人口向服务业的转移引起的,还有愿意到瑞士来从事低收入和常规工作的外籍工人。一个新的中产阶级产生了,其中很多人是被雇佣的,而不是雇主老板。高等教育的发展也使年轻人有机会离开家乡,在城市中出人头地。

一些执政者发现瑞士已不再是一个阶级社会。它确实变成了一个更加平等的社会,因为经济增长产生的财富分配相对比较公平。在战后的 30 年中,工资增长了 250%——通常比 GDP 增长得快,而战前的几十年中只有 66%。结果,那些最富有的上层的收入下降,而底层的收入提高了。可以获得的福利的增长也加速了贫困的减少。瑞士变成了一个高收入、高物价的经济体,日益增长的购买力也使它成为一个富有的消费社会。度假、住房、医疗、汽车和休闲的开支剧增。储蓄增加了 10 倍,股票交易几乎增长了 8 倍。1960 年代早期,消费者协会的兴起,加上购物中心,尤其是像 Coop, Denner 和 Migros 这样的连锁超市的出现,也对应了财富和观念的转变。Migros 成为瑞士最大的零售商,从经营食品杂货店扩大到教育、休闲、银行业和园艺,不过没有经营酒类。同时,尽管公共部门的相对规模缩小了,国家依然大力投资高质量的公共基础设施,包括机场、好的高速公路,1980 年甚至还修建了圣哥达关口下方的一条公路隧道。人们的生活质量大大地提高了;由于 231
公共卫生的发展,平均寿命也延长了很多;而犯罪率和行业动荡也保持着相当低的水平。

瑞士也在成为一个更有文化和意识的社会,学校有了更好的发展,很多报纸的印数翻了一番。1959 年出现了第一份八卦小报《一瞥报》(*Blick*),1953 年电视面世以后,娱乐节目也愈发常见。瑞士人为欧洲文化作出了贡献,产生了很多杰出的电影演员和导演,特别是让-吕克・戈达尔(Jean-Luc Godard)和阿兰・泰纳(Alain Tanner)。瑞士也变成了一个语言更加多元的国家,因为外籍劳工的到来,起初是从意大利,后来是从国外更远的地方,意味着有更多人使用不同的语言。人口流动和教育带来的结果,则是更多的本土瑞士人也有可能说另一种官方语言。移民使天主教徒的数量增加,从而改变了宗教信仰制衡,不过欧洲社会的日益世俗化也影响了瑞士:越来越多的人拒绝填写人口普查表上宗教信仰的内容,暗示他们没有宗教信仰。社会虽然更加多元化,但是和谐和稳定构成了"特例"瑞士的第二个新支柱。

政治方面,国内外的发展都让瑞士人更加坚信他们找到了一个赢家的配方。在国内,改革主义继续退潮。1951 年通过了一个失业保险方案,社会民主党在国会中多得一席,但是中右翼表现更佳。然后是 1953 年,民众否决了社会民主党的财政部长马克斯·韦伯(Max Weber)提出的增税方案。韦伯愤而辞职,社会民主党又一次被排挤在政府之外,尽管它在 1955 年获得了额外的席位。1958 年,选民也否决了一项禁止卡特尔的法案,当时有约 600 个卡特尔。政府的战时紧急权力失效了,而允许政府在经济危机时采取行动的《危机条款》被搁置到 1964 年。

实际上,某种去政治化的倾向在国内已很明显。集体的蛋糕越来越大,似乎没有必要再起争议或进行政府干预。关于资源分配的矛盾和动摇消费主义巨轮的意愿都在减少,于是提出质疑的动议数量也下
233 降了。参加全民公投和选举的人数也开始减少。换句话说,政治似乎没有那么重要了。投票支持女性选举权这类革新的人更少了,女性选举权的实行在州一级别失败了,1959 年就此进行了全国投票,也彻底失败。但是日内瓦、纳沙泰尔和沃这几个州承认了女性投票权,保证了这一主张不会消亡。整体而言,政治似乎让位给乐观的管理主义和对消费主义及娱乐的追求。

争议减少,促使各党派向中间偏移,强化了妥协和协商的趋势。因此,具有共产主义倾向的劳动党被边缘化了,而社会民主党的传统选民也在缩水,意识形态更加淡薄。工会会员数量也在减少,尽管它全面参与了经济政策的制定。因此社会民主党只得改变基调,避免提出具有争议性的宪政动议,并于 1959 年在温特图尔将党章中的马克思主义成分去除。该党的向后转部分收效:虽然它在 1959 年的选举中失去了

232

图 8.2 女性与政治。这张照片极具象征意义地表现了对女性的政治权利的长期否定。图中这位女性大胆地来到 1946 年外阿彭策尔州在特罗根举行的州民大会,试图参与其中,一名警察断然带她离场。由于保守的男性抵制,女性选举权在瑞士的实行比其他欧洲国家来得更晚。1950 年代晚期,一些法语州赋予女性选举权,但是一项与此相关的全国动议在 1959 年失败了。抗议在持续,可是直到 1971 年,相关的一项表决才成功,在那以后女性在争取政治权利上取得了迅速的进展。

阵地，但依然在联邦委员会中得到了一贯支持它的两个席位。天主教保守党在 1957 年改组为保守基督教社会人民党，也一直在争取席位。1959 年，联邦委员会重组，产生了所谓的“神奇程式”：激进党两席，天主教党两席，社会主义党两席，还有一席是农民党，几乎准确体现了各党派在选民中的比例。更加非凡的是到 20 世纪末，各方一直保持相对稳定。与这一趋势一致的是，1970 年保守党又更名为基督教民主人民党，谋求在天主教阵营以外的活动，并发扬第二次梵蒂冈大公会议的精神，追求天主教自由化。但是，面对着世俗化和社会变革，支持天主教的团体内讧限制了该党的发展。后一年，农民、手工业者和市民党与旧的民主党整合，改组为瑞士人民党，企图在衰落的农业社区之外加大影响，但起初并不成功。

这种向中间道路的回归产生了日益和谐的政治局面，使对国民院规模的永久限制的决定成为可能。1963 年选举之后，国民院的人数被
234 限定为 200 人。在制定政策中追求意见一致的和谐式民主也在加强。制定政策的新协商程序赋予利益集团更重要的角色，进一步深化了这种民主。瑞士人越来越为他们的政治合作、克制和民主而自豪，这些元素继而被视为“特例”瑞士的另一个支柱。确实，在一个英国政治家眼中，瑞士人成功地解决了政治中的冲突。小说家保罗·艾德曼(Paul Erdman)在《79 年的碰撞》(*The Crash of '79*)中暗示了一种较为灰暗的观点。在这部小说里，瑞士的一切都是由一小撮上层商人和政客合谋决定的，这些决定十分强大有效。艾德曼意在批判，但他刻画的这幅图景却强化了一种普遍的观点，即瑞士到 1960 年代时已经变得惊人的富裕，社会也非常和谐。

一个新的国际角色

在战后的岁月里，国内的成就不是添加进“特例”的唯一的新成分。随着瑞士走出冷遇，外交发展也加强了这一形象。瑞士依然处在联合国这样的重要组织外围，但它还是为自己塑造出一个新的备受认可的角色——一个积极的中立国，也是欧洲自由贸易联盟的关键一员。另

外,它也秘密地与北约发展了新的关系。这一新的角色不能免于国内的批评。

1950 年代初期,瑞士对它的战时记录所受的批评仍抱有戒备和怨恨。1951 年瑞士必须与美国的输出管制统筹委员会签订官方协议,禁止瑞士向东方国家出口武器。这进一步激化了国内的情绪。但是,瑞士渐渐意识到,对国家独立的真正威胁来自苏联。尽管苏联在 1955 年正式承认瑞士独立,瑞士也没有加入北约,并强调它中立的团结一面,但是它的战略思维和军事准备都表明它是站在西方一边的。在正式场合,瑞士仍将自己树立为一个东西之间的“锁定装置”,让双方确信瑞士既不会攻打他们,也不会让另一方使用自己的领土。为了实现国家对团结和中立的承诺,瑞士加入了更多联合国的机构,很多办公地点都设在日内瓦。有时它也会执行联合国的制裁,并在欧洲理事会担任观察员。瑞士还在朝鲜、阿尔及利亚和越南战争中提供调停和咨询。

在东西之间的正式中立并未阻止政府在公务部门肃清左翼分子, 235
并向公众警告东方的意识形态宣传,还对可能同情共产党的人士进行秘密监视,这些都显示出瑞士反共的力度。1956 年起义之后,1 万匈牙利难民受到了热情欢迎。同时——尽管这是很久以后才泄露的——政府成立了一个叫作“第 26 号项目”的组织,目的是建立一个影子政府和游击队武装,同北约的“短剑行动”组织相呼应,以防红军大批进入瑞士。官方的军事战略从以阿尔卑斯山为基地的抵抗转向一种机动的防御,能够在 15 天内牵制住苏联,直到北约前来救援。这种战略姿态在 1966 年被纳入一个新的军事概念。瑞士也动过拥有核武器的念头,但很快将其搁置。

欧洲一体化的发展给瑞士提出了新问题。政府对欧洲煤钢联营(Coal and Steel Community)的成立以及随后成立的欧洲经济共同体感到不安,因为它们有可能限制瑞士的经济和政治自治。因此,瑞士的外交政策支持大自由贸易区的主张,失败以后,又赞同英国关于一个小自由贸易区的备选建议。于是在 1960 年,瑞士对于欧洲自由贸易联盟的建立表现非常积极。欧洲自由贸易联盟似乎是瑞士参与更多欧洲事务的敲门砖,因为政府终于认定欧洲理事会不会威胁到它的主权,并在1963年成为其一员。三年后,瑞士加入了关贸总协定。但是,由于欧洲自由贸易联盟是作为欧共体的竞争者而建立的,英国加入欧共体将自贸联盟置于可疑的境地。起初,因为被英国的转变所困扰,瑞士政府曾短时考虑是否与欧共体结盟。然而很快,欧洲自贸联盟成为欧共体经营和小国关系的一种令人满意的方式。1972年,瑞士是欧洲自贸联盟中与布鲁塞尔签订自贸协定的一员。这被证明是一种非常恰当的安排,既为瑞士商品提供了自由渠道,又不必承担会员的种种责任。随后
236 又签署了很多行业的协议,使得瑞士人感觉自己找到了既能避免会员责任,又能避免被边缘化的"第三条道路。"

这种实用主义的成功,加上成功地免于冷战,使瑞士大众普遍接受了如下观点:自力更生不仅给瑞士带来了好处,还令瑞士取得了非凡成就,瑞士也将因此而发展得格外出色。这种感觉被强化了,并且也符合瑞士是一个"意志国家"的思想。结果,1960年代的学者们开始使用"特例"一词来描述这个国家幸运非凡的状况。持反移民立场的作家阿道夫·古根博(Adolf Guggenbühl)在1967年写的文章《瑞士人的不同》(*Die Schweizer sind anders*)中第一次使用了这个词。接着,瑞士安然渡过石油危机,而邻国却损失惨重,这一事实强化了上述观点。对瑞士特例主义的笃信日益增强。它强化了第二次世界大战期间发展起来的常常是刺猬式的防御立场,因为人们意识到新近的成功分明是脆弱的。出于心理和军事上的双重防御,1962年成立了民防署,并要求所有新建房屋需有核掩体,哪怕它们是常被用充当存酒和涂料的仓库。政府还暂时用《瑞士诗篇》(*the Swiss Hymn*)取代了《祖国,请你召唤》作为国歌,并在1978年正式决定永久采用《瑞士诗篇》。

这种态度并非无人质疑。一开始是知识分子,接着是其他政治势力,持续挑战着国家的这种转变。马克斯·弗里施(Max Frisch)1954年的小说《施蒂勒》(*Stiller*)对特例主义提出尖锐的挑战。同样做的还有作家卡尔·施密特(Karl Schmidt)和马克斯·尹宝敦(Max Imboden)。他们各自的著作——《一个小国的不安》(*Unbehagen im*

Kleinstaat)和《海尔维第的隐忧》(*Helvetisches Malaise*)——都反对
不惜代价获取经济增长和人们所有交流形式的商业化。以瑞士的隐忧
为主题的一类反思型书籍以家庭作坊出品的形式兴起,直接的起因是
1964 年购买幻影战斗机以替代英国猎鹰战斗机的丑闻。国会对此发
起正式审查,并谴责行政控制的缺失导致了支出猛增。结果是减少了
所购飞机的数量,国防部长保罗・肖代(Paul Chaudet)决定不再参加
1966 年的重新选举。政府也同意日后会将战略政策交由国会批准,并 237
重新定义与各州之间的关系。在后一年的选举中,由于选民抗议体制
的弊端,非传统的中间派独立党收获颇丰。即使“布拉格之春”后掀起
了一拨新的反共产主义浪潮,劳动党(共产党)还多得了两席。有必要
完全重修宪法的说法也出现了,因为在过去这些年中通过公民动议增
加了一些修正案,重修宪法的呼声也越来越大。有些人认为宪法和现
代的自由主义思想已经脱节。“特例”思维和知识分子之间的裂痕在
1969 年达到了最严重的地步: 阿尔贝特・贝克曼(Albert Bachman),
“第 26 号项目”秘密军队组织的建立者,当时是激烈的反共产主义者,
很快将成为瑞士情报部门的领导。他编写了一部延迟已久的政府民防
手册,内容不仅限于增加掩体,还号召加强社会秩序,警告人民不要轻
率地考虑左翼和非瑞士化思想。这部手册激起一片抗议之声,并在瑞
士作家协会中引起分裂,因为批评者大声喧嚣着与保守观点划清界限。
虽然外界很少会注意到这些批判的声音,它们却预示了即将来临的新
的挑战与分裂,部分是对国家所处的新繁荣时期的一种回应。确实,当
国家将威廉・退尔的十字弩定为瑞士品质的象征时,主流历史学家也
开始对解放传奇和盛行的瑞士保守主义持越来越多的批评。

新挑战

从 1960 年代早期开始,国家面临着新的挑战。第一个挑战可能最为外界关注,就是将会持续到 1970 年代晚期的汝拉问题。另一个重大的挑战是新的仇外运动。它常常与人口数的重新规定仅有一步之遥。源于法国 1968 年运动的新左翼浪潮也对瑞士政治产生了持久的影响,

图 8.3 1965 年 3 月 20 日在德莱蒙(Delemont)举行的汝拉独立大游行的一张照片。中间的标语牌写着“用法语”,总结了这一运动的动机。其他标语谴责了伯尔尼州对汝拉地区的不公待遇以及向其他州所作的妥协,并呼吁自由。这一大规模游行表现了分离主义运动的激进,还涉及小范围的暴力。独立运动一直持续到 1980 年代,因为新的汝拉州不包括穆提耶(Moutier)和汝拉南部其他的法语区。是否将它们纳入新州很快将由全民公投决定。

包括对环保运动的倡导。虽然新势力严重挑战了“特例”的现状,但是现状足以证明自身能将它们消化。

238 现状最初面临的威胁是一场语言矛盾的回潮。1959 年,伯尔尼州的选民断然否决了“汝拉集会组织”要求将汝拉地区从伯尔尼分离出去的权力。“汝拉集会组织” 请求外部援助,但隶属于它的地下青年组织——“公羊”发起了小规模的暴力运动:炸铁路、破坏当地军火库,焚烧建筑。联邦委员会介入,1969 年到 1970 年之间,伯尔尼通过了州宪法的修正案,承认汝拉人民的存在,允许关于汝拉自治的一系列公投。这个具有潜在破坏性的问题之解决方案也被誉为“特例”瑞士的又一项成就。

239 有趣的是,组建一个基于语言的“法语党”的尝试却毫无结果,1969 年将两个巴塞尔半州重新统一的行动也失败了,因为乡村人口不愿承担城市的高成本。但是,巴塞尔城市半州却成为第一个赋予女性投票权的德语州,反映出在这一问题上逐渐增加的压力。确实,在1960年代和1970年代,州一直是重要的改革场地,为宪法修订以及女性选举权指引了道路,州所占的政府开支比例也在增长。但是在1966年,他们也向中间派寻求大学所需的新补贴。最终,改革联邦与州的关系成为当时开始进行的国家宪法修订过程中的一个关键部分。

在“特例”的演变中,一个甚至更加重大的复杂因素,如同外来移民反对者所说的那样,是对“过度移民”的再度反对。这一时期工作移民的激增已经不再是第二次世界大战以后那种临时的现象,近乎永久增长的移民数量令很多人忧虑。尽管这明显是新的富裕社会的副产品,它也挑战着关于瑞士身份的保守观点,特例主义就是基于这种身份认知。因此,移民问题显见是一个煽动情绪的议题,它会全面影响政治形势:1950年代的工会主义者企图限定名额,而反对移民的、保守的单一议题政党在1960年代出现了。这些党派中最主要的是“反对人民和家园过度外国化全国行动党”[①],欧洲的第一个反移民党。虽然政府首先采取了一些措施来控制移民数量,审查移民带来的问题,但并没能劝阻全国行动党和其他党正式提出减少人口中外国人数量的动议。这些动议后来被撤回,从而为一个重要的右翼宣传人士詹姆斯·施瓦尔岑巴赫(James Schwarzenbach)的方案留出余地。他加入了全国行动党,在1967年成为该党在国会的第一名代表。他的动议欲将外国人数减少40万,并对非公民的居民采取永久性限额。1970年,在这个动议以46%对54%败北之前,这场关于动议的艰苦战役引发了一场真正的政治危机。

这远非故事的结局:对外国人的恐惧依然是热门的政治议题,政府与意大利重新商讨协议时对移民家庭作出的让步又激起了这种情绪。1971年,全国行动党在下议院中获得四席,而施瓦尔岑巴赫领导 240
的新“共和运动党”获得了七个席位。它是一个因全国行动党愈发极端

① 该党德文名为:the Nationale Aktiongegen dei Überfremdung von Volk und Heimat (NA),英文意为:National Action against Excessive Foreign Influence on People and Home。后面译文中出现时缩略为“全国行动党”。——译者注

而在1970年脱离出去另立的党派。但是,欧洲范围的经济低潮开始以后,两个进一步反对外国人的动议——反“人口过量”和简化归化过程——都被轻松击败。这种形势的一个讽刺之处是:大量使用廉价的外国劳力可能妨碍了1960年代的技术现代化进程。

如果说“过度移民”运动从传统的本土主义者的立场批判了“特例”瑞士的某些方面,1968年5月的事件则助长了来自左翼的更广泛的挑战。1968年的大变动促成了一系列“新”左翼党派的出现,比如托洛茨基党和新斯大林党。其中有些成功地进入了国会,而另一些致力于议会体制外新的社会抗议运动的发展。有时这些党派也借助现有的渠道,大量使用直接民主的手段,有一些年份发起动议的数量是1968年前的8倍之多。但是成功的动议的数量并未增加。1968年的精神也体现在“另类青年中心”的暴力示威活动中。它从1968年占据苏黎世格罗布斯商场所在的大楼开始,到1973年为止,已扩散至日内瓦、洛桑、比尔、巴塞尔、伯尔尼和卢加诺。这个中心鼓励一种新型的青年文化和生活方式,不认可正统的政治活动,更不用说军队。这一运动发出了有良知的反对声音,但在事实上仍是犯罪活动,当时是一种时髦,也是对当权者的一大警醒。它还推动了瑞士德语的使用,产生了所谓的“方言浪潮”,即在媒体、政界甚至学术界使用方言的浪潮。

1968年的事件促成了两个主要政策区域的变化。一是女性的权利,1971年女性终于获得了选举权。这一动议得到大多数人的支持,而1959年则有同样多的人反对。投票的达成同女性组织日渐强大所形成的压力有关,也同瑞士无法加入欧洲人权大会的尴尬有关——因剥夺女性选举权,瑞士不得不接受这一事实。这项动议同样得益于军中正在消失的(由男性组成的)同志情谊。正是这种情谊让瑞士免于战
241 乱的——一种几乎没有给女性解放留下空间的观点。1971年秋,第一批共11名女性进入了国会,之后的进展快到令人惊奇。到1981年,性别平等的原则被写入宪法。这种长期的反常局面的和平解决,又一次被一些人视为瑞士“特例”的一个元素。

另一个改变的领域是政治环保主义。1971年,在纳沙泰尔成立了

第一个环保主义党,他们反对修建一条湖畔高速公路;但是环保主义的真正展开是 1975 年对修建凯泽劳斯特(Kaiseraugst)核电站的抵制。凯泽劳斯特一地具有重要的考古价值,距离左翼力量的巴塞尔很近。这里发起了一场抵制核能的运动,包括 4 月的一次大规模占领事件。联邦委员会被迫与示威者谈判,虽然占领被终止,这次运动却给核能的使用造成严重的打击。几项要求暂停核电站的动议被提出来,而圣灵降临节的反核能游行成为政治场景的固定项目。对核废料的关注也是如此。1976 年意大利北部罗氏集团在塞维索的化工厂发生极具破坏性的化学物质泄漏,也促使环保主义活动不仅仅止于抗议,而是进入主流政治。环境问题的动议在投票选举中吸引了 30%的选民。于是从 1970 年代末开始,生态党派开始出现,并获得市政席位。1979 年,来自洛桑的丹尼尔·布雷拉(Daniel Brelaz)当选为欧洲第一名绿党议员。一项主张“污染者偿还”原则的新法被写入法典,表明政治系统似乎能够推陈出新,具有弹性。

左翼政治的这些新形式大量涌现,其力量来自一个新兴的中产阶级。他们没有经历过 1930 年代和 1940 年代,因而对这个时代的消费主义、仇外主义和压制性的容忍提出批判。尽管受过良好教育,生活富足,但是他们感到自已对继承“特例”瑞士的遗产无能为力。这部分人常常追求国内的渐进式改革,并为第三世界寻求帮助,他们的主张受到了同样激烈的抵制,尤其是来自右翼激进派的。确实,1971 年,社会民主党和独立党都失去了阵地,而极右翼收获了阵地,激进党作为最大的党派重新崛起,表明特例主义依然安全无恙,虽然它不得不承受这些压力。

安然渡过经济衰退期 242

的确,有很多人逐渐认识到,瑞士在 1970 年代能够应付经济萧条,这是它的特殊地位的又一项证明。失业率一直很低,经济形势总体而言相对乐观。到 1980 年代初期,克服了第二次石油震荡之后,国家开始回归中间偏右的政治倾向。

然而在 1975 年,社会民主党再次成为最大党,因为极右翼很快失去了它半数的席位。这种迅速的摇摆反映的事实是,国家陷入了 1973 年油价震荡导致的国际经济危机。同多数西方国家一样,瑞士有四分之三的能源消耗依赖石油进口,消耗量在 1950 年到 1970 年间增加了 4 倍。油价上浮引起通货膨胀率上升,同时国内需求和对外出口下降。由于工业生产和投资下跌,经济增长在 1973 年到 1976 年间几乎停滞,1978 年到 1981 年间再次停滞。制表业受到的损失尤其惨重,因为它没有跟上石英表广泛使用和大量生产的趋势,尽管它引领了新的科技。

经济停滞减缓了社会流动,这是因为工资开始下滑,拥有财产的机会越来越少。结果是收入不均和税收一起提高了。然而,即使失去了 36.5 万个工作(占到总数的 12%),很多工人被短工时雇用,瑞士因失业而受到的损失并不像大多数发达国家那么多。失业人数从 1970 年代开始的几百上升到 1974 年到 1976 年间的仅 2.5 万;不过,大量外国劳工的合同不再续约,他们只能离开瑞士。回到家乡后他们通常只能留守,因为没有资格接受瑞士失业补助。在这个十年的后半段,来瑞士的新外国劳工的人数减少了一半。总计约 17.5 万外国劳工离开了瑞士,占到失去的工作数的一半。

经济低谷限制了劳资纠纷,但也可能有助于否定限制外国人数量的新尝试。1978 年罗夫·吕希(Rolf Lyssy)导演的电影《瑞士人制造师》(*The Swissmakers*)对这种尝试进行了绝妙的讽刺,这部滑稽的喜剧嘲弄了吃通心粉的意大利人在入籍申请时受到的种种限制。在《泰
243 坦尼克号》上映以前,这是瑞士人观看次数最多的一部电影,表明很多瑞士人对全国行动党的主张并不特别在意。而全国行动党在 1970 年代尝试缓和自己的立场,使自己的关于移民的有影响力的立法一直持续到 1980 年代初期。但是,难民政策在 1979 年极大地放宽了限制,日后将产生重大的影响。

政策开始向左偏移,国会也是如此。福利政策变得更加积极,1972 年后开始实行物价控制,跟着是 1978 年颁布新的《应急条款》。社会保障体系扩大了,加上 1974 年的养老金改革,启动了政府、职业和个人保

障的三重体系。三年后,失业保险由法律规定必须实行。即使国家正在向一个正常的西欧福利民主体制靠拢,社会民主党仍然无法推动增值税、财富税和产业共同决定制等提案的成功,更不必说能够更好地融合外国人的政策。

经济低潮对外交政策没有太大的影响,只是整个十年都由社会民主党掌控。瑞士继续犹豫不决地向更加开放和团结的社会演变,却受限颇多。1973 年,瑞士领导人首次正式出访苏联。这个国家对世界的其他地方也变得更富同情心,从对南非和智利危机的反应就可以看出。但是,同 1956 年时相比,瑞士不再愿意接收很多难民。瑞士人也在赫尔辛基进程中投入很多力量,同其他欧洲的中立和不结盟的国家一起,提议范围广泛的仲裁和调停程序。瑞士最终在 1974 年签署了《欧洲人权公约》,但是没有批准《欧洲社会宪章》。1976 年,在极右翼的领导下,选民们彻底否决了一项给国际开发总署贷款的提案。这与瑞士在关于南北关系的巴黎会议上站在其他工业资本主义国家一边的立场是一致的。皮埃尔·奥贝尔(Pierre Aubert)从 1978 年开始担任外交部部长。在他的努力下,瑞士与第三世界和欧洲理事会的关系有了新的发展。

瑞士政治文化的不断变动确实有助于加强国内和谐的观念,比如
通过推动必要的民主程序来解决汝拉问题。1974 年的一次投票表决 244
通过了成立新汝拉州的提议,但具体的范围还有异议:汝拉南部的新教群体大部分对此投反对票。比起汝拉北部的天主教群体,他们同伯尔尼的历史及地理渊源更为接近。实际的州界在 1975 年由进一步的公投决定,为 1978 年到 1979 年第 23 个州的成立铺平了道路。这一事件,以及国家逃脱了欧洲经济萧条的最坏影响,都让很多瑞士人确信他们依然是一个“特例”。然而,汝拉民族主义者想让新州包括整个汝拉地区,他们的不满以令人不安的方式延续。

这个十年末期爆发的“青年问题”也推动主流瑞士社会向右回转。第二次石油冲击似乎让很多年轻人意识到他们的教育、就业和政治前途颇为暗淡。富裕时代的欺骗和不道德日益受到抨击,弗里茨·佐恩

(Fritz Zorn)的具有感染力的小说《火星》(*Mars*)和后来阿兰·泰纳的电影《收获月》(*Messidor*)都反映了这些主题。当苏黎世市议会决定花费几百万重修歌剧院,却关闭给年轻人及其摇滚文化使用的设施时,年轻人中反体制的强烈情绪找到了宣泄口。他们举行大规模的游行示威,受到了武力镇压。当局试图禁播一个以此冲突为题材的电影《苏黎世的伤痕》(*Zurich Burns*)。这种严厉的手段在苏黎世和其他大城市引发了又一波骚乱和抗议。随后在1981年春,在教会的监管下,青年自治中心在苏黎世重新开办,但因为对毒品使用的恐惧,一直处在压力之下。青年运动的内部矛盾导致了1982年后运动的衰退。虽然如此,关于"青年问题"的争议很多,包括一个承认了异化现实的政府报告,令一些保守派十分恼怒。对当权者来说,一个准备使用暴力的反文化的出现对于法治和瑞士人的生活方式而言是一种真正的威胁。此前,当权者也为阿尔弗雷德·哈斯勒(Alfred Häsler)出版的《船已满员》(*Das Boot ist Voll*)所忧虑,这本小说批判了第二次世界大战中的瑞士难民政策,具有很大的影响力,尽管它并未直接质疑国家在战争中的角色。

245 这些情况有助于解释1970年代晚期开始的政治右倾。1979年,社会民主党和独立党都失去了席位,从全国行动党分离出去的共和运动党也是如此,而正统的右翼势力获得了席位,以自由民主党最为领先。这种模式持续到四年后,社会民主党又失去了四个席位,极左翼也大幅度失败,这使激进党以最多数党重新上台。于是自由民主党大胆地提出了多年来的第一个动议,是关于学年制度的统一。社会民主党推出了有史以来第一位女候选人参选联邦委员会委员——来自苏黎世的议员莉莲·乌赫滕哈根(Lilian Uechtenhagen),但她没能入选。她明显的极端主义倾向令保守分子们更偏向索洛图恩的奥托·施蒂希(Otto Stich)。实际上,关于对乌赫滕哈根的选择,反映出社会民主党内部温和派成员和激进的知识分子左翼领袖之间的分歧正在削弱该党的力量。社会民主党对其落败的反应是威胁退出"神奇程式"组合,那样将会造成瑞士政治危机。最终,更明智的协商占了上风,但是内部恩怨造成的不利形象对该党颇具破坏性。同年晚些时候,选民一致否决了该党关于禁止银行保密的动议,但是这也于事无补。

政治向右偏移,加上外国人口新一轮的激增,也助长了极右翼的复兴。外国人口激增,部分是由于经济增长需要更多外国劳工,部分是由于新的难民法鼓励很多泰米尔人逃离斯里兰卡的内战,申请进入瑞士。右翼的复苏首先表现在 1981 年左翼给予外国劳工更好待遇的“团结”动议惨遭失败,其次是全国行动党的新的极端主义。1982 年,选民否决了一项关于外国人的新法,全国行动党又提出了另一项反对移民的动议。当极右“警戒党”(Vigilance Party)在日内瓦赢得了 20%的选票时,政府于 1983 年着手修订难民法,并在接下来几年中收紧了对外国人的控制。极右势力对外国人能在瑞士购置地产的忧虑在 1985 年的限制性的“弗里德利希所有权法”(Lex Friedrich)中得到了回应。

右翼在环境议题上获得的成功要小得多,在 1983 年到 1984 年间 246
瑞士森林正在衰亡的事实披露之后,环境问题变得更加严重。国会为此召开特别会议,并出台新的立法。切尔诺贝利核电站的爆炸,特别是 1986 年 11 月施维茨哈勒发生的化学原料泄漏灾难,更强调了有必要采取措施。巴塞尔附近的桑多斯(Sandoz)化工厂着火,由于处理不当,成吨的有毒化学物质流入莱茵河,产生了严重的后果。公众对灾难的迟缓反应也导致国内外对瑞士的环保标准的信心减退。1985 年,一个拥护里根主义的商人迈克尔・德雷尔(Michel Dreher)创建了“汽车党”,呼吁开车人的权利,反对“生态左派”和寻求庇护的难民,显示了对新趋势的抵制。汽车党有一段时间获得了一定程度的选民支持,但是绿党的数量也在增加,自 1983 年开始,他们组成了一个松散的联盟。

其他一些领域的态度也在向右转,从 1979 年对增值税提案的又一次否决就可看出,还有人在抵制女性权利的延伸。一部更新的婚姻法遭到了小型企业的反对,因为法律意味着对企业家的妻子施行某些控制,反对者认为这将引起公司分裂。尽管如此,这项法律被挑战后还是获得了通过。但是,1987 年 12 月,期盼已久的由宪法承诺生育保险的提案遭到否决,表明对于女性解放的怀疑仍在持续,虽然国家在这一方面取得了不小的进步。传统主义者也加入了当权派对和平主义者和环保主义者的抵制,因为后两者反对军队及其需求,尤其是对新的训练场地和开支的需求。他们对拒服兵役一直有着强烈的敌意。换言之,特例主义及其支持者对瑞士政治和社会依然起着主导性的影响。

社会逆流

右翼思维继续引导着国家政策,阻碍了瑞士改变自身隔绝在联合国之外的“特例”模式。但随着 1980 年代时间的流逝,所有这些都受到了真正的挑战,尤其是同军队与环境相关的问题。由于过去的安全政策的披露,政府的整体形象也饱受诟病。换言之,当新势力参与冲突
247 时,特例主义的裂痕就开始扩大。

1980 年代,随着发达国家更趋保守的经济主张的传播,政府也调整了政策。它通过放松物价控制和减轻银行的监管负担,以及鼓励本地商业电台的发展,有限地解除了政府管制。一些评论家甚至在这个时期观察到一种瑞士版本的撒切尔主义,并担心社会服务在私有化和解除政府管制后所面对的未来。1984 年 10 月,激进党推选苏黎世的 48 岁律师伊丽莎白 · 寇波(Elizabeth Kopp)为首名女性联邦委员会委员和部长,此后就开始推行新自由主义的政策。她接手司法警察部,成为人所共知的瑞士“铁娘子”,但她也进一步推动了女性权利的延伸。一个社会民主党部长竟指责她的党企图破坏福利国家。鉴于在这个十年中,失业保险和职业养老金制度都有了重大的改革,这种说法过于夸张了。但是,自由民主党的确在宣传“精简政府”。同时期的人民党也在复兴,它在苏黎世的派系在一个富有的企业家克里斯托夫 · 布劳赫(Christoph Blocher)的领导下,发展了新的部门、战略和体系。布劳赫家族最早是 19 世纪中叶从符腾堡来到瑞士的,他的祖父曾是一名倡导德语的社会活动家,并成立了一个反对国联的同盟。布劳赫自己是瑞士东北部的一个新教牧师家中的第七个孩子。他有法律和农学的教育背景,继承了保守主义的观点。他在埃姆斯化工公司的商业生涯很成功,一直做到总裁和大股东的位置。因为不信任激进党,他进入政界后

在人民党的基层工作。1977 年，他已经成为苏黎世党支部的领袖。支部在他的领导下，通过精明地利用城市的德语电视节目，将选民力量扩大了 1 倍。两年后，他进入全国议会，并发挥了相当大的影响力。他的崛起表明，农业日渐下降的重要性迫使人民党寻求成为一种更加咄咄逼人的新角色。

人民党在政治右倾中增强了势力，也获得了益处，体现在生育保险的投票表决和一些可能阻碍经济复苏的政策上，如征收额外培训税和 248
能源消耗税。新人民党的崛起呼应着外交政策基调的变化，国家对欧洲企业更为开放，对东方敌意更浓。因此，瑞士谴责苏联入侵阿富汗和东方国家经济间谍的兴起，同时在与苏联的联系上裹足不前。1980 年代早期的“核冻结”也唤起了瑞士对武装中立的偏爱。但是，联邦委员会确实开始采取行动，申请加入联合国。而“缓和政策”的实行又使一

图 8.4 瑞士人都熟悉的克里斯托夫·布劳赫的形象。照片上的他正沉浸在激情的演说中，并使用很多身体语言以示强调。他的一侧是托尼·布鲁纳(Tony Brunner)，几年前取代了乌力·毛勒(Ueli Maurer)成为党主席的一个圣加仑的农场主。他们身后是人民党的首字母缩写(SVP 为该党的德语名缩写，UDC 为法语和意大利语)和无处不在的瑞士国旗。这幅照片象征着该党强大的平民主义的形象，这种形象是在 1990 年代初期关于欧洲经济区的矛盾后发展起来的。

些瑞士人质疑传统军备力量的价值和道德性质,国家预算的很大部分都耗费在军备上。

249 在某种程度上,政策的新基调也反映出经济在第二次油价震荡后终于复苏。由此导致的新经济衰退一直持续到 1982 年。之后,经济开始增长,起初增长缓慢,后来更有活力。出口恢复得很好,特别是化工类产品。合并成为这个行业中当时的规则。大银行也开始以更大的规模向国际发展。1983 年,几家领先的公司合并为一个新的控股公司 SMH 后,制表业也开始复兴。那一年斯沃琪创意时尚手表的推出让瑞士人开始夺回市场份额,首先是欧洲的,然后甚至是日本的。在新公司的董事长尼古拉斯·海耶克(Nicholas Hayek)带领下,加强了新设计、石英技术和更好的推广。只有工程机械部门的困境还在持续:Suzler 和其他公司不得不裁减员工,布朗-勃法瑞公司最终被迫与瑞典通用电机公司合并。低潮后的经济复苏确实将通货膨胀率降低了一半。失业率在 1984 年到 1988 年间也降低了 60%,不过外国劳工的数量又开始攀升。新移民的存在有助于控制工资,尽管需求和利润都上升了。形势似乎一片大好,几年后"经济合作与发展组织"在常规的经济报告中就不给瑞士提供任何建议了。

经济增长导致人们从葡萄牙、南斯拉夫和更远的地方来到瑞士,为了改善自己的生活,在建筑工地和旅馆从事新的工作,这也增加了社会矛盾。外国人口又从 1970 年代末的 14%增加到 1990 年代的 18%,而本土瑞士人的生育率正在下降,离婚率升高。与如今已被同化的意大利移民甚至泰米尔难民不同,传统主义者觉得新移民更多是犯罪分子,同瑞士价值观相去甚远。经济再度增长也加重了滥用毒品以及相关的吸毒者中艾滋病的传播问题。这些问题在 1983 年后凸显出来。也许因为瑞士的富裕和发育成熟的反主流文化,它确实成为早期的艾滋病传染的主要受害者。这些趋势都增加了保守主义者的忧虑。

但是,就像早期的政治左倾一样,这次右倾从来不是全心全意或不
250 受挑战的。因此在 1982 年,选民投票通过了一项公民动议,重新实施 1978 年失效的物价控制。的确,1986 年的《经济学人》批评瑞士在新自

由主义的革命面前举起了一块“请勿打扰”的牌子，这种批评同彼得·卡赞斯坦(Peter Katzenstein)及其他人正面的外国评价是相互矛盾的。卡赞斯坦对瑞士的方式表示赞赏，它能通过开明的社团主义来应对 1970 年代的经济危机，以国内的社会供应和卡特尔化来补偿市场的损失。瑞士的社会福利也被称许，因它避免了福利依赖，直接对贫困发起进攻，而不是只提供保障。瑞士政府的有限规模以及偏好权力下放，但凡可能就让地方处理事务的原则，也得到很多人的欣赏。

1980 年代快结束的时候，1968 年后释放的新力量又挑战着特例主义，潮流似乎将要再次偏转。社会民主党虽然向中间转移，却还是连续失去州一级选举的选票，而“瑞士无军队团体”——具有领袖魅力的安迪·格罗斯(Andi Gross)和其他人领导的一个激进的青年运动——在 1985 年发起了一个废除军队的动议，吓坏了右翼及很多爱国主义的瑞士人。同时兴起了新一波的环保主义运动，即所谓的“绿色世界”，呼吁限制机动车排放和交通流量。1987 年的全民公投为对环境敏感的湿地提供了特别保护，而“铁路 2 000”项目为铁路和公共交通提供了更多支持。民意调查显示环境问题是瑞士人面临的最大忧虑；1986 年正式成立的瑞士绿党(Grüne Partei der Schweiz/ Parti écologiste Suisse)将这些问题集中起来，开始赢得州议会的席位。主流党派不得不也纳入这类关注，就连极右翼也不例外，全国行动党中新分离出来的一支也带上了环保主义色彩，赢得了国会和 44 个州议会的席位。

新势力面临着保守势力的反动员，而保守势力主要是为国家主权所受的威胁而动员起来的。外交部部长皮埃尔·奥贝尔(Pierre Aubert)试图推动瑞士加入国际组织，以促进国际合作，这种努力被右翼视为对特例主义的挑战。他们成功地调动选民反对这种行动，导致 251
不仅加入欧洲社会宪章理事会和联合国教科文组织的提案都被否决，政府关于瑞士应当至少成为联合国的完全成员的提案也惨遭否决。1986 年 3 月，这一提案有 50.7%的较高投票率，但以 24%对 76%被否决，表明刺猬情结仍深植瑞士人心。

这个失败固然部分由于政府宣传不力，更多则可归结为新的民粹主义压力集团的努力所致。布劳赫领导的“独立和中立瑞士行动组织”情绪化地反对瑞士卷入可能限制其独立和中立的复杂关系。对他来说,领导这个组织意味着偏离传统的议会政治。这也使得他能够通过削弱现存的极右势力,同时表明民粹政治能够给当权派带来重大打击,而令他信心大增。表决结果也显示了在通常基于农村的封闭的保守主义者,同较为进步的、外向型的城市群体之间出现了真正的鸿沟。尽管很多人认为 1987 年选举的结果是,人民党可能将很多席位输给绿党,包括在联邦委员会的席位,但这并未发生。事实上,选民团结起来,使人民党保持了 11%的支持率,而基督教民主党失去了 4%的选民,开始了一段长期的衰落;绿党的收获只是一般,远远没有达到预料中的突破。但是,绿党确实赢得了席位,开始渗入州一级的政治,也提倡了关于能源和有毒废料的新观念。自由民主党和人民党也在 1988 年到 1989 年间参与进来,说服国会补偿凯泽劳斯特核电站的发起人,因为很明显建造新的核电站在当时的政治形势下已不可能。

随着最初的自由贸易协定现在全面生效,瑞士面临着越来越多的来自欧洲的新挑战。瑞士明白,正在扩大和深化的欧洲共同体将弱化欧洲自由贸易联盟的影响,因此想和其他欧洲自由贸易联盟的国家进一步加深合作。瑞士人认为也许能通过 1984 年的《卢森堡协定》来参
252 与影响他们的决策,但是这个机制的范围过于局限了。很快,欧共体在《欧洲单一法案》和“1992 年单一市场计划”潜在的动态影响下有了新的发展,瑞士随之放弃了此前的打算。1987 年在因特拉肯,欧共体否决了与第三世界国家共同决策的主张,明确了瑞士的并非一些瑞士官员所想要的“准成员”资格。1988 年 8 月的一个政府报告依然谋求“第三条道路”的发展,并且断言,再这样下去行不通了,才考虑加入欧共体。欧洲以外的外交政策问题,特别是南非问题,也使瑞士再次面临被孤立的威胁。

1988 年后期出现了更大的危机,之后,伊丽莎白 · 寇波当选副总统后只有几天就被迫辞职。辞职前,她不情愿地承认了自己曾提醒她那职业生涯多姿多彩的丈夫汉斯,她领导的司法警察部将对他所在的

沙卡其股份有限公司(Shakarchi AG)进行调查,因后者涉嫌参与了有史以来最大的毒品洗钱案。起初她否认自己有任何违法行为,后来,面对她的部门曾阻挠其他调查的指称,她不得不在2月底主动提出辞职。政府启动的调查很快找到了其违反政界工作保密原则和误导联邦委员会的证据,迫使她立即辞职。为了进行刑事诉讼,她的议员豁免权被暂时中止。最终,在1990年春,她在法律的技术层面上被免除罪责,但是这对于她和建制派来说,是代价惨重的胜利。一项国会委托的调查显示,两个部门的行政管理都存在着严重缺陷。更重大的问题是,司法警察部,连同国防部一起,保存着约90万份所谓嫌疑颠覆分子的秘密档案,档案中充斥各种传闻和不可靠的信息。这一发现与“第26号项目”秘密军队组织的继续存在产生了关联。“卡片事件”成了1990年代初期的重大议题,制度的公信力被质疑,即将到来的关于废除军队的公决会加强这种质疑。

换言之,到1980年代末期,瑞士的经济和政治已经发生了转变,当然并非一帆风顺。“特例”瑞士实际上开始出现裂痕。如果说财富和社会和谐大体上依然完好,特例主义的政治和外交内核正在被内部和外部的新发展打开。当然,也不是所有的政策问题都能被成功地解决。
在即将到来的年月,关于经济政策、欧洲关系、外国移民、森林资源,以 253
及军队和政府角色的深层讨论都会削弱特例主义,而瑞士也发现自己处于一个相当不同的国际形势中。

第九章　1989 年以来：回归常态？

254 柏林墙的倒塌和接踵而至的苏联的解体将瑞士人推进了一个新世代，尽管他们自己还没有完全意识到。“特例”所倚赖的政治背景的变幻和对变革的持续抵制使瑞士内部的裂痕扩大为裂缝。在一个经济低潮以及因第二次世界大战历史记录而受到审查的艰难时期，瑞士被迫再次考虑武装中立，应对难民申请的激增，并和变化中的欧盟修正关系。这些挑战刺激了一种民粹式民族主义的反应，和其他欧洲国家发生的情况颇为相似。瑞士人民党引领了这种运动。它反对参与国际组织，无论是联合国还是欧洲联盟，理由是它们与“特例”瑞士无法相容。民粹式民族主义的兴起导致了政府危机，以及具有争议的公投和选举。这些公投和选举提出了有关国家未来方向的问题。瑞士逐渐面临着一个选择：是适应外部变化的需求，还是抵制变化，保持“特例”。换言之，政治愈发分化，有时也更加个人化了。

政府试图在外部问题的礁石和变换的国内观点的浅滩之间航行，而上述所有这些因素都给体制、特别是政府带来了巨大的压力。因此，“特例”瑞士的所有元素都受到威胁：外交政策立场、国家的富裕、它的
255 凝聚力、共识型政治、政策的成功、对第二次世界大战中自身角色的记忆、连同自身的身份感等。有些时候，对这些威胁的民粹主义反应似乎

从根本上挑战着整个瑞士战后的体制，但是大众共识再次发挥足够的作用防止它的发生，尽管它还是造成了国家内部的分歧和不确定。与别处的问题相比，瑞士经历的这些反转并不严重，但也足以让瑞士人忧心忡忡。在这一点上，瑞士变成了一个更符合常态的国家，和它的欧洲邻国以几近相同的方式演变着。

改变了的国际地位

对多数欧洲人来说，1989 年意味着冷战的终结，但在瑞士并不一定是这样，因为那一年的报纸头版充斥了关于军队的辩论、第一位女性联邦委员的命运和秘密档案。的确，也许是因为对寇波丑闻的关注，对军队的抨击，以及一个纪念 1939 年第二次世界大战爆发 50 周年的名为“钻石”的争议性展览，瑞士政府并未立刻意识到柏林墙倒塌的重大意义。它最初告诉记者，政府不可能对每一桩琐碎的国际事件作出评论，最终才承认这件事出乎政府的预料。在柏林的瑞士驻德大使因酗酒两次被捕的事实，也无益于开脱政府对此的反应迟缓。哪怕苏联卫星国的垮台必然影响到它的国际战，瑞士仍旧是落在其他国家后面缓慢前行。

事实上，冷战的结束立刻改变了军队之争。尽管“瑞士无军队团体”在 1989 年 11 月末的公决中失败了，但是在反对方强大的宣传下，仍有超过三分之一的投票者赞成废除军队，这对当政派是一个真正的警告。1990 年赫尔穆特·科尔与米哈伊尔·戈尔巴乔夫就德国联邦国防军裁军达成协议，换来对两德统一的支持以后，瑞士民众震惊地发现，瑞士军队——有可能达到 65 万国民军的强大兵力——名义上是欧洲最大的军队。这与一个和平主义的中立国家是不相符的。

作为回应，政府发起了一个军事改革计划，名为“军队 95”：将军队
人数限制在 37 万，削减服役时间，并废除一部分预备役编制。这些改 256
革远远不能满足军队批判者的要求，他们成功地推进了替代兵役制的民役服务制，但未能阻止购买 34 架 F/A 18 喷气式战斗机的决定。但是，废除军队的第二次尝试在 2001 年遭到了惨重的失败，尽管“特例”

瑞士的传统捍卫者们依然为批评和变革感到担忧。他们不喜欢完全民兵役部队有任何偏离。

当局也不得不在中立和外交政策方面有所举动,因为瑞士已经无法声称自己是东西方之间的缓冲国了。它转而发现自己置身于一片和平民主国家的海洋,其间无人中立。对于瑞士诚实的经纪人角色,现在的需求已经不那么多了,而且更多提供这种服务的竞争者也出现了。此外,为了维护国际法,政府在 1990 年伊拉克入侵科威特后,对伊拉克实行了制裁。同时期的中立和不结盟集团的内部崩溃令瑞士更加孤立而不确定。

因为批评者们相信中立还阻碍了政府想要的与欧盟更近的关系,一个专家研究组织得以成立。这个组织在 1992 年的报告中提出,应当在新的欧洲背景中,以更清醒的方式看待中立问题,而不是将中立视作加入欧盟的障碍。报告认为,在一个羽翼丰满的欧洲集体安全体系出现,且中立政策可以被放弃之前,瑞士应该保持一个独立的防御机制,但是也应该与欧洲各国进一步融合,并且要表现得更为开放和团结。与很多外交政策建制派一样,这个组织相信瑞士的独立和行动自由只能通过加入国际机构来维持。和军队的改革一样,这种想法也被保守主义者拒绝,并且增加了他们的忧虑,将中立转变为一种扰乱人心的内部争议,而非"特例"瑞士的一个稳定支柱。

1989 年 1 月,当欧盟委员会主席雅克·德洛尔(Jacques Delors)谈到要和所有欧洲自由贸易联盟成员国签署包括共同决策在内的新协议时,瑞士与欧洲的关系一时看上去似乎进展顺利。瑞士人欢呼雀跃,加
257 入了与其他欧洲自贸联盟国家的谈判。遗憾的是,这被证明相当困难。奥地利和瑞典最后提出加入欧盟的申请,因为它们觉得新交易可能获得的好处过于有限。瑞士在欧洲运输中的敏感位置也是一种障碍,因为瑞士人基于环保的理由反对过多卡车开过阿尔卑斯山。最后政府提出修建和投资新的基线隧道,作为向跨阿尔卑斯山卡车运输征收新费用的补偿。1991 年 10 月 21 日夜,最终达成了有关后来成为欧洲经济区的协议,但是参与谈判的两个来自法语区的瑞士部长在接受交易的

同时发表了意见，说这与瑞士的利益和尊严无法兼容。这一立场日后将困扰着政府。

图9.1　新的圣哥达铁路隧道。照片上，圣哥达基线隧道的工人在庆祝2010年10月15日打穿东向隧道，他们挥舞着瑞士和意大利的国旗，还有提契诺州旗等。工人们站在一个隧道掘进机的断面前方，掘进机是从北面掘进的。这一工程的实施主要是解决通过阿尔卑斯山（生态脆弱得惊人）的过多的运输卡车造成的污染。1992年方案批准后，1996年开始修建，预计2017年全面投入使用。

1992年，一场重大的政治危机爆发了，这是在政治转变和当权派 258
受到挑战的背景下，关于瑞士与外界进行新合作的怀疑种下的恶果。秘密档案的丑闻仍在引起大的骚乱，国会被迫进行调查。30万人要求查看自己的档案，被设立档案几乎成了一种自豪的象征。这一事件给很多人留下了恶劣的印象，动摇了他们对“特例”瑞士赖以维系的体制的信心。此外，由于土耳其和斯里兰卡的动荡，1980年代晚期到1991年之间难民申请人数增长了5倍，这又引起了恐慌。处理申请的系统不堪重负，外国居留者的数量从1985年的不到100万上升到1995年的约150万，占人口的20％强。极右翼愈发抓住这些数字，声称寻求庇护的难民正如洪水般涌进国家（虽然实际上只有很少一部分申请成功)。作为回应,政府在 1991 年施行了"三环政策"来限制移民。政策允许欧洲国家公民相当程度的自由迁移,给予其他白人西方国家公民相对宽松的渠道,但对其余国家公民的申请施加严格限制。尽管如此,就像在其他国家一样,这一问题在瑞士激起了新一波的种族和民族情绪,从而影响了内政外交。值得注意的是,这种势头渐渐盖过了 1980 年代就已经非常明显的新社会运动的影响。

关于欧洲和经济的忧虑

1992 年关于欧洲经济区的公投强烈地体现了新的民族民粹主义。第二次世界大战后,瑞士经历了第一次真正的经济衰退,对此的社会反应强化了民族民粹主义的势头。经济压力进而激化了正在显现的、与"特例"瑞士形象格格不入的社会问题。与此同时,特例主义最重要的基础,即瑞士的第二次世界大战记录,也遭到了外界的猛烈抨击。但是,1990 年增值税方案再次被否决,依然体现出了保守势力的执着。在 1991 年第一次允许 18 岁公民投票的普选中,极右翼的小党派,包括
259 一个新成立的民粹党"提契诺联盟"[①],表现不错,而激进党和基督民主党都严重失利。极右翼总共获得 11%的选票,几乎是绿党的 2 倍之多,反映出极端主义和变革是怎样激发了对"特例瑞士"的捍卫者的支持。尽管如此,绿党还是取得了适度的突破,象征着对瑞士前进方向的不同疑问。1990 年,联邦最高法院作出对内阿彭策尔州州民大会不利的裁决,因后者拒绝女性参与,这一裁决终结了瑞士各地选举排除女性的现状——但并没有终结所有歧视女性的行为。此举为迅速提升女性的社会地位和参政程度铺平了道路。

1991 年,联邦成立 700 周年不温不火的庆祝背后是来自左翼和知识分子群体的反对。事实上,是否举行任何庆祝活动,基于历史和当代的理由都引起了争议。对一些知识分子而言,一个世纪以来窥视个人

---

① 提契诺联盟(The Ticino League),活跃在提契诺州的一个孤立主义、民族保守主义政党,成立于 1991 年。——译者注

的国家，就算有 700 年的民族历史，也已经够受了。但是，公共舆论和人民党的领导无视这种批评，依然坚持解放传奇，包括将退尔视为历史上真实的存在。庆祝活动的一个重要环节是一个探讨瑞士是否依然“特例”的论坛。1989 年后，“特例”这一名词的使用开始减少，反映出寇波丑闻和秘密档案丑闻损害了瑞士作为特殊的典范民主国家的形象。的确，据外交部部长勒内·费尔贝(René Felber)所言：他再也不想听到这个名词了。

关于武装中立的日益增长的内部分歧以及对体制的信念的缺失，终于在与欧共体建立更密切的关系问题上达到顶点。政府的第一个民意调查显示多数人支持加入欧共体。之后，1992 年 5 月初，公民表决赞成瑞士加入世界银行和国际货币基金组织。受到鼓励的政府决定在 5 月晚些时候申请加入欧共体。但到那时，欧共体法院减弱了欧洲经济区的独立性，挪威和芬兰申请加入欧共体。瑞士的申请令很多选民困惑，从而使政府——它对此宣传不力，且没有企业支持——面临着这样的指责，即它要求选民为政府本身感觉不妥的政策投票。布劳赫领导的“独立和中立瑞士行动组织”精明地利用了这种指责，将置身欧共 261
体之外描述为零成本，而加入欧共体会威胁到国家的富裕、凝聚力和独立。这种论调出于对政府日益增长的怀疑，动员了很多习惯不投票的选民，于是有了史无前例的 78.3%的投票率。加入共同体的提案以 49.7%支持、50.3%反对而失败，但是支持的只有七个州，主要是法语区的。一些部长将这天称为“黑色日”。投票结果起初被诠释为反映了语言分歧的问题，因为法语区州表示了极大的不满。很多说法语的人觉得他们的利益又一次被说德语的多数人践踏了。这种感受不完全准确，但他们竟然提出要沿着语言分布的界线设立模拟关卡。这种敌意导致国会进行大量反省，最终在 1996 年通过了一项有关语言的宪法新条款。

事实上，关于加入欧洲经济区的公投更反映出一种新的分化：一边是放眼世界的以城市为主的瑞士；另一边是注重自身利益，对政府失去信心，对关于中立和外国人的新政表示怀疑的乡村瑞士。政府被迫

260

图 9.2　民粹主义运动。海报上呼吁瑞士人在 1992 年 12 月 6 日的公投中反对瑞士加入欧洲经济区。欧洲经济区(或是那时的名称 Espace Economique Européenne)被描述为一种强加的限制，会妨碍瑞士认清自己的方向，从而剥夺它的自由。这幅海报是瑞士法语区的一份小杂志制作的，它道出了“独立和中立瑞士行动组织”和人民党领导的保守主义所持的反对观点。这次公投否决了瑞士加入欧洲经济区的提案，成为近年来瑞士政治和政策的一个关键时刻。

冻结会员申请，并缩减“欧洲法律中心资料库”的立法适应计划，即后人所知的“瑞士法律中心资料库”（Swisslex）[①]。1994 年，由于一项限制性的公民动议，穿越阿尔卑斯山的卡车运输成为更加复杂的问题。政府也发现自己面对着一股经过重组的激情澎湃的民族主义右翼新势力，1992 年 12 月 6 日公投后，克里斯托夫·布劳赫已经成为这股新右翼势力的象征和领导。他在苏黎世的人民党派系影响力越来越大，也更加激进而反体制，并压倒了保守主义倾向的党派。1995 年，这一党派首次赢得了多年以来的新席位，主要是以牺牲瑞士民主党的利益为代价，虽然社会民主党的表现更好且又一次成为国民院中的最大的党派。社会民主党还在 1993 年成功地推选了第二位女性进入内阁，名义上来自日内瓦的露特·德莱富斯（Ruth Dreifuss）。德莱富斯是后来被确定的，本来是一位男性候选人受到了青睐，而不是该党原先确定的另一名女性人选。但是这位男性候选人考虑到女权主义的巨大压力，觉得拒绝参选比较明智，于是为德莱富斯的入选腾出了位置。

社会民主党和人民党的成功反映了国家正在经历 1945 年以来的第一次真正的经济衰退。从 1991 年开始，一直持续到 1997 年，随着贸 262
易和需求下降，经济萎缩了 2%，这是因为欧洲其他地方的经济低迷，国家银行的通货紧缩政策，以及过去低经济增长率的延续。经济萧条引发了一定数量的解除管制以及股东权益运动。大量的企业合并，特别是在化工业、零售业和银行业。1998 年，巴塞尔的瑞士联邦银行公司和瑞士联合银行合并，成立了新的瑞士联合银行集团（UBS）[②]。那些在工作的人独立经营的更少了，还有越来越多的人成为雇员，通常是受雇于 66 个最大型的公司。约 20 万个工作岗位流失了，导致 5.5%的失业率。失业率在整个 1990 年代增长了 20 倍，尽管比其他地方低一些。此外，随着通货膨胀上升并超过欧洲平均水平，真实工资降低了。结果，财富重新分配并日益集中到富人的手中，使百万富翁的数量激

---

① 根据欧盟法规调整瑞士本国立法的方案。——译者注

② 瑞士联合银行集团后文中出现时均作 UBS，以免与联合银行混淆。——译者注

增,然而每六个瑞士人中就有一个被归为贫困工人。罢工次数陡增也就不足为奇了,1993 年到 1994 年间尤其多,然后 1997 年到 1999 年间也是,伤残保险索赔的情况也越来越多。与之对等的是,随着福利国家的巩固,经济萧条也导致了失业和养老金的社会开支空前增长。随着“特例”瑞士的另一个支柱也在逐渐损坏,一场关于经济政策的大辩论开始了:戴维·德·普里(David de Pury)这样的新自由主义者和其他大实业家制定了 1995 年的《白皮书》,呼吁实行经济的大规模重组、取消管制和私有化,尤其是福利国家的私有化。福利国家的成本已被视为竞争力下降的原因。左派猛烈批评对福利国家的否定,并呼吁制定更多规则。总体而言,自由化不受欢迎,尽管布劳赫和他的很多新支持者不同,是支持自由经济的。

经济萧条也威胁着社会凝聚与和谐,不同程度的暴力犯罪开始增加,离婚率和自杀率也在上升。很多瑞士人也发现医疗保险逐步升级的费用是一个重大负担。这些新的情况致使很多人,尤其是蓝领工人对人民党的诉求很有共鸣。他们不再指望工会,而工会也发现越来越
263 难以对付组织性更强也更咄咄逼人的雇主。某种程度上,这样的选民接受了人民党关于社会问题部分是由难民引起的论调。人民党在 1996 年 12 月的一次公投中企图煽动民众的不满,目的是通过限制非法移民的动议,但是没有成功。

特例主义的基石——瑞士在第二次世界大战中的角色——迎头受到的挑战也帮助了人民党。1995 年,在新兴的世界犹太人大会主席埃德加·布朗夫曼(Edgar Bronfman)的鼓励下,大屠杀幸存者和他们的律师利用美国的法庭对瑞士银行发起集体诉讼,理由是它拒绝解冻最早来自大屠杀受害者的“休眠”账户。议员阿方斯·达马托(Alfonse d'Amato)和美国副国务卿埃森斯塔特(Eizenstat)接手了这一案件,基于档案文件发布了一个报告。这项对瑞士的指控很快扩大,还涉及瑞士在大屠杀期间与纳粹合作,接受来自集中营(或从其他被占领国家掠夺的)黄金,拒绝犹太难民入境,更不必说对纳粹进行经济援助而延长了战争。谴责瑞士并提议抵制瑞士商品的书出版了,致使气氛升温。

瑞士银行意识到，如果它们不合作，可能会受到严重的惩罚。1998 年 8 月，银行同意支付 13 亿美元作为赔偿，这个数额是在一些保险公司和制造商的推动下达成的，这些企业在德国的子公司曾在战争期间强迫使用劳动力。1995 年，瑞士政府感到有必要为自己战争期间对难民的处置而道歉，并资助了一项对“休眠”账户问题的评估，还资助了一个由经济史学家让·弗朗索瓦·贝尔日耶(Jean-Francois Bergier)主持的国际历史调查委员会——调查瑞士在第二次世界大战中的行为。政府还为所有灾难受害者设立了一项 50 亿的“团结基金”。贝尔日耶调查委员会启动了一大批调查，并于 1999 年 12 月和 2002 年 3 月出具了两份报告，后者也是最终报告。调查发现，瑞士在对待难民和响应时代需要方面很有局限性。调查还认为反犹主义确实影响了瑞士的行为，中立的立场偏向了德国一方。但是，很多更加极端的批判后来被证明是夸大其词的。但不管怎样，美国的沃尔克委员会发现，和早先的声称相反，瑞士银行持有的 5.4 万个账户可能属于大屠杀的受害者，外加 2.5 万个相关账户。偿还很快开始进行，但依然留下了很多悬而未决 264
的问题，比如经济和欧洲。

特例主义的回击

无论是来自国内还是国外，瑞士在 1939 年到 1945 年之间的行为受到的批判，都让许多经受了艰难的战争岁月的瑞士人感到愤怒，他们拒绝从英雄的身份转变为恶棍。他们的记忆受到了冒犯，而那些记忆正是特例主义的根本来源，他们对国家机构及身份的恐惧一直持续下去，转为对欧洲一体化的抗拒。在这两个问题上，布劳赫和人民党都在替他们发声，诋毁贝尔日耶和他的调查方式，并对瑞士给予“澄清”，强调瑞士的各种成功，以及国家在战时需要与邻国往来以保证自身的生存。布劳赫甚至呼吁对美国发动一场“战争”，因为他坚信瑞士受到了不公平的“私刑”，而政府向敲诈屈服了。不出意料的是，2002 年，选民否决了为“团结基金”筹资的方案，表明瑞士人依然很难面对他们在第二次世界大战中的过往。因此，这一事件扩大了封闭保守的势力与建制派中非人民党的派系之间的分歧。前者对于后者没有捍卫传统的瑞士权力和身份感到格外惊恐。这反映出一个现状：虽然欧洲精英继续努力尝试国际合作，但在瑞士和其他地方，社会和政治的一大部分却向更加守旧的民族主义思维逆转。

内部不和也体现在一个欲将外来人口限制在总人口的 18%的新动议上。尽管这个动议被断然否决，但是两年之后，人民党反对滥用难民庇护制度的动议仅以 1.2%的差距失败。他们称此为“虽败犹荣”。这个结果反映了由前南斯拉夫的战乱带来的新一波难民潮让安置和服务机构难以承受，结果引发了很多针对外来人口的攻击，有时还很激烈。这次投票结果令人民党更有信心将直接民主作为终极的政治和民
265 粹主义武器。动议程序更多地成了右翼的一种胁迫，而不是左翼的目标。事实上，在 1891 年以来成功通过的 18 个动议中，有六个都是在 2000 年到 2010 年之间发生的。人民党的新手段改变了瑞士政治，使其更加激烈，更个人化，分化更为严重，也更为媒体所控制。瑞士政治不再重视谨慎实际的合作协商，而是更多地关注几乎没完没了的宣传和竞选活动。

守旧的民族民粹主义也体现在对欧洲一体化的敌视上，他们将其看作对主权和自立的威胁。当局正在和欧盟推进双边谈判，以填补瑞士缺席欧洲经济区而留下的空白，故此一再弱化这种情绪。谈判极其困难，尤其是在选民公投通过 1994 年的“阿尔卑斯山动议”之后。动议要求迅速将跨阿尔卑斯山货物运输的重心从公路转为铁路。最终，在公众支持相关的财政方案后，1999 年 6 月才落实了一个双边协议。协议包括分阶段实现的一揽子计划，附有所谓的“断头条款”，意即瑞士如果违反协议中任何一项，所有计划都将失效。这一手段证明欧盟对瑞士直接民主的威力心里有数。对瑞士人来说，这一协议最重要的部分包括交通运输，尤其是劳动力的自由移动。瑞士放弃了对 28 吨以上载重卡车的禁令，并降低了通行税，作为接受对欧盟国家车辆使用道路收费原则的交换。这一协议也允许瑞士飞机凭航空运输权自由进入欧盟国家领空，缺乏这一权利过去削弱了瑞士的航空发展。劳动力的自由

流动甚至更具争议，这一协议将会逐步落实，并于2009年进行审核。瑞士也被允许采取辅助措施来反对“社会倾销”(即以更低的欧盟工资标准付给在瑞士的欧盟国家的工人报酬)。出于这种担忧，瑞士民主党和提契诺联盟党对这一协议提出挑战，并强行发起公决。人民党名义上保持中立，工会被该协议中的辅助措施征服，商业团体也积极支持，整个协议在2000年5月以二比一的多数票通过。

然而，对协议的挑战标志着瑞士公民对国家身份和经济问题都开 266
始忧虑。这种忧虑在1998年庆祝瑞士联邦的争议中已经表现得很明显。当局计划庆祝1848年的纪念日，但是法语区的州认为这样忽略了1789年，而这对他们来说是意义更加重大的从“殖民压迫”获得自由的两百年纪念。语言问题也引起了新的争议，英语在学术、商业、学校(2000年后)的使用越来越多，一些德语州打算把它设立为第一外语，排在法语和意大利语之前，这在瑞士的法语区引起了恐慌。人民党抓住这个机会，大力呼吁瑞士历史的民族主义的传统叙事，并驳斥建制派青睐的现代史学中的评判观点，无论是更遥远的往昔，还是现代，尤其是与第二次世界大战相关的事件时。这种历史传统主义强化了封闭的 267
心态和对变革的抵制。因此，虽然州的宪法正在重修，对于国家宪法的现代化却少有热情，甚至还有人反对。1995年制定了一个草案以供协商，1998年草案的修订版本被提交到国会。1998年晚些时候出台了一个最终文本，并于1999年4月获得批准。但是，值得注意的是，只有36％的选民愿意投票，而一些保守派的声音依然激烈地反对。

与初稿相比，新的草案篇幅更短，条理更清楚，立场更加右倾。它也鼓励对州宪法作出进一步修订。因此，下瓦尔登人民在1998年废止了他们的州民大会，只有格拉鲁斯和内阿彭策尔两个州还保留了这种群众公开决策的形式。联邦主义还鼓励小型公社合并，于是到2011年只有2 500个公社，而1980年代时有3 000余个。在格拉鲁斯，24个公社减少到只有三个。新的立法也重新分配了州和联邦各自的以及各州之间的任务和经费。州作为一个法人团体开始扮演更重要的角色，特别是通过1993年成立的政府大会和伯尔尼的州议院。2004年，各州

图 9.3 格拉鲁斯州的年度州民大会，瑞士只有两个州还保留了这种形式。5 月初的一个星期日，选民在格拉尼施山下的格拉鲁斯市镇广场集会，吸引了多达 7 000人。最近，当局竖立起一个临时的环状木台，公民们可以站在上面看到中央高台上的官员。集会持续约八个小时，讨论各种政治议题，选民举起一枚黄色卡片进行投票选举。

首次利用他们的新权力挑战立法，也可任命在首都的永久代表来游说和保护他们的利益。鉴于将沃州和日内瓦州合并的尝试失败了，关于巴塞尔州统一和在汝拉山区建立一个新的超级大州的提议似乎不大可能实现。但是，现存的汝拉州有可能成功地扩张至南部。

政治的民族主义倾向越发严重，影响了“特例”模式的联邦制元素。在 1999 年的议会选举中，人民党取得了史无前例的突破，多赢了 15 个席位，总共占有 44 席，成为下议院中第二大的组成成分。此外，它和社会民主党在选民中占有的百分比相当，并在上议院赢得了两个席位。它的收获是以小的极右群体的失败为代价的，尤其是“汽车党”(现已更
268 名为自由党)，而且在德语州获得了几场胜利。几年前，人民党还没有德语州的代表。尽管经济正在复苏，失业人数下降，人民党还是获

胜了。

虽然人民党无法在州政府或联邦委员会赢得更多席位，但是它明显有所行动。它继续乘胜追击，惊动了主流党派和自由主义公共舆论，使得国家更加分裂。人民党逐渐跟随其他西方国家的欧洲民粹运动路线，将大多数本土民众涂抹为新的少数派，“受害于”外国人、不可信任的政治精英和左翼。它将瑞士的大部分问题归咎于后 1968 年的政治左倾。然而，即使该党将“特例”瑞士作为政治武器，并声称贝尔日耶报告仅仅意在列举瑞士的罪状，它仍然无法改变所有令它反感的政策，比如军队的进一步改革。它也不能阻止联邦委员会发布一个关于种族隔离时期瑞士与南非关系的批判性报告，或是 2002 年选民以极微弱的优势通过瑞士加入联合国的提案。

人民党在欧洲阵线上更为成功。2001 年，政府未能使亲欧游说团体“新瑞士欧洲运动”[①]撤回一项要求立即进行加入欧盟的谈判的动议，因此再次陷于难堪的境地。当权派知道时机尚未成熟，于是力劝人们投票反对，结果被错误地理解为这是对加入欧盟的整体原则的正式抵制。不管怎样，政府还是坚持进行第二轮双边会谈。技术层面的进展迅速，但是这一进程受到了干扰，因瑞士基于银行保密法，拒绝实行外国人银行账户信息的自由交换。申根区自由进出的权利也是一个问题：瑞士想要加入申根区，因为这样可以解除旅行者的后顾之忧——他们访问欧盟国家，却不得不特意办理一个瑞士签证，还可以解除瑞士会成为潜在的难民目标国的危险。最终在 2003 年，欧盟同意瑞士和其他国家保留银行保密权，作为交换，瑞士需交纳一笔预扣税，其中的四分之三将转交相关的欧盟国家。 269

瑞士的谈判立场受到了人民党反对意见的限制，后者在选民中的成功使它扮演的角色越来越有分量。1995 年到 2003 年之间，人民党在州一级的政府中赢得了 150 席，同时也在国家政府中多赢得了 11

① 新瑞士欧洲运动，New Swiss European Movement，常缩略为 NEBS (Neue Europäische Bewegung Schweiz) 或 NOMES (Nouveau Mouvement Européen Suisse)。——译者注

席，很多胜利都来自法语区，这使政治更趋向民族主义。人民党获得了26%的选民，社会民主党守住了自己的阵地，而激进党和基督教民主党都惨遭失败。换言之，特例主义仍未放弃战斗。

两极分化

人民党及其支持者带来的挑战越来越大，但并非受到一致欢迎。尽管其他党派势力缺乏稳固的支持和资源，他们竭尽所能抵制该党，有时也能取得令人惊奇的胜利。所有这些都意味着政治愈发两极分化，一端是走强硬路线的人民党的苏黎世派系，另一端是社会民主党和许多绿党的"进步"联盟。这不仅仅是左右分化，也是开放的全球化的赢家与反对全球化的封闭的输家之间的分化。因此，许多工人在社会民主党和人民党之间摇摆，结果是政策的制定变得愈发艰难。

换句话说，改变中的选举格局反映了一种更加分化的新政治：人们越来越依据价值观而不是自身的社会经济利益来投票，使让步和折中更难实现。全球化鼓励多国公司，给瑞士的农场带来更大的经济压力——农民的数量从1990年到2010年之间减少了三分之一。对某些人来说，全球化导致了更多的不平等，让他们感到困扰。在犯罪问题、福利和语言问题上，很多人觉得自己损失惨重。他们也意识到尽管收入不平等在加剧，就像西方世界各处发生的那样，但受益的不是他们。一系列事故的发生，动摇了"特例"瑞士代表的冷静高效、政策成功的形象，可能还促使很多选民寻求新的保证。圣哥达汽车隧道在一场大火
270 以后关闭，2001年到2002年间瑞士航空公司因合并问题被迫出售，2001年9月楚格州议会上的血案，2002年7月的乌柏林根(Uberlingen)空难，以及2002年围绕西部湖区举办的博览会的麻烦(据说瑞士国旗被禁止悬挂)，这些都助长了国内外日益增长的疑虑，即瑞士是否还像过去那样是一个可靠的典范。"特例"瑞士的自尊似乎处于危险的境地。

很多忧虑的选民被人民党目标明确的关于身份问题的信息所吸引，而社会民主党更吸引中产阶级选民，而非工人。中产阶级受益于推

进中的欧洲一体化。尽管与欧盟的政治联系受到民众的反对，但是一体化进程仍在继续。文化问题与急剧变革的交互影响造成了开放或是封闭的分歧，以及普遍的分化，比其他欧洲国家的情况几乎还更剧烈。这也体现在社会政治化程度的加深上：更高的投票率(尤其是老年人，他们的观点被战争岁月打下了印记)，更多的请愿，甚至更多人成为党派成员。人民党既助长了这些趋势，也从中获益，成为一个群众性的民粹主义政党，而其他国家的类似政党正处于困境。人民党在瑞士自身的语境中也很独特，它深谙媒体之道，资金雄厚、组织有序，不仅有布劳赫，还有新一代高度忠诚、富有感召力的议员作为领导。他们往往比布劳赫本人更有煽动性，而且使用法语，也同样善于占领电视舞台和流行新闻媒体的栏目。其他党派发现与人民党竞争几乎是不可能的，只能让后者决定政治气象。

万事俱备，2003 年选举之后，人民党立即要求它认为 1999 年被拒绝的政府第二大党的地位，除了布劳赫，不接受任何其他的候选人。最终布劳赫当选为联邦委员会委员，取代了鲁特·梅兹勒(Ruth Metzler)的位置。这是 1974 年以来第一位没有污点的任期内的部长被撤销职务。汉斯-鲁道夫·默茨(Hans-Rudolf Merz)，一位保守的激进党人也当选了，政府的平衡被打破了。关于性别和州代表制的共识政治传统被无情地抛弃了，更不必说由部长决定自己任期的权力。其他党派的很多议员对此表示强烈不满，但是他们接受了教训，打算四年后再来申请。

布劳赫的当选并没有像有些人希望的那样让他收敛行为。相反， 271
政府的基调开始改变。联邦委员会愈发政治化，因为布劳赫对政府及其政策仍然进行公开批评，猛烈攻击其职权范围以外的事务，从不放过一个宣扬自己及其党派观点的机会。他的支持者将这看作是在清理腐败精英阶层的奥吉亚斯牛圈[1]，而批评者则认为这削弱了一个世纪以来的行之有效的合议制和内阁团结。这种氛围如此恶劣，以致在 2006

① 奥吉亚斯的牛圈，典出希腊神话，意为污秽腐败的地方。——译者注

年,他因一些过分的行为而受到了审查,还有一个部长因为不愿忍受这种氛围而提前离任。

尽管如此,体制余留的制衡意味着国内政策不会有过于重大的改变,虽然 2004 年国会有史以来首次否决了政府的施政计划。更令政府难堪的是,选民竟然同意了一项人民党发起的动议,动议欲将性犯罪者处以终身监禁的惩罚,这与欧洲人权法无法合拍。布劳赫也成功地收紧了难民政策,同时,2006 年,选民否决了政府关于简化长期居留的年轻外国人的入籍过程的提议。但是就在同一年,选民们大力否决了人民党对教育同步提案的挑战,而且在 2004 年,历经近半个世纪的生育保险方案最终被批准了,这多少完成了瑞士国家的福利化。但是,和其他国家一样,福利国家的成本及其复杂性是一个持续引发争议和忧虑的来源。如同别国一样,针对依然萧条的经济,政府也启动了一个振兴经济的计划,实现了电力市场的部分自由化,还成立了两个监督机构——瑞士竞争委员会(监督市场竞争)和瑞士金融市场监管局。

人民党也没能阻止外交政策更加国际化的趋势。在新的社会民主党外交部部长米舍利娜·卡尔米-雷伊(Micheline Calmy-Rey)的带领下,瑞士在联合国及其之外的地方扮演了积极的角色,致使人民党以违
272 反中立为由要求她辞职。人民党反对与欧洲建立更加密切的联系的努力只取得了有限的成功。2004 年,它既未能阻止新一轮的双边会谈(包括进入申根区和一个关于存款的协定),也未能阻止“团结基金”的扩大并在已加入欧盟的十个国家自由流动的权力。它也无法迫使政府对 1992 年的申请进行象征性的撤销,而不是冻结。这个申请导致人民党承诺用 20 年的时间来反对瑞士加入欧盟。不过,政府确实将加入欧盟从重要目标降级为只是一种选择。

虽然遇到一些挫折,人民党的选民还是持续增长,只是增长的速度比先前慢了。到 2007 年,它首次成为州议会中的最大党。社会民主党一直在失去州议会的席位。2006 年,他们相当重视的一个国民健康保险的提案也惨遭失败。同时,他们也受到绿党的发展的威胁。在中间派,激进党发现很难抵御人民党的复兴,不过基督教民主党似乎开始逆

转他们长久以来的颓势。表面上，人民党的扩张速度放慢，经济的复苏——表现为 3%的增长率，国内需求的增加，以及失业人数没有增长——似乎预示着人民党在 2007 年不会取得重大进步。事实是，人民党精力旺盛地投入宣传，以布劳赫和“与人民签约”的方针为重点，作出减税、驱逐外国犯人和不加入欧盟的承诺。结果它多赢得了七个席位和全民投票中创纪录的 29%的支持率，主要以社会民主党的损失为代价，后者下降到 20%以下，激进党的损失稍小一些。这样一来，政治分化又加强了，人民党领导的体制将如何变革，未来充满了各种可能。

持续压力下的共识

就在这个时刻，共识政治的变数实现了复仇，致使布劳赫被排挤出内阁，人民党成为“反对党”的尝试失败。尽管如此，人民党依然是议题的设定者，也包括外部事件。与此同时，信贷紧缩和对银行保密法的相关攻击进一步削弱了“特例”模式，而在 2011 年的选举中，人民党的攻 273
势暂时中止，它的统治野心有所收敛。就这样，面对着充满变数的未来，瑞士的政治均势并不稳定，尽管比较而言，它的形势依然值得羡慕。

2007 年晚期，就在人民党似乎面临一个真正的突破的时刻，形势发生了迅速的变化。选民们行动起来捍卫共识政治，在第二轮关于联邦院的选举中给予人民党几次打击。然后在国民院的选举中，基督教民主党、社会民主党和绿党照搬人民党 2003 年的策略，合伙将布劳赫排挤出政府，用来自格劳宾登的艾维琳·威德默-施伦普夫(Eveline Widmer-Schlumpf)，一位受人尊敬的人民党财政官员替代了他。虽然布劳赫遭到排挤的过程完全是在既有规则中进行的，但是人民党被激怒了，准备成为反对党。这样做是无效的，而且他们心胸狭隘，欲将威 274
德默-施伦普夫女士和她的人民党同僚、部长赛缪尔·施密德(Samuel Schmid)驱逐出党。后一项他们做到了，但代价是迫使他们和很多其他的温和派形成了一个新的保守民主党(BDP/ PBD)。人民党在国会中也陷入困境，只能在找到同盟时对政策进行阻挠。甚至当人民党转向直接民主的手段时，他们对关于允许地方秘密批准入籍和禁止政府

图 9.4 财政部部长，2012 年总统艾维琳·威德默-施伦普夫女士的正式画像。然而在 2007 年，当她在克里斯托夫·布劳赫落选后，同意接受内阁选举的提名时，成了人民党仇恨的目标。她这样做是为了保证人民党仍有负责的政府部门，但是因为她风格温和，同时也使该党领袖无法进入内阁，她被视为叛徒，并被迫加入一个新党。虽然如此，她成功地接手了布劳赫的司法警察部职务，后来又任财政部部长。

在选举期间进行宣传的动议的反对都未成功，而他们支持的企业减税的法案只是勉强获得通过。党派的内部分歧，以及对自由流动的区域扩展到保加利亚和罗马尼亚这一协定的阻止完全失败后的 180 度转弯，也于事无补。因此，人民党最终放弃了对布劳赫回到联邦委员会的坚持，也放弃了成为正式的反对党。结果在 2008 年 12 月，他们只能提名乌里·毛勒(Ueli Maurer)参选联邦委员会，而由中间党和左翼推选的一名不寻常的人民党候选人几乎又一次占据了席位。政府有史以来第一次由五个党派代表，很多人认为共识性的政治统治走到了尽头。

到头来，党派纷争在新的危机面前也显得不重要了，国家陷入了信贷紧缩和随之而来的经济萧条，给“特例”模式的经济支柱提出了进一步的问题。2007 年到 2008 年，经济发展相对良好，但 2007 的夏天，瑞士最大的银行——UBS 遭遇了重大困难。这家银行在美国发展时势头逼人，抛弃了传统的保守瑞士手段，采取盎格鲁-美利坚式的疯狂冒险，充分暴露在正在出现的次贷危机的影响下。它不得不减记大笔的资产，承认遭受重大损失。投资者开始撤回资金，银行的股份大幅贬值，使得瑞士信贷银行成为最大的瑞士银行。银行行长马赛尔・奥斯帕尔(Marcel Ospel)承认失败，在 2008 年春宣布离职，但是问题依然存在，特别是瑞士人受到了雷曼兄弟破产的惨重打击。2008 年 10 月，政府不得不施以援手，仿效爱尔兰的做法，通过向该银行注资获得 9％的股权，并安排瑞士央行购买它的不良资产，将其转移到一个国外的
“不良”银行。2008 年，UBS 遭受了瑞士有史以来最大的 200 亿瑞郎的 275
公司损失之后，2009 年春任命了新的管理层，着手进行职员和服务的大幅削减。

这次低潮使经济从整体上开始负增长，破产和失业率都升高了，政府被迫实施三个经济刺激方案。因为瑞士的税收和银行政策，其他地方经济下滑的影响也给它带来了新的压力。欧盟就楚格州发起的低州税率提出异议，因为它觉得这不公平，且违背了 1972 年协定的条款。低州税率吸引公司离开它们的家乡到瑞士避税港。法国也反对为赛车手迈克尔・舒马赫(Michael Schumacher)这样的名流制定的特别缴税制，尤其是摇滚巨星强尼・哈勒戴(Johnny Hallyday)在 2007 年法国总统选举以前移居瑞士。此外，欧盟觉得它在瑞士银行持有股份，却没有得到来自收入预扣税的足够回报。

经济合作与发展组织及美国也在攻击银行保密法和瑞士银行鼓励美国人逃避美国缴税义务而扮演的角色。根据 UBS 的一个举报者布拉德利・比肯菲尔德(Bradley Birkenfeld)揭露，他们在这件事上帮助了美国人。政府面对被经济合作与发展组织放进黑名单的危险，第一次允许 UBS 将 250 个美国客户的名字公布给美国当局，然后在 2009 年 3 月，又同意根据经济合作与发展组织的规范来放宽银行业法规，接受将逃税和骗税作为解除银行保密的合法理由。这一改变被写入新的双重征税协定，签署这项协定，瑞士就能从现存的经济合作与发展组织的灰名单中去除。这些措施并未阻止美国对 UBS 提起诉讼，要求获取 5.2 万个涉嫌违法的美国客户的名字，这些美国人因银行的政策吸引

而在瑞士开设秘密户头。政府被迫介入，于 2009 年 8 月允许美国国家税务局全面获取 4450 个账户的信息。理论上，这一协定保留了银行保密原则，但是在实际上，它打开了更大的缺口，使瑞士人面临着进一步的侵犯。这些在严峻的外国压力下采取的措施，削弱了让很多传统主
276 义者视为“特例”瑞士的主要元素，加深了对瑞士民族身份的忧虑，这是由传统的体制和实践定义的身份。提契诺联盟党甚至发起了一个将银行保密法写入宪法的动议。虽然如此，右翼对过高的公司薪水也持批判态度，这反映出瑞士和很多西方社会一样，正在经历精英阶层和主流人群之间薪水和财富的日益分化。

瑞士的国际地位也受到了利比亚的攻击，因为卡扎菲上校的一个儿子在日内瓦因殴打仆人而被短暂拘捕。利比亚切断了对瑞士的石油供应和航线，将数十亿存款从瑞士银行撤出，还把瑞士商人扣为人质，导致轮值总统汉斯·鲁道夫·梅尔茨(Hans Rudolf Merz)对的黎波里进行了一次不成功的非正式访问。艰难的谈判和更多的耻辱之后，包括令欧盟使节保护瑞士大使馆，人质才被释放。这种耻辱表明瑞士缺少真正的同盟和分量，或许也可解释政府为何向美国官方报信，令他们知悉导演罗曼·波兰斯基(Roman Polanski)将到瑞士领取一项终身成就奖，而得以提出引渡的要求。此事最终瑞士虽未让步，却在国际文化精英中引发了广泛的反感。

政府以及国家，作为一个整体，受到了更大的压力，因为人民党在 2009 年 11 月 29 日关于禁止在瑞士修建清真寺宣礼塔的动议被通过了，虽然只有少数存在或计划修建。人民党制定的这一方案是对可能的伊斯兰化的警告，动议引起了国外的骚动，尤其是阿拉伯国家。在国内，它给人民党注入了新的活力，因为这能够赢得非核心的选民，并推动该党自己的议程。人民党坚决主张，如果《欧洲人权公约》宣布它的动议非法，瑞士就应退出公约。它还要求分裂而无能的政府下台，为了进一步施加压力，它发起了一个规定直接选举联邦委员会的动议。

银行保密制度又一次加深了国家的困境，日内瓦汇丰银行的一名前雇员交出一份违禁名单，上面有约 3 000 个法国公民的名字，他们在
278 瑞士拥有未经申报的账户。这导致瑞士与法国的关系十分紧张，德国

277

图 9.5 人民党的宣传海报。这是该党宣传风格的一个典型例子，咄咄逼人，更具有煽动性，这种声势在近些年中为人民党赢得了很多成功。2009 年 11 月 29 日，人民党发起的禁止在瑞士修建清真寺宣礼塔的动议实行公投，这幅海报在成功的宣传活动中起到了作用，它将对伊斯兰国家女性待遇的攻击，和身着黑色罩袍的人，无论多么漂亮，都是恐怖主义分子的暗示结合起来，而宣礼塔让人联想到远程导弹。海报的寓意在于，伊斯兰教正威胁着瑞士及其基督教遗产的存留。

对一份相似名单的购买也是如此。政府试图低调处理此事，但是国内有很多声音主张瑞士不能再将避税视为无罪，却指摘其余人都有错。联邦行政法庭判决，瑞士金融市场监督管理局将 UBS 的美国客户姓名转交给美国政府属于越权行为，这一判决给政府留下了很大的问题。看来银行保密制度将要不保，瑞士将被迫接受瑞士银行账户的自动信息交换。但是，将银行保密制度写入宪法的动议未能收集到足够的签名以启动公投。

尽管利比亚人质危机最终在 2010 年 6 月得到解决，政府却受到了更多抨击，因被揭露曾动过武装营救的念头，然后是一份言之凿凿的国会报告，批评政府处理此事的方式。这迫使梅尔茨下台，但是在人民党的激烈抗议下，激进党和社会民主党仍保住了他们的席位。社会民主党的西蒙奈特·索马鲁嘎(Simonetta Sommaruga)当选联邦委员，意味着联邦委员会第一次出现女性为多数的格局。引起争议的职务调动也发生了，多丽丝·洛伊特哈尔德(Doris Leuthard)任环境、运输、能源与通讯部部长，艾维琳·威德默-施伦普夫任财政部部长，新的社会民主党部长则被贬到司法警察部。

2010 年 11 月，52.9%的选民否决了联邦的“反提案”，支持人民党的一项将有犯罪行为的外国人驱逐出境的动议。人民党接着启动了一个新的方案，企图扭转现行的学校政策，向当权派施加了更多压力。该党被禁止使用公共礼堂后，还在一片茫茫的雪野中召开冬季集会，以此抛光它的殉道者形象，这有助于维系人们对它的支持。而社会民主党反资本主义的新方案十分不得人心，它的公平税制的动议也在 11 月 28 日惨遭失败。2011 年 2 月，一项禁止把军用武器存在家中(因为它们常被用于家庭谋杀)的动议被选民否决，也表现出保守力量依然强
279 大。人民党还攫取了联邦院中索马鲁嘎留下的代表伯尔尼的空位，并利用一项协定的失效和布鲁塞尔重启谈判，与欧盟缔结新的框架协议，涉及是否接受既有条款。这样一来，与欧盟缔结协议的所有进展都被有效地阻止，尤其是农业产品自由贸易的协议。

选民和人民党的注意力接下来被两个意料之外的问题所占据，它

们主导了2011年选举宣传活动初期的舞台。一是日本福岛核电站危机引起的恐慌，导致舆情逆转，促使当局宣布到2030年以前关闭国内所有核电站，虽然未能达成替代核电的恰当方案。第二个问题很快盖过了这些环境问题，就是对瑞郎持续升值的担忧，升值给出口商和其他很多领域造成的问题越来越大，引发了对经济危机的恐惧。不过，国家银行试图抑止瑞郎升值的尝试有些效果，也许会有进一步行动。而在UBS的伦敦分行爆发的重大交易丑闻，也将人们的焦点集中于日渐严重的欧洲金融危机。

人民党试图重新唤起对外国人和难民的恐惧，来抵消这些新的忧虑的影响。为此，它发起了一个动议，要对瑞士的外国人口实行严苛的控制，并攻击索马鲁嘎对难民政策的处理，将移民控制替代减税，变成它修订后的“与人民签约”方针的三板斧之一。人民党这一动议忽略了难民人数实际的下降，也忽略了对瑞士政策已经违反人权保障的批评。该党也无视对其伊斯兰教立场的批判，被指与挪威连环杀人犯安德斯·贝林·布雷维克(Anders Behring Breivik)的立场相差无几。这个动议是选举前夕为吸引公众注意力而提出的大批新动议的一部分，但是在初期的民意调查中，人民党并未因此获得很多支持。

9月初，天平上新加了一个砝码，政府宣布总统卡米尔·瑞(Calmy Rey)女士即将离任的声明将人们的注意力集中在政府组成上，然而2011年的选举宣传活动开展得并未像2007年那样有效。虽然选举一方面提出了国家往何处去的根本问题：是维持共识制和向外发展，还是继续向内转移，使政治体制和瑞士外交政策都作出改变？另一方面， 280
即使候选人的数目增加，海报和媒体广告的花费不菲，更不必说加大了新科技和社交媒体手段的使用，这次选举仍未能激起人们的热情。习惯的力量、政党的激增和复苏中的经济形势，似乎导致选民忽视了政策的内涵。主流党派意欲避免过多刺激选民，害怕会让人民党获益，这也部分导致了一场温吞的宣传活动，以及只有些微增长的投票率。

最终，选举没有产生进一步破坏政府稳定、偏离共识型政治的结果。事实上，人民党遭受了20年来在上下议院的第一次损失。它既未实现国民院选举的最后动员，也未能在联邦院和政府的非比例选举中找到足够的同盟。可是所有主要党派起初都损失了阵地，因为选民似乎对党派纷争和他们的经济需求没有得到明确回应而不满。相反，绿色自由党和保守民主党都有不错的收获，共同获得了全部投票的十分之一。联邦院的两轮决选制通过打击人民党，部分加强了对政治分化的抵制，人民党通常栽在社会民主党的手中。

对政治分化的部分排斥意味着人民党虽然仍是目前的最大党，也保持着扰乱体制的强大潜力，但涉及联邦委员会选举时，它不得不与第二位部长商讨它的主张。最终，它的选择和策略适得其反，未能赢回第二个席位，那本是它凭借对共识政治的选举学解读认为自己应该拥有的。结果，人民党的心头大患，威德默-施伦普夫女士在 2012 年再次当选，并被提名为总统。对共识型政治的保守主义理解和新的神奇程式，强调议会格局均衡和政策统一，就这样以牺牲人民党的代价而得到了加强。人民党确实短暂地考虑过再次退出政府，以示对政府否定其施政方针的抗议。它后来决定不这么做，而是继续使用直接民主的手段对体制施加压力，即使不一定总是成功。

281 然而人民党依然是具有公众影响力的强大势力，因此政治平衡和瑞士统治的重大改变仍有可能，尽管 2011 年选举至少拖延了这一变革的出现。宗教、语言，以及某种程度上的阶级问题引起内部分歧的可能性都在减弱，但是身份分歧仍一直存在，它仍在利用历史和直接民主这样的制度，而现实也还在受到新旧神话的挑战。换言之，“特例”模式的吸引力也许在减弱，但并没有完全消逝。

此外，瑞士依然需要决定，面对一个给瑞士人带来日益紧迫的挑战的外部世界，究竟该采取何种态度。全球人口流动、新的安全问题、发展过度、欧盟、美国、经济合作与发展组织，还有被欧元区危机扰乱的货币市场，想要就这些问题的解决方式达成共识绝非易事。就算瑞士的经济、金融和社会地位比很多欧洲国家强大，但它的政治分歧正在加大，体制也不如过去那么稳定，作为一个“意志国家”也产生了自身的问题。实际上，瑞士必须决定，是坚持国际合作的路线，还是继续打造自己的仇外主义及超右翼传统——这一传统是在19世纪的革命趋势消退以后产生的——并跟随当前遍及欧洲的潮流，回归一种更具竞争性的国际秩序。无论内政还是外交，人民党为瑞士提供的是一个和多数意见非常不同的未来，一个将会导致瑞士体制发生剧烈变化的未来，尽管该党强调传统的存在。

因此，瑞士还是承受着内部和外部的压力。换句话说，它正在经历漫长的演变过程中的另一个阶段，再次表明它不是无数人想象中的那个和平主义、没有政治纷扰的地方。它依然是，很长时间来也一直如此，一个真正的政治实体，拥有真正的，也常常是冲突性的政治。这比任何时候都更取决于下述两者间的相互作用，一是瑞士的精神层面的特殊感，特别是因为它的政治制度；一是国家与欧洲的紧密关联。持续塑造瑞士面貌的决定，就会从这种互动中产生。

尽管还不清楚未来瑞士政治将如何演变，瑞士历史将去向何方，但 282
我们可以肯定，瑞士的历史还远未终结。瑞士将继续拥有一部比外界人士能意识到的还要更加复杂也更加引人注目的历史，也是一部不大可能沿袭简单的单一轨迹的历史。确实，由于它的独特之处，瑞士历史不可能为其他国家提供榜样——瑞士政治也不可能——但是它依然充满魅力，值得研究，既是因为它本身，也是因为这样有助于理解欧洲政治产生的种种可能性。它不应像近年来那样被忽略和误解，而是值得以完整、丰富和重要的面目呈现。

年　　表

公元前58—前15年	罗马人控制了瑞士的大部分地区。
公元370年	勃艮第人和阿勒曼尼人入侵并定居。
约400年	建立最早的主教辖区。
610—612年	圣高隆邦和圣加鲁斯在瑞士东部传教,从而修建了圣加仑修道院。基督教在阿勒曼尼人中传播,在这个世纪末成为主要宗教。
730—887年	瑞士的土地被法兰克人控制。
950—982年	奥托皇帝势力延及斯瓦比亚公国和勃艮第王国。
1025年	哈布斯堡城堡开始修建,封建体制成为主宰。
1030年	勃艮第王国和斯瓦比亚公国开始衰落。
1190年	圣哥达通道的修建始于魔鬼桥。从米兰到拉文蒂纳、乌里、卢塞恩湖的贸易路线创造了新的政治联盟。
1191年	扎林根公爵兴建伯尔尼(之后是弗里堡)。
1200年	本地王朝加剧衰亡(包括1218年扎林根家族),城市化进程加快。
1231年	乌里签订宪章,确立帝国直辖权(Reichsfreiheit)。
1240年	施维茨接受确立帝国直辖区的条约,但一直存有

争议。

1243 年　伯尔尼和弗里堡结盟，随后瓦莱和索洛图恩加入（1295 年），西部同盟开始形成。

1250—1273 年　王朝空位期，后随哈布斯堡的鲁道夫称帝而结束。

1291 年　鲁道夫去世，拿骚的阿道夫继位。乌里、施维茨和下瓦尔登结盟的条约在"八月初"签订。苏黎世、乌里和施维茨的和平同盟使东部联盟体系从康斯坦茨湖延伸到阿尔卑斯山麓。

1298—1308 年　哈布斯堡皇帝阿尔贝在位，后被他的侄子亨利七世谋杀，哈布斯堡体系瓦解。其后哈布斯堡皇帝屡受争议，直到 1438 年。

1300—1315 年　施维茨和艾因西德里恩修道院之间的领土争端升级为战争，以哈布斯堡战役和莫加顿之战告终。1315 年，瑞士核心联盟（Inner Swiss）战胜了哈布斯堡及地区势力。

1309 年　卢森堡的亨利七世赋予翁特瓦尔登帝国直辖权。

1315 年　莫加顿之战结束后，瑞士核心联盟结会；布鲁南条约重新缔结了联盟。巴伐利亚皇帝路易确认乌里、施维茨和翁特瓦尔登的直辖权。

1320 年　瓦莱的Zehnden/Dizains得到西昂主教的合法承认。

1332 年　在反对哈布斯堡关税的运动中，卢塞恩与乌里、施维茨和翁特瓦尔登结盟。

1336 年　在鲁道夫·布伦领导下，手工业者起义反抗苏黎世寡头政治，并创立行会政权，由布隆专政。

1347 年　黑死病袭击瑞士。

1350 年代　乌里发生社会冲突。当地贵族家庭被灭绝或驱逐。

1351—1353 年　苏黎世和瑞士核心联盟结盟后占领了格拉鲁斯和楚格；伯尔尼与核心联盟结盟，将东部联盟和西部联盟结合起来。

1367 年	库尔主教所辖的民众在格劳宾登成立了上帝之家联盟。联盟时期由此开始,将持续至 1526 年。
1370 年	“神甫公约”(Priest's Charter)规定了大多数联盟成员关于圣哥达山交通的司法组织和安排。
1377 年	阿彭策尔加入斯瓦比亚联盟,与圣加仑修道院对抗。
1386—1387 年	森帕赫战争。联盟在森帕赫击败奥地利的利奥波德公爵,占领拉柏斯维尔。旧邦联(Alte Eidgenossenschaft)势力得以巩固。格拉鲁斯“州民大会”宣告自治之后,哈布斯堡大公阿尔伯特三世的军队被奈弗尔斯的格拉纳击败。
1389 年	苏黎世与奥地利短暂结盟,但邦联迫使其结束联盟,继续留在邦联。
1393 年	“森帕赫协定”为形成“八州联盟”的同盟成员增加了军事条款。邦联宣誓作为常规仪式开始。
1395 年	“灰色联盟”在格劳宾登州成立。
1401—1410 年	阿彭策尔与圣加仑和施维茨结盟。修道院和南德势力被击败,康斯坦茨一带的“湖上联盟”(Bund ob dem See)扩张,对抗地区贵族势力和哈布斯堡官僚。1410 年首次实现和平,1429 年问题最终解决。
1410 年	乌里、乌塞伦和勒旺蒂纳将乌里在圣哥达山以南的势力延伸到提契诺谷。
1411 年	沙夫豪森成为帝国自由城市(imperial free city)。
1414—1418 年	康斯坦茨大公会议在邦联边缘召开,结束了教会分裂。罗马教皇西吉斯蒙德因其支持敌对的教皇继承人而废除哈布斯堡皇帝,之后邦联夺取阿尔高。
1415—1426 年	西阿尔高并入伯尔尼的附属领地;东阿尔高成为八州的共同统治区,八州开始一年一度的巴登会议。
1422 年	米兰人在阿尔贝多打败瑞士人,从而逆转了瑞士向南部意大利的早期扩张。

1436 年	犹太人被驱逐出伯尔尼。图根堡的弗利德里克七世去世。施维茨和其他州夺取了图根堡的土地，苏黎世未能成功占有。
1438 年	弗利德里克三世继位，哈布斯堡家族重新统治神圣罗马帝国，此后一直把持神圣罗马帝国皇位，直到1742 年。
1439 年	在弗利德里克三世在图根堡的领地成立了十辖区联盟，它加入了格劳宾登同盟体系。苏黎世被图根堡联盟排挤在外，后对施维茨封闭市场，转而投靠哈布斯堡家族。老苏黎世战争开始。
1443—1444 年	苏黎世在锡尔河畔的圣雅各布战败。阿玛尼亚克(Armagnac)的雇佣军在比尔河畔的圣雅各布、巴塞尔附近，以惨重的代价打败邦联，后法国与巴塞尔签订和平协议。
1449 年	苏黎世接受败局，割让了大部分图根堡的权利，回归它在邦联中的原有地位。
约 1450 年	退尔的传说开始流传。
1451—1454 年	圣加仑修道院及城市成为邦联的平行同盟。阿彭策尔与邦联签订第一次和约。
1458 年	对瑞士人的侮辱引发康斯坦茨的“熊之战争”。
1460 年	自治队伍的突袭招致卢塞恩和其他地区的入侵，之后图尔高作为共同统治区加入瑞士。
1463 年	巴塞尔的大学创建三年后，出版了第一部印刷书籍。
1467 年	哈布斯堡皇帝西吉斯蒙德将温特图尔卖给苏黎世。
1469 年	伯尔尼(1469—1471 年间称 Twingherrenstreit)的地方/城市贵族与行会之间发生社会冲突。
1474—1477 年	勃艮第公爵“大胆查理”向伯尔尼和邦联开战，但是在 1474 年的格兰德森、1476 年的穆尔滕和 1477 年的南希都被打败。《萨尔嫩白皮书》记录了完整的退

	尔传说。
1477 年	弗里堡脱离哈布斯堡统治，伯尔尼、弗里堡与日内瓦签订“公民联合盟约”。“野猪旗运动”中，退伍军人进攻日内瓦。
1478 年	焦尔尼科之战，瑞士开始在提契诺重申它的地位。上瓦尔登煽动民众反对卢塞恩对恩特勒布赫的控制。
1481 年	《施坦斯和约》使弗里堡和索洛图恩加入邦联，但不享有与原八州同等的地位。
1489 年	苏黎世市长汉斯·瓦尔德曼(约 1485 年在任)死在农村反叛者和不满的苏黎世市民手中，他们被瓦尔德曼的农村征税制度激怒。
1497—1498 年	格劳宾登的两个联盟和邦联建立同盟关系。
1499 年	格劳宾登的领地矛盾引发了所谓的斯瓦比亚战争。马克西米兰一世欲重申哈布斯堡家族和帝国的权力，得到了斯瓦比亚贵族和德国南部城镇的支持。但是瑞士人多次获胜，导致《巴塞尔和平协议》的签订。承认瑞士人豁免于大多数帝国管辖权。巴塞尔和沙夫豪森后来(1501 年)加入邦联，但不享有与原八州同等的地位。
1500 年	米兰城外的诺瓦拉叛变：避免了瑞士雇佣军队伍之间的冲突，但是对米兰的拥有权被出卖给法国。
1503 年	《津贴条款》：试图将雇佣兵的招募限制在州行政长官的权限，但未成功。
1507 年	艾特林的《瑞士编年史》出版。
1510 年	瑞士军队与教皇势力联合征服了米兰。
1511 年	《继承协议》结束了与哈布斯堡世代的冲突。
1512 年	格劳宾登的三个联盟夺取瓦尔特林纳。
1513 年	诺瓦拉战役。瑞士步兵对法国最后一次的重大胜

	利。阿彭策尔加入邦联,1798年前一直是稳定的成员。
1515年	在米兰城外的马里尼亚诺,分裂的瑞士队伍被法国打败。
1516年	与法国缔结永久和平,1521年给予法国招募雇佣兵的特权,使关系更加稳定。
1517年	马丁·路德在威丁堡发起对免罪符和神学的抗议。
1519年	慈运理开始在苏黎世传道。
1522年	苏黎世的宗教改革。比可卡战役反映出瑞士的军事弱点。
1523年	议会建议避免"革新",但是慈运理的教义已传播开来。最早的再洗礼派思想家出现。
1524—1526年	格劳宾登的三联盟团体建立了永久同盟,遏制了库尔主教,允许公社决定宗教信仰。农民攻击图尔高的伊廷根修道院。
1525年	德国南部和中部爆发了农民战争。阿彭策尔允许公社自主决定宗教信仰。帕维亚之战的失败结束了瑞士军事的优势地位。
1526—1527年	日内瓦-伯尔尼的"公民联合盟约"。日内瓦主教被驱逐出城市。
1528—1529年	伯尔尼、巴塞尔、圣加仑、沙夫豪森和比尔施行宗教改革。第一次卡佩尔战争在战役打响前中止。传说中的卡佩尔牛奶糊和第一土地和平令。
1530年	伯尔尼和弗里堡为被萨伏伊围攻的日内瓦解困。纳沙泰尔施行宗教改革。
1531年	第二次卡佩尔战争;慈运理之死;第二土地和平令带来的偏向天主教一方的平衡局面。
1532年	法雷尔来到日内瓦传播修正宗。布林格领导苏黎世教会。

1535—1536 年	伯尔尼和弗里堡再次援助日内瓦抗击萨伏伊，占领沃和瓦莱的部分地区。
1536 年	加尔文的《基督教要义》首次以拉丁文版本出版。
1540 年	加尔文被任命为日内瓦教会的终身领袖。巴塞尔主教区与天主教州结盟。布林格和加尔文订立的《合一信条》将慈运理和加尔文两派运动统一为一个单一的瑞士归正宗教会。
1543—1562 年	特伦托会议明确了天主教改革。
1559 年	《卡托康布雷齐和约》结束了哈布斯堡和瓦卢瓦家族在意大利的战争。
1560 年	格拉鲁斯因为宗教信仰问题而引发内乱。
1561—1593 年	法国的宗教战争，交战双方都有瑞士雇佣兵服役。流亡的胡格诺教徒涌向日内瓦，致使人口剧增，新的工业出现。
1564—1569 年	面对萨伏伊势力的复兴，伯尔尼、日内瓦和瓦莱交还了热克斯（Gex）、热内瓦（Genevois）和沙布雷(Chablais)。日内瓦拒绝让天主教州加入邦联。
1566 年	布林格的《第二海尔维第教会信条》出版。
1570 年	米兰大主教卡洛·博罗梅奥(Carlo Borromeo)到迪森蒂斯和艾因西德伦朝圣。
1576 年	西姆勒所著的《关于海尔维第共和国》出版。
1580 年	弗里堡建立耶稣会学院。彼得·卡尼休斯在弗里堡积极活动，直到 1597 年去世。
1586 年	天主教州成立的黄金联盟将它们与萨伏伊和西班牙结盟，将宗教信仰置于先前的联盟之上。
1602 年	日内瓦的云梯攻城。一场亲萨伏伊的政变尝试失败。
1618—1648 年	瑞士经受着三十年战争的肆虐。苏黎世在 1629 年建议签署邦联防御协定。瑞典短暂地入侵图尔高以

进攻康斯坦茨,之后施维茨指控邦联的军事指挥官基利安·凯赛林是瑞典的内应。

1620 年　瓦尔特林纳的政治动乱,约 400 名新教教徒被杀害(Sacro Macello 事件)。争夺格劳宾登(到 1639 年结束),奥地利侵略三个联盟。

1623 年　格拉鲁斯的分裂导致了两个州民大会的建立。

1627 年　弗里堡封闭新来者进入贵族阶层的机会。

1647 年　《威尔防御》建立边境联合军事防御。伯尔尼不再接受新的关于完全公民资格的申请。

1648 年　巴塞尔市长约翰·鲁道夫·维特斯坦参加威斯特伐利亚的和平会议,明确了瑞士邦联享有帝国自由豁免权。

1650 年　经济低潮和农业危机开始。

1653 年　瑞士农民战争从恩特勒布赫蔓延到整个瑞士中部。被天主教和新教州共同镇压。

1656 年　施维茨肃清再洗礼派教徒,引发第一次维尔摩根战争,新教州战败,导致第三土地和平令的签署。

1663 年　与路易十四签订的和约重启与法国签订的雇佣军合同,与法国重新结盟。

1669—1683 年　苏黎世、乌里、弗里堡和索洛图恩终止新的完全公民资格的注册。

1675 年　为瑞士归正教会制定《瑞士联合信条》。

1685 年　《南特赦令》致使很多新教的胡格诺教徒在瑞士流亡。

1680—1700 年　汝拉山区开始制表业。随着原始工业化的兴起,印花棉布制造业扩大到苏黎世、纳沙泰尔、沙夫豪森和其他地方。

1707 年　社会阶层的流动性进一步受限,卢塞恩、施维茨和巴塞尔的公民资格登记向新来的家庭关闭;伯尔尼禁

	止寡头阶层从事工业。
1712 年	图根堡的争端导致第二次维尔摩根战争。《阿劳和约》(即第四土地和平令)签署,宗教调和取代了天主教先前的优势地位。宗教信仰的冲突妨碍了进一步的团结。
1723 年	沃的达韦尔事件引发了瑞士西部的新一波冲突,尤其是在日内瓦。
1740 年代	棉纺和染布业扩大到格拉鲁斯和瑞士东部。
1760 年代	知识协会创建,最引人注意的是海尔维第学会。
1768 年	伯尔尼统治阶层局限在 78 个家族,贵族的反动进一步发展。
1777 年	与法国的最后一个雇佣军合约。
1781 年	弗里堡和其他地区的社会冲突。
1789 年	法国大革命爆发,导致巴塞尔主教区废除农奴制,引发哈劳、瓦莱、沃和苏黎世的冲突。
1798 年	1 月 28 日,重新宣誓之后,议会解散,而法国入侵导致了反抗和军事失败。瑞士被推翻,海尔维第共和国宣告成立。下瓦尔登人民在 9 月的反抗被大力镇压。
1799 年	第二次反法同盟战争给瑞士巨大的打击。
1803 年	由于内部的敌对势力和保守派的反对,海尔维第共和国垮台。拿破仑强加于瑞士一个折中的"调停"政权,而纳沙泰尔、提契诺和瓦莱从瑞士脱离。
1813 年	莱比锡战役削弱了拿破仑帝国,导致同盟国的入侵和部分旧制度宪政的复辟。
1814—1815 年	"长议会"上制定了瑞士联邦的新宪章和各州的新宪法;维也纳会议将巴塞尔主教区划归伯尔尼,承认瑞士中立符合欧洲的普遍利益。日内瓦、纳沙泰尔、提契诺和瓦莱成为联邦永久成员。

1820 年	欧洲的革命激发了瑞士新闻和政治“亲希腊主义”以及自由主义思潮的兴起，“射击协会”一类的团体成立。
1823 年	在神圣同盟的示意下，颁布了针对新闻和移民的“封锁令”。
1830 年	提契诺早于巴黎的七月革命，开启了“革新”。很多州进行自由主义的宪政改革，为议会所接受。
1832 年	“锡伯那协定”招致了保守主义州建立“萨尔嫩联盟”，施维茨和巴塞尔爆发了近于内战的战争。
1834 年	《巴登条款》，耶稣会和罗马教廷使节被召回施维茨，引发宗教矛盾；提契诺和苏黎世爆发革命。
1841 年	阿尔高关于新的州宪法的冲突，自由主义政府被迫关闭七个修道院。天主教徒开始考虑反抗，而激进的志愿兵两次攻打卢塞恩未遂。
1845—1846 年	沃和日内瓦的激进派革命。
1846 年	天主教州建立“特别同盟”。
1847 年	巴登和苏黎世之间第一条国内铁路开通。圣加仑的选举使激进派成为议会多数，许可禁止“特别同盟”。杜富尔在弗里堡、楚格和吉斯里康击溃天主教徒武装。
1848 年	起草第一部《联邦宪法》，公决通过。格拉鲁斯第一部工厂立法。
1856—1857 年	纳沙泰尔危机导致普鲁士放弃它的主权。
1859—1860 年	瑞士人拒绝买下北萨伏伊，但在日内瓦周围建立了关税自由区。
1864—1870 年	各州的民主运动带来直接民主的改革。
1866 年	全民公决给予犹太人完整的权利，但否决了其他宪政改革。
1870—1871 年	普法战争导致布尔巴基将军出动法国军队，后军队

	被瑞士扣留。
1871—1884 年	第一次梵蒂冈大公会议之后瑞士开始“文化斗争”。
1872 年	由于来自说法语的公民和天主教徒的反对,联邦宪法的修订失败。
1873 年	经济萧条开始。
1874 年	联邦宪法的修订成功。
1878 年	圣哥达铁路修建完成。
1888 年	社会民主党的成立促使党派和政党制度的现代化改革。仇外的“过度移民”情绪抬头。
1891 年	关于联邦宪法的修订动议权的改革和延伸。天主教保守派首次当选联邦委员会。
1912 年	健康保险方案启动。德皇出席瑞士军事演习。
1914 年	应对第一次世界大战的军事动员和防御。乌尔利希·维勒被选为军事统帅;联邦委员会启动特殊战时权力。
1914—1917 年	战争施加政治、经济和语言上的压力(语言“鸿沟”)。
1918 年	奥尔滕委员会和大罢工促成比例代表制的实施。“农民、手工业者和市民党”成立。
1919 年	比例代表之选举开始实行;激进党失去绝对多数地位。“爱国联合会”成立。
1920 年	天主教保守党第二次进入联邦委员会。公投通过加入国际联盟的提案。
1929 年	第一位“农民、手工业者和市民党”人鲁道夫·明格入选联邦委员会。
1931 年	公决通过严格控制外国人的法案。
1932 年	军队向日内瓦的反法西斯游行者开枪。
1933—1934 年	类法西斯阵线组织的发展。伯尔尼“农民、手工业者和市民党”的右翼方案。
1935 年	宪法全面修订的动议失败。

1936 年	瑞郎贬值。
1937 年	工会和资本家代表签订劳动和平协议。
1938 年	罗曼斯语被定为官方语言。“精神国防运动”开始，恢复完整中立。关于奥地利犹太难民的 J 印章事件。
1939 年	第二次世界大战爆发。吉桑被选为元帅，军事动员开始。联邦委员会启动战时完全权力，重申中立地位。
1940 年	德国闪电战向西突进，引发恐慌。皮莱-戈拉茨演讲，吉桑的吕特利演讲。唯恐德国侵略，实施阿尔卑斯山中防御战略和“沃伦计划”。
1940—1942 年	阿尔卑斯山中防御工事修建并使用。
1943 年	德国入侵瑞士的进一步计划。社会民主党人首次被选入联邦委员会。边境关闭，斯泰格声明“船已满员”。
1944 年	美国空军误炸沙夫豪森。与同盟国的冲突加剧。
1945 年	纳粹资产最终封锁。瑞士拒绝加入联合国。
1946 年	关于纳粹黄金的华盛顿协议。丘吉尔的苏黎世演讲。
1947 年	宪法修正案中的经济条款通过。老龄和健康保险最终实施。汝拉地区产生语言和政治冲突。
1950 年	战后经济发展开始激增。
1959 年	温特图尔的社会民主党成为改良主义的政党。联邦委员会形成“神奇程式”的格局。关于全国范围的女性选举权和汝拉地区脱离伯尔尼的动议均遭否决。
1963 年	瑞士隐忧的说法开始。
1970 年	施瓦尔岑巴赫的动议。“农民、手工业者和市民党”与民主党整合，改组为瑞士人民党。
1971 年	联邦通过女性选举权。

1972 年	与欧洲共同体签订自贸协定。
1973 年	石油危机,经济低迷开始。关于宪法修订的报告提上日程。
1974—1976 年	外国工人合同停止续签;他们的离开遏制了失业率。
1978 年	伯尔尼和全国的公投接受汝拉地区独立成州。
1980 年	因歌剧院花费而引起的青年冲突从苏黎世扩大到其他城市。圣哥达公路隧道开通。
1984 年	伊丽莎白·寇普当选为第一位女性联邦委员,但是因向她的丈夫泄露高层内部信息而在 1989 年初辞职。
1986 年	施维茨哈勒环境灾难。加入联合国的动议在公决中 75.7%的反对率。
1989 年	“废除军队”的动议获得 35.6%的支持率,有 69%的投票率。
1990 年	“卡片事件”丑闻暴露了政府对公民的监控。
1992 年	瑞士加入世界银行和国际货币基金组织,申请加入欧盟。欧洲经济区的加入在 12 月 6 日的公投中被否决。经济衰退开始。
1995 年	人民党在选举中第一次取得重大斩获。
1996 年	世界犹太人大会和其他各方开始讨伐瑞士,因其在第二次世界大战后未能归还犹太人资产。
1998 年	和欧盟的第一次双边协定谈判;银行和联邦政府签订关于纳粹黄金的协定。
1999 年	公决通过新宪法。人民党在州选举和全国选举中第二次取得重大胜利,但未能在联邦委员会获得第二个席位。
2001 年	要求立即加入欧盟的“对欧洲说是”动议被否决。关于瑞士在第二次世界大战中经济政策和对犹太人资产的政策的贝尔日耶最后报告出版。

2002 年	加入联合国的提案在公决中以微弱优势通过。
2003 年	人民党在选举中的第三次突破使克里斯托夫·布劳赫被选入联邦委员会。
2005 年	加入申根区和都柏林协议获得由公众投票通过;将人员自由流动权延伸到十个新欧盟成员国也获通过。
2007 年	与欧盟的税制争议开始。人民党在选举中的第四次胜利。布劳赫出局联邦委员会,被艾维琳·威德默-施伦普夫取代,后者被人民党除名;人民党宣布成为反对党。保守民主党成立。
2008 年	瑞士国家银行和政府以 600 亿瑞郎帮助瑞士联合银行集团(UBS)脱离困境。赛缪尔·施密德辞职,乌里·毛勒当选联邦委员,人民党的反对结束。
2009 年	人民党关于禁止宣礼塔的动议通过。
2010 年	与利比亚卡扎菲家族的冲突,失败的外交策略,《利比亚报告》批评外交政策。
2011 年	福岛危机,瑞士宣布逐步禁用核能。与欧盟的谈判停滞。人民党未能取得更多选举胜利,在联邦院失去席位。在联邦委员会选举中,人民党未能除去威德默-施伦普夫,否则将重获第二席。
2012 年	人民党决定不退出政府,但失去政治阵地。让汝拉州扩大的提议出现。
2012—2013 年	关于银行、税制和欧盟的持续困境。

词　汇　表

旧制度(Ancien Régime)：这一术语源于前革命时期的法国，用来描述欧洲18世纪固定的、与地位身份密切相关的社会政治秩序，也包括瑞士。与更具活力的1798年后的形势意义相对。

州(Canton)：15世纪晚期开始用以描述"Orte"的法语名词，Orte即前现代时期瑞士的13个主权政治实体。德国从17世纪晚期开始使用这一词汇，连同Stände一起。1798年后在全国正式使用。

挑战(Challenge)：标志着瑞士直接民主的两大主要程序之一，5万公民即有权要求就他们反对的国会颁布的新立法进行投票。如果立法未能得到多数民众投票，就不能生效。这在瑞士被称为全民公决。

共识型(Concordance/consensus)：瑞士政治决策的方式，寻求最大范围内的一致和合作，联邦委员会的组成就是如此。与对抗性的盎格鲁-美利坚式政治形式相对。

共同统治区(Condominium, condominiums)：为瑞士兼并，由几个州共同统治的领地，比如阿尔高、图尔高和提契诺。它们也被称为"共同执行管辖区"(common bailliages)，因为是由代表各个统治州的行政官以轮值形式管辖的。有时也称为委托统治区(Mandated Territories)。

邦联/联邦(Confederacy/Confederation)：用于描述整个瑞士政治实体的术语，以区别于作为组成部分的各州。在本书中，我们用"邦联"

(Confederacy)一词指代 1798 年以前松散的组织形式,其中各州是正式自治的角色;用联邦(Confederation)一词描述从 1803 年到 1848 年由混合的民族和主权州定义的政体,以及其后的混合联邦体制。令人迷惑的是,在法语中(因此英语也经常如此),也用 Confederation 而不是 Federation 来描述 1848 年后的状况。尽管 1848 年后的瑞士在技术层面是一个 Federation,但还是常用 Confederation 一词来指代。

民主运动(Democratic Movement): 1860 年代州中一系列宪政改革的进程,由开明的中上层精英统治渐渐转向公众对决策、选举、财政、司法和立法的直接控制。运动常由小城镇和农村发起。

直接民主(Direct Democracy): 公民自己就重大决议直接投票,并选举议会代表为他们决策的政治制度。公民可对联邦制度、立法和条约进行投票。瑞士的直接民主在州的层面上比在联邦的层面更加广泛,延伸到财政、政府组成和政策事务,还包括提议和否决措施的能力。

誓约盟邦(*Eidgenossenschaft*): 描述瑞士政体的传统德语词汇,意为建立在共同誓约或条约基础上的同盟伙伴关系。在德语中仍沿用此词作为瑞士的官方称呼。

联邦制(Federalism): 既指瑞士统治的基本原则——意味着地方自治与中央协调相互一致,也指一种政治程序。与英语中此词的滥用不同,在瑞士,联邦主义者支持的是州的权力,而不是中央的权力。

激进运动/激进党(Freisinnig/Radical): 1840 年代,推动瑞士从松散的邦联向联邦统一转型的政治运动和党派,后来发展为一个与大企业相关联的保守势力。激进党在 19 世纪晚期的大部分时候占据国会的绝对多数,此后势力渐渐衰落。

精神国防运动(*Gestige Landesverteidigung*): 一个防御战略概念,包括社会、文化以及军事事务,出现在 1930 年代晚期,直到 1970 年代都指导着瑞士人的思想。

鸿沟(Graben/Fossé): 第一次世界大战中,德语区和法语区对于参战国的态度的分歧。作为深层的语言分歧的象征,它还促生了更为现代的瑞士德语词 Röstigraben,意为障碍。Rösti 是德语区的人们喜爱的一道土豆菜肴,此处代表饮食的不同偏好。

行会(Guilds):来自具体行业的手工艺人组成的城市帮会,控制着职业、商业组织、经营,有时在城市政治中扮演正式的角色。在 18 世纪,行会渐渐被视为对经济造成限制,而不是一种质量保证的形式。

海尔维第主义(Helvetianism):18 世纪兴起的思想潮流,强调瑞士根本的统一性,并谋求这种统一性在政治组织中的表现。

动议(Initiative):直接民主的第二个主要元素,收集数量适中的公民签名(目前在联邦的层面是 10 万个)即可发起关于增加联邦宪法新条款的表决;或是在州的层面,为州立法或州宪法增加新的条款。

防御阵营(Lagger):源于荷兰语,用来描述从 19 世纪中期到 20 世纪中期瑞士天主教团体的防卫而保守的世界。也用于资产阶级政治。

土地和平令(Landfrieden):指天主教州和新教州签订的四个和平条约,通常是关于宗教信仰的权利和对共同统治区的控制(分别签订于 1529、1531、1656、1715 年)。

州民大会(Landsgemeinde,复数形式为 Landsgemeinden):前现代时期大部分农村社区,包括瑞士核心联盟州,体现地方主权的男性民众集会。现在只有内阿彭策尔和格拉鲁斯还保留这一传统形式。

神奇程式(Magic Formula):根据国民院选举中各党派得到的票数比例,联邦委员会中对座席的按比例分配。这是共识型民主的一个主要象征,特别是在 1959 年到 2003 年期间,具体的分配程式一直保持不变。2003 年后很多人认为它不再有效。

中部地区(Mittelland/Midlands):地理意义上的瑞士中部心脏地带,有时也称平原地区,虽然它很少有平坦的地方。位于西北部的汝拉山脉和南部的阿尔卑斯山脉之间,从日内瓦延伸至图尔高。

中立(Neutrality):现代瑞士身份的第三个主要支柱,其他两个是直接民主和联邦制。瑞士的中立被视作保持国家独立的根本手段,1815 年的《维也纳条约》中将其宣称为永久、普遍和符合欧洲的利益。它使国家承诺置身所有武装冲突之外(除非遭到入侵),与各方保持普遍的联系。这本质上是政府事务,不影响民众的行为或经济关系,只要它们保持平衡,和上述规定一致。

民粹主义(Populism):外界人士用来形容瑞士人民党采取的强硬、言词激进的风格,这种风格引起了瑞士政治的分化。民粹主义基于这样一种主张,即在具有传统美德的无名群众与腐败的、不能代表他们利益的精英阶层的正义斗争中,党派为他们发声。该党的特点还有:具有煽动性的领导层,对直接民主的强调以及保守的民族主义,但是它比其他欧洲国家的类似党派更加集中和有组织性。

前阿尔卑斯山脉(Pre - Alps):阿尔卑斯山脉低洼处的延伸,通常提供了进入和穿越山脉的地点。

革新时期(Regeration):指 1829 年到 1832 年宪政改革的时期,自由主义的体制和统治开始,旧制度所依赖的区域不平衡局面结束了。

帝国直辖权(Reichsfreiheit)(Imperial Liberty):中世纪的法律地位,指一个共同体不受中间的领主统治,而是直接受命于神圣罗马帝国——因此是一种独立的形式,毕竟天高皇帝远。

申根区和《都柏林公约》(Schengen and Dublin Accords):申根区是欧盟的一种体系,允许在成员国内部、有管控的边境之内无须签证自由移动。而《都柏林公约》规定最初接收难民的国家对其负责。

射击协会(Schützenverein):射击俱乐部或卡宾枪手协会——19 世纪一个十分流行的协会,在发扬民族情感的过程中起到了重要作用。

瑞士德语(Schwyzerdütsch):东部三分之二的瑞士人使用的多种德语阿勒曼方言(彼此之间大多能够理解)的统称。

特别同盟(Sonderbund):反对宗教和政治改革的天主教州联盟,它的存在被认为是与 1815 年宪章相悖的,因此引发了 1847 年的内战。

特例(Sonderfall):1940 年代开始流行的信念,认为瑞士是一个蒙受特别福佑的"特殊情况"——先是幸免于第二次世界大战的灾难,接着又获得出色的稳定、富裕、政治共识、社会和谐、工业和平、国际独立和整体从容。

停滞(Stillstehen):以"停滞"来避免置身于国际冲突的早期现代战略,中立由此发展而来。

过度移民(*Überfremdung*)：1890 年代开始的一种认知，认为过多的外国人口令国家无法承受，对瑞士的财富和身份造成损害。1960 年代初以后，随着亲德的右翼政客坚决认为国内有太多外国人口，所谓的"过度移民"成为一个重要的政治主题。

瑞士核心联盟(Urschweiz)：有时也称为"内瑞士"(Inner Switzerland)或"原始瑞士"(Primitive Switzerland)，指集中在圣哥达关隘北部入口周围的几个信仰天主教的德语州，包括乌里、施维茨、翁特瓦尔登、卢塞恩和楚格。

首府州/瑞士工商会(Vorort)：起初这个词意为"首要的地方"，用来描述联邦中主持行政的州，后来用来指代 19 世纪晚期成立的雇主高层组织，后者的官方名称现为"瑞士全国工商总会"(Économie Suisse)。

公投(Votation)：德语词 Abstimmung 的拉丁化版本，意思是除去选举代议会或政府的任何一种公民直接投票选举。采纳克里斯托弗·休斯的建议，用这个词来避免英语术语 referendum 引起的错误印象。

意志国家(Willensnation)：这一观念认为瑞士不是一个民族共同体，而是一个刻意的政治产物，来自不同语言和宗教团体在一个基于草根民主的政治结构中共同生活的持续决定。

延伸阅读

瑞士这块土地给英文读者造成了特别的难题。首先，三种语言都是等量齐观、必不可少，阻碍了对很多情形的了解。加之大部文献都集中在州的层面，而非瑞士整个国家的层面，使得事情更为艰难。这意味着，相比之下，这个国家很少得到外国读者的关注。因此，一百多年前尚有有关瑞士的相当良好而信息丰富的英文文献，而近来英文作者所创作的相关文献却少之又少。很多可获取的文献又是过时的，抑或是不准确的。还有一个常被人忽略的事实是，瑞士历史是一个比很多外部人士所知的要敏感得多的主题。如果不和美国人相比，瑞士史之于瑞士人比起英国人眼中的瑞士历史要显要得多。它建立在不为外界所知的且为极少人共享的虚构之上。瑞士历史在其国内也是颇有争议的。通过以下网页链接，你可以看到有哪些有关瑞士史的英文作品：www.kent.ac.uk/ politics/ cfs/ csp/ pdf/ MaxiAndrey%20Festschrift.pdf.

鉴于上述情况，我们认为，在趋向英文文献之前，列举出最重要而通用的非英文文献资源，是明智之举。这些资源包括的旧著作有：

Handbuch der Schweizer Geschichte (Zurich: Berichthaus, 1972);

History of Switzerland and the Swiss (1982; 有瑞士三种主要语言的版本)。

更多新近的著作有：

弗朗索瓦·沃尔特(Francois Walter)的 *Histoire de la Suisse*；

乔治·安德烈(George Andrey)的 *L'Histoire Suisse pour les Nuls* (有最新的德语版本)；

托拜厄斯·卡埃斯特里(Tobias Kaestli)的两卷本著作和艾米洛·帕帕(Emilo Papa)所著意大利语的 *Storia della Svizzera* 都很有用。

最近,托马斯·梅森(Thomas Maissen)出版了一个德文版的新调查：

Geschichte der Schweiz (Baden：Hier+Jetzt, 2010)。有几本重要的著作涵盖了主要的主题或特别时期,它们综合了最为重要的研究成果或当下易激发争议的新观点。这些著作包括罗杰·萨博洛尼尔(Roger Sablonier)的 *Gründungszeit ohne Eidgenossen* (Baden：Hier+Jetzt, 2008)、伯恩哈特·史特拉(Bernehard Stettle)的 *Die Eidgenossenschaft im 15. Jahrhundert: Die Suche nach einem gemeinsamen Nenner* (Zurich：Verlag Markus Widmer-Dean, 2004)和托马斯·梅森的 *Die Geburt der Republik: Staatsverständnis und Repräsentation in der frühneuzeitliche Eidgenossenschaft* (Göttingen：Vandenhoek & Reprecht, 2006)。

威廉·拉帕德的 *La Révolution Industrielle et les origins de la protection Légale du Travail en Suisse* (Berne：Staempfli 1914)也和我们的一些观点契合,还有鲁道夫·布劳恩(Rudolf Braun)的 *Das ausgehende Ancien Régime in der Schweiz* (Göttingen：Vandenhoek & Ruprecht, 1984)。最后,我们还想提及很多州在过去几十年都出版了新的优秀的正史。这些呈现了对详细而浩繁的材料的最新诠释。

更近期的有 M. Furrer 等人所著的 *Die Schweiz I kurzen 20. Jahrhundert* (Zurich：Verlag Pestalozzianum, 2008),其参考书目颇好。我们还发现了《瑞士历史词典》(*Swiss Historical Dictionary*)的电子版(www.dhs.ch)。它以瑞士的三种语言呈现,是不可或缺的参考

作品。它现在还出了纸质版,迄今已出完13卷中的12卷,同样是三种语言具备。

在列举英文著作时,不论是英国或美国作者,还是越来越多的瑞士作者,我们很大程度上囿于过去20年左右出版的书籍。这是因为自1970年代以来,瑞士的历史研究和思维出现了一次变革,大部分之前出版的著作如今都颇显过时,而且读者也不容易看到。我们还有意将读者不易获得的研究排除在外,也将针对单个州的研究排除在外。然而,我们将很多学术文章包含进来,因为这些作品常常是最新,其出版频率也比单卷本著作更为频繁。尽管某一部分引用的书目也常会涉及其他时期,参考书目大致是按照各个章节来划分为不同部分的。各部分的不平衡反映出对宗教史和第二次世界大战研究的主导性。无论如何,我们希望此项研究结果对想进一步了解纷繁而迷人的瑞士史的读者有所帮助。

背景和通史

Butler, Michael, "The Politics of Myth: The Case of William Tell", in W. C. Donahue and S. Denham, eds, *History and Literature* (Tubingen: Stauffenberg, 2000), pp. 73 - 90.

Charnley, Joy, *The Swiss and War* (Berne: Lang, 1999).

Farhni, Dieter, *An Outline History of Switzerland: From the Origins to the Present Day*, 8th edn (Zurich: Pro Helvetia, 2003).

Fossedal, Gregory A., *Direct Democracy in Switzerland* (New Brunswick NJ and London: Transaction Publishers, 2002).

Kuntz, Joelle, *Switzerland: How an Alpine Pass became a Country* (Geneva: Historiator, 2008).

Luck, James Murray, *History of Switzerland: The First 100,000 Years. From the Beginnings to the Days of the Present* (Palo Alto, Cal.: SPOS, 1985).

Marchal, Guy P., "National Historiography and National

Identity: Switzerland in Comparative Perspective," in S. Berger and C Lorenz, eds, *The Contested Nation: Ethnicity, Class, Religion and Gender in National Histories* (Basingstoke: Palgrave, 2008), pp. 311 - 338.

Meier, Heinz K., *Switzerland* (Santa Barbara, Calif.: Clio Press, 1990).

Nappey, Gregoire, *Swiss History in a Nutshell* (Basle: Bergli, 2010).

Schelbert, Leo, *Historical Dictionary of Switzerland* (Plymouth and Lanham, MD: Scarecrow Press, 2007).

Steinberg, Jonathan, *Why Switzerland?* 2nd edn (Cambridge University Press, 1996).

前现代瑞士

Baker, Wayne, "Church, State, and Dissent: The Crisis of the Swiss Reformation, 1531 - 1536", *Church History* 57/2 (1988), 135 - 152.

Burnett, Amy N., *Teaching the Reformation: Ministers and Their Message in Basle, 1529 - 1629* (Oxford University Press, 2006).

Campi, Emidio and Gordon, Bruce, eds, *Architect of Reformation: An Introduction to Heinrich Bullinger*, 1504 - 1575 (Grand Rapids: Baker Academic, 2004).

Davis, James C., "Coping with the Underclasses: Venice, Lille, and Zurich in the Sixteenth and Seventeenth Centuries", *Journal of Urban History* 19/4 (1993), pp. 116 - 122.

Ehrstine, Glenn, *Theater, Culture, and Community in Reformation Berne, 1523 -1555* (Leiden: Brill, 2002).

Gordon, Bruce, *The Swiss Reformation* (Manchester University

Press, 2002).

Groebner, Valentin, *Liquid Assets, Dangerous Gifts: Presents and Politics at the End of the Middle Ages* (Philadelphia: University of Pennsylvania Press, 2002).

Hacke, Daniela, "Church, Space and Conflict: Religious Co-Existence and Political Communication in Seventeenth-Century Switzerland", *German History* 25/3 (2007), pp. 285 – 312.

Harder, Lelan, *The Sources of Swiss Anabaptism: The Grebel Letters and Related Documents* (Eugene, OR: Wipf & Stock, 2001).

Head, Randolph C., "Fragmented Dominion, Fragmented Churches: The Institutionalization of the *Landfrieden* in the Thurgau, 1531 – 1630", *Archive for Reformation History* 96 (2005), pp. 117 – 144.

"Shared Lordship, Authority and Administration: The Exercise of Dominion in the *Gemeine Herrschaften* of the Swiss Confederation, 1417 – 1600", *Central European History* 30/4 (2001), pp. 489 – 512.

"William Tell and his Comrades: Association and Fraternity in the Propaganda of Fifteenth-And Sixteenth-Century Switzerland", *Journal of Modern History* 67/3 (1995), pp. 527 – 557.

Kingdon, Robert, *Adultery and Divorce in Calvin's Geneva* (Cambridge, MA: Harvard University Press, 1995).

Kümin, Beat, "Public Houses and Civic Tensions in Early Modern Berne", *Urban History* 34/1 (2007), pp. 89 – 101.

Lister, Frederick K., *The Early Security Confederations: From the Ancient Greeks to the United Colonies of New England* (Westport, CT: Greenwood Press, 1999).

Locher, Gottfried, *Zwingli's Thought: New Perspectives* (Leiden: Brill, 1981).

Mathieu, Jon, *History of the Alps*, trans. Matthew Vester

(Morgantown: West Virginia University Press, 1009).

McCormick, John, *One Million Mercenaries* (London: Leo Cooper, 1993).

Miller, David and Embleton, Gerry, *The Swiss at War 1300 - 1500* (Oxford: Osprey/Men at Arms, 1979).

Sablonier, Roger, "The Swiss Confederation 1415 - 1500", in Christopher Allmand, ed., *New Cambridge Modern History*, vol. 7 (Cambridge University Press, 1998), pp. 645 - 670.

Wandel, Lee Palmer, *Voracious Idols and Violent Hands: Iconoclasm in Reformation Zurich, Strasbourg and Basle* (Cambridge University Press, 1994).

Watt, Jeffrey R., *Choosing Death: Suicide and Calvinism in Early Modern Geneva* (Kirksville, Mo.: Truman State University Press, 2001).

18 世纪

Biucchi, Basilio, "Switzerland, 1700 - 1914", in Carlo Cipolla, ed., *Fontana Economic History of Europe: Industrialization*, vol. 2 (London: Fontana, 1979), pp. 627 - 655.

Braun, Rudolf, *Industrialisation and Everyday Life*, trans. Sarah Hanbury-Tenison (Cambridge University Press, 1990).

Holenstein, Andre et al., eds, *The Republican Alternative: The Netherlands and Switzerland Compared* (Amsterdam University Press, 2008).

Kirk, Linda, "Genevan Republicanism", in David Wootton, ed., *Republicanism, Liberty, and Commercial Society, 1649 - 1776* (Stanford University Press, 1994), pp. 270 - 309.

Körner, Martin, "The Swiss Confederation," in Richard Bonney, ed., *The Rise of the Fiscal State in Europe 1200 - 1815*

(Oxford University Press, 1999), pp.327 - 357.

Larminie, Vivienne, "Life in Ancien Regime Vaud", *History Today* 48/4 (April 1998), pp. 44 - 50.

Lerner, Mark, *A Laboratory of Liberty: The Transformation of Political Culture in Republican Switzerland, 1750 - 1848* (Leiden: Brill, 2011).

Mason, Stanley, *Albrecht Von Haller: "The Alps." An English Translation* (Dubendorf: Amstutz/De Clivo Press, 1987).

Zimmer, Oliver, *Contested Nation: History, Memory and Nationalism in Switzerland, 1761 -1891* (Oxford University Press, 2003).

Zurbuchen, Simon, "Switzerland in the Eighteenth Century: Myth and Reality", *Eighteenth-Century Studies* 37/4 (2004), pp. 692 - 694.

革命时期

Birmingham, David, *Switzerland: A Village History* (London and New York: Palgrave/St Martin's Press, 2000).

Bullen, Roger, "Guizot and the 'Sonderbund' Crisis, 1846 - 48", *English Historical Review* 86/340 (1971), pp. 497 - 526.

Church, Clive H., *Europe in 1830: Revolution and Political Change* (London: Allen & Unwin, 1982).

Frei, Daniel, "The Politics of the Artificial Past etc." in James C. Eades, ed., *Romantic Nationalism in Europe* (Canberra: Humanities Research Centre, Australian National University, 1983), pp. 116 - 133.

Lerner, Mark, "The Helvetic Republic: An Ambivalent Reception of French Revolutionary Liberty", *French History* 18/1 (2004), pp. 50 - 75.

Lister, Frederick K., *The Later Security Confederations* (Westport, CN: Greenwood, 2001), pp. 99 - 120.

Orr, Clarissa C., "The Swiss Romantic Movement", in Roy Porter and Michael Teich, eds, *Romantic Nationalism in Historic Context* (Cambridge University Press, 1988), pp. 134 - 169.

Müller, Thomas C., "Switzerland 1847/49", in Dieter Dowe, ed., *Europe in 1848: Revolution and Reform* (New York and Oxford: Berghahn Books, 2001), pp. 210 - 241.

Remak, Joachim, *A Very Civil War: The Swiss Sonderbund War of 1847* (Boulder: Westview, 1993).

Speich, Daniel, "Switzerland", in Guntram H. Herb and David H. Kaplan, eds, *Nations and Nationalism: A Global Historical Overview* (Santa Barbara, Cal: ABC CLIO, 2008), pp. 244 - 255.

Tilly, Charles, "Switzerland as a Special Case", in C. Tilly, *Contention and Democracy* (Cambridge University Press, 2004), pp. 168 - 205.

19 世纪晚期

Altermatt, Urs, "A Century of Conservatism", *Journal of Contemporary History* 14/4 (1979), pp. 581 - 610.

Argast, Regula, "An Unholy Alliance: Swiss Citizenship between Local Legal Tradition, Federal Laissez-Faire, and Ethno-national Rejection of Foreigners 1848 - 1933", *European Review of History* 16/4 (2009), pp. 503 - 521.

Craig, Gordon A., *The Triumph of Liberalism: Zurich in the golden age, 1830 - 1869* (New York: Scribner's, 1990).

Gossman, Lionel, *Basle in the Age of Burckhardt: A Study in Unseasonable Ideas* (University of Chicago Press, 2000).

Moorehead, Caroline, *Dunant's Dream* (London: Harper

Collins, 1998).

Studer, Roman, "When did the Swiss get so rich? Comparing Living Standards in Switzerland and Europe, 1800 – 1913", *Journal of European Economic History* 37/2 (2008), pp. 405 – 452.

Zimmer, Oliver, "Competing Memories of the Nation: Liberal Historians and the Reconstruction of the Swiss Past 1870 – 1900", *Past & Present* 168 (2000), pp. 194 – 226.

20 世纪早期

Guex, S., "The Origins of the Swiss Banking Secrecy Law and its Repercussions for Swiss Federal Policy", *Business History Review* 74/2 (2000), pp. 237 – 266.

Leimgruber, Mathieu, *Solidarity without the State? Business and the Shaping of the Swiss Welfare State, 1890 – 2000* (Cambridge University Press, 2008).

Segesser, Daniel M., "'Common Doctrine Rather than Secret Staff Conversations': Military Co-operation between France and Switzerland in the 1920s and 1930s", *War in History* 10/1 (2003), pp. 60 – 91.

Vogler, Robert U., "The Genesis of Swiss Banking Secrecy: Political and Economic Environment", *Financial History Review* 8/1 (2001), pp. 73 – 84.

Volmert, Andrew, "The Reinterpretation of Political Tradition: The Catholic Roots of Jurassian Nationalism", *Nationalism and Ethnic Politics* 14/3 (2008), pp. 395 – 427.

第二次世界大战

Bergier, Jean-François, "Enterprises in Switzerland during the Second World War", in Harold James and Jakob Tanner, eds,

Enterprise in the Period of Fascism in Europe (Aldershot: Ashgate, 2002), pp. 105 - 114.

Bergier, Jean-François et al., *Switzerland, National Socialism and the Second World War: Final Report* (Zurich: Pendo, 2002).

Bower, T., *Nazi Gold: The Full Story of the Fifty-Year Swiss-Nazi Conspiracy to Steal Billions from Europe's Jews and Holocaust Survivors* (London and New York: HarperCollins, 1997).

Halbrook, S. P., *Target Switzerland: Swiss Armed Neutrality in World War II* (New York: Sarpedon/Da Capo Press Inc., 2003).

Kreis, Georg, *Switzerland and the Second World War: Responding to the Challenges of the Times* (Zurich: Pro Helvetia, 1999).

Kreis, Georg and Cesarani, David, eds, *Switzerland and the Second World War* (London: Frank Cass, 2000).

LeBor, Adam, *Hitler's Secret Bankers: How Swiss Banks Profited from Nazi Genocide* (London: Birch Lane Press, 1997).

Levin, Ira C., *The Last Deposit: The Swiss Banks and Holocaust Victims' Accounts* (Westport, CN: Greenwood Press, 1999).

Ludi, Regula, "*Why Switzerland?" Remarks on a Neutral's Role in the Nazi Program of Robbery and Allied Postwar Restitution Policy* (New York: Berghahn Books, 2007).

Rickman, Gregg J., *Swiss Banks and Jewish Souls* (Piscataway, NJ: Transaction Books 1999.

Urner, Klaus, *Let's Swallow Switzerland* (Lanham, MD: Lexington Books, 2002).

Vincent, Isabel, *Hitler's Silent Partners: Swiss Banks, Nazi Gold, and the Pursuit of Justice* (New York: W. Morrow, 1997).

Wylie, Neville, *Britain, Switzerland and World War II*

(Oxford University Press, 2003).

1945 年后

Butler, M. et al., eds, *The Making of Modern Switzerland, 1848 –1998* (Basingstoke: Macmillan, 2000).

Church, Clive H., "The Political and Economic Development of Switzerland, 1945 – 1991", in M. Butler and M. Pender, eds, *Rejection and Emancipation* (New York and Oxford: Berg, 1991), pp. 7 – 21.

Erdman, Paul, *The Crash of '79* (New York: Sphere Books, 1978).

Fehrenbach, Thomas, *The Gnomes of Zurich* (London: Frewin, 1966).

Ganser, Daniele, *NATO's Secret Armies: Operation Gladio and Terrorism* (London: Cass, 2005).

Hilovitz, Janet E., ed., *Switzerland in Perspective* (Westport, CN: Greenwood Press, 1990).

Hughes, Christopher J., "Cantonalism: Federation and Confederacy in the Golden Epoch of Switzerland", in Michael Burgess and Alain G. Gagnon, eds, *Comparative Federalism and Federation* (London: Harvester-Wheatsheaf, 1993), pp. 154 – 167.

"Switzerland (1875): Constitutionalism and Democracy", in Vernon Bogdanor, ed., *Constitutions in Democratic Politics* (Aldershot: Gower/PSI, 1988), pp. 227 – 240.

Katzenstein, Peter J., *Corporatism and Change* (Ithaca, NY: Cornell University Press, 1983).

Gabriel, Jürg M. and Fischer, Thomas, eds, *Swiss Foreign Policy, 1945 –2002* (Basingstoke: Palgave, 2003).

Lembruch, Gerhard, " Consociational Democracy and

Corporatism in Switzerland", *Publius* 23/2 (1993), pp. 43 - 60.

Milivojevic, Marko and Maurer, Pierre, eds, *Swiss Neutrality and Security* (Oxford: Berg, 1990).

Skenderovic, Damir, *The Radical Right in Switzerland* (London: Berg, 2009).

现代瑞士

Bewes, Diccon, *Swiss Watching* (London: Nicholas Brealey, 2010).

Braillard, Pierre, *Switzerland and the Crisis of Dormant Assets and Nazi Gold* (London: Kegan Paul International, 2000).

Church, Clive H., "Switzerland: An Introduction", in Christian Kalin, ed., *Switzerland Business & Investment Handbook*, 3rd edn (Zurich: Orell Fiissli, 2011), pp. 3 - 18.

Church, Clive H., ed., *Switzerland and the European Union* (London: Routledge, 2007).

Dardanelli, Paolo, "Federal Democracy in Switzerland", in Michael Burgess and Alain Gagnon, eds, Federal Democracies (London: Routledge, 2010), pp. 142 - 159.

Goetschel, Laurent et al., *Swiss Foreign Policy: Foundations and Possibilities* (London: Routledge, 2006).

Haller, Walter, *The Swiss Constitution in a Comparative Context* (Zurich: Dike, 2009).

Handschin, Lukas, *Swiss Company Law* (Zurich: Dike, 2008).

Kloti, Ulrich et al., eds, *Handbook of Swiss Politics*, 2nd edn (Zurich: NZZ Libro, 2007).

Kriesi, Hanspeter and Trechsel, Alex, *The Politics of Switzerland: Continuity and Change in a Consensus Democracy* (Cambridge University Press, 2008).

Ladner, Andreas and Brandle, Michael, "Switzerland: The Green Party, Alternative and Liberal Greens", in E. *Gene Frankland, ed., Green Parties in Transition* (Abingdon: Ashgate, 2008), pp. 109 - 128.

Linder, Wolf, *Swiss Democracy*, 3rd edn (Basingstoke: Palgrave, 2010).

Lutz, Georg, "The 2011 Swiss Federal Elections etc", *West European Politics* 35 (2012) 682 - 693.

New, Mitya, *Switzerland Unwrapped: Exposing the Myths* (London: I. B. Tauris, 1997).

Oesch, Daniel, *Redrawing the Class Map: Stratification and Institutions in Britain; Germany, Sweden and Switzerland* (Basingstoke: Palgrave, 2006).

Schwok, René, *Switzerland-European Union: An Impossible Membership? (Brussels: Peter Lang, 2009)*.

Turk, Eleanor L., Issues in Germany, Austria and Switzerland (Westport, CN: Greenwood 2003).

Vatter, Adrian and Church, Clive H., "Opposition in Consensual Switzerland: A Short but Significant Experiment", *Government and Opposition* 44/4 (2009), pp. 412 - 437.

索　引

（在词汇表中出现过的条目以黑体字标出，索引条目后数字为原书页码，即本书边码）

B

D

F

I

J

O

P

R

S

T

U